"上海老作家文丛"(第九辑)

张百年 著

高山流水

GAOSHAN LIUSHUI

文汇出版社

图书在版编目(CIP)数据

高山流水/张百年著.—上海：文汇出版社，
2020.10
（上海老作家文丛.第九辑）
ISBN 978-7-5496-3310-4

Ⅰ.①高… Ⅱ.①张… Ⅲ.①散文集-中国-当代
Ⅳ.①I267

中国版本图书馆CIP数据核字(2020)第169418号

"上海老作家文丛"（第九辑）

高山流水

作　　者 / 张百年
责任编辑 / 张　涛
封面装帧 / 张　文

出 版 人 / 周伯军

出版发行 / 文汇出版社
　　　　　　上海市威海路755号　（邮政编码200041）
经　　销 / 全国新华书店
排　　版 / 南京展望文化发展有限公司
印刷装订 / 启东市人民印刷有限公司

版　　次 / 2020年10月第1版
印　　次 / 2020年10月第1次印刷
开　　本 / 787×1092　1/16
字　　数 / 280千字
印　　张 / 18.25

ISBN 978-7-5496-3310-4
定　　价 / 45.00元

·版权所有　侵权必究·

作者简介

张百年 上海市作协会员,中匡作协会员。因为一些历史原因,59岁才在《解放日报》"朝花"版发表第一篇散文《在大桥下面》。71岁才在上海人民出版社出版第一部长篇小说《雨打茉莉花》,印了9 000册,卖了8 800册。有杂文选集《说三道四》、写劳教的长篇纪实性文学《静静的军天湖》、儿童文学小说《小哥刚刚》等。还在报刊上发表单篇作品约1 900篇,其中,1998年7月6日发表5篇,1999年7月发表21篇。

2014年8月作者和女儿张争于浦东张家浜

序

  这是一本广泛意义上的散文选集，作者从已发表的1 000余篇散文、随笔、报告文学中，精选了近百篇。另有部分杂文，自认比较精彩，虽已入选杂文选集《说三道四》，但因这两本书不是作者的"全集"，不妨有少量重复，所以，这次就又选入了几篇。

  这样，本书共收录了114篇文章，分三卷。

  第一卷《马踏春泥半是花》，是对美好生活的回忆、怀念、咏唱；当然也有对艰辛、苦难的描述。

  第二卷《位卑未敢忘忧国》，是对负面现象的痛切评说，但心平气和，深沉思考又满怀希望。

  第三卷《留得枯荷听雨声》，其意自明。

  这些文章，有的发表在国家级期刊上，有的发表在省市级期刊上，而有的期刊级别要低一些。有的稿子没能在高级和中级期刊上刊发，是什么原因，我一时也说不清，也许是稿子写得不好，所以才不被看中的吧。

  有篇《怀念"上影四大反派"》的稿子，2011年夏投《文汇报》，5个月未见刊出，亦无回复，改投《上海滩》，两个月后发表，再1个月后，《文汇报》也发了，这就重复了。由于相似的情形，有的稿子就形成两家刊物先后发表。还有的篇什因发表时只有稿费，没有样报，也不告知发表于何时；也有的是听朋友说在哪里看到；再有的因作者未及时登录。所以，这部分作品只能在篇末仅缀以写作的时间而无刊物名。

也有的是转载；更有一个时期，时及当天刊出，《新民晚报》当天转载，比如《雪化了变成什么》，这就是重复发表了。

稿子寄出后，编辑一般都要修改，而且一律是只删不增，有的修改还搞得前言不搭后语，甚至，有的"将文章改得只有骨头没有肉"。就连学者何满子先生也曾发出这样的抱怨。

也有的作品，我虽注有由某报发表但因我对其删节不同意，所以我现在又改回来了。比如，现在的《"开庭"和"开房"》。

这里所发表的作品，均为作者寄出时的电子稿或此前的手稿，原汁原味。

有人说，文章是自己的好。可我觉得，我这些篇章，有的真的不怎么样，但是，好虽谈不到，总也是自己辛辛苦苦，写出来的，一字一字抠出来的。现在虽说已经能用电脑写作了，但其中的一些，却是手写的，这就愈觉难得了。所以，能集中出版成一本书，实在是喜不自胜的。如果读者朋友，能喜欢其中的某一篇或某几篇，那就更是我的愉快了。

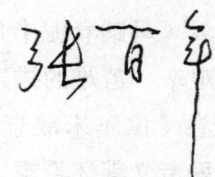

目　录

序……………………………………………………张百年　1

▶▶ 第一辑　马踏春泥半是花

上冈忆旧…………………………………………………… 3
激越的花鼓………………………………………………… 6
赶鸭子……………………………………………………… 8
革命大学革命人…………………………………………… 11
草鞋和布鞋………………………………………………… 19
一支治淮小分队…………………………………………… 21
磕头和放爆竹……………………………………………… 31
沐浴记趣…………………………………………………… 32
一曲黄梅醉煞人…………………………………………… 35
花市灯如昼………………………………………………… 37
大道风华…………………………………………………… 39
观桥者……………………………………………………… 41

坚持	43
天下第一桥	44
母亲河	47
六百老人姑苏行	49
归去来兮	51
步行街采风	54
泼辣含羞凤仙花	56
产院新闻	58
中国的保尔·柯察金	63
大珠小珠落玉盘	65
放鱼者说	67
人生何处不相逢	69
不信东风唤不回	71
我和笔	73
学会自我批评	76
不平静的赵静	78
感人之处动山河	80
英雄原来是美人	86
怀念"上影四大反派"	87
才师傅	93
仰望"一统楼"	95
非常红娘范本良	98
说话这件事	107
老夫聊发少年狂	109
她有一颗善良的心	111
武松打虎和李逵打虎	113

两件小事·· 116

兔子的事儿·· 118

百年"世博"一个"和"·· 121

欣赏四美图·· 123

为了十九年前的嘱托·· 126

排队·· 131

打结·· 132

东方路谈变·· 134

小白鼠呀小白鼠··· 137

第二辑 位卑未敢忘忧国

饿鬼·· 147

吃"无缝钢管"··· 150

"鬼子进村了"··· 152

何处是我家·· 154

"冠名权"刍议··· 157

汉字的乱象·· 159

关于自带酒水··· 161

今日"二诸葛"··· 163

演戏和做人·· 164

食蟹不需钱·· 166

你为谁服务·· 168

冷汗化作毛毛雨··· 170

灭蝗记··· 172

两个变三个 …………………………………………………… 174
天堂里的眼泪 ………………………………………………… 176
说年关 ………………………………………………………… 178
失车记 ………………………………………………………… 180
想起李林甫 …………………………………………………… 182
打架文章何其多 ……………………………………………… 184
"神医"的轮回 ………………………………………………… 186
恶语伤人六月寒 ……………………………………………… 188
血染的航程 …………………………………………………… 190
婚姻三题 ……………………………………………………… 194
冲动是魔鬼 …………………………………………………… 196
胡编警匪片 …………………………………………………… 198
和美国人比"阔" ……………………………………………… 200
软柴捆得住硬柴 ……………………………………………… 203
陪嫁新闻 ……………………………………………………… 205
"开庭"和"开房" ……………………………………………… 207
何以要学狼 …………………………………………………… 209
一直向前，战胜敌人 ………………………………………… 211
一切皆有可能 ………………………………………………… 213
声张还是不声张 ……………………………………………… 214
人生胡不尽童年 ……………………………………………… 216
伯乐和伯牙 …………………………………………………… 219
地有无妄敢问天 ……………………………………………… 221
不死不知道 …………………………………………………… 224
形式和内容之辨 ……………………………………………… 226
天上不会掉汽车 ……………………………………………… 228

国石·国树·国鸟 …………………………………… 230
过于天真的女孩 …………………………………… 232
台上和台下 ………………………………………… 234

第三辑　留得枯荷听雨声

上海不是巴黎 ……………………………………… 239
为什么要磨针 ……………………………………… 241
乳房的功能 ………………………………………… 243
雪化了变成什么 …………………………………… 245
性别失衡后患无穷 ………………………………… 246
妈妈的吻 …………………………………………… 249
与人说正 …………………………………………… 251
狗不咬人 …………………………………………… 254
她们要嫁"猪八戒" ……………………………… 256
将军查鸡蛋 ………………………………………… 257
奶奶和孙子 ………………………………………… 259
不要念稿子 ………………………………………… 261
粮食部长饿了 ……………………………………… 263
岂能欣赏伤疤 ……………………………………… 265
痛心疾首大卖春 …………………………………… 267
红军的被子 ………………………………………… 269
质疑"三十六计" ………………………………… 271
除了"离婚"还有啥 ……………………………… 273
车玩明星 …………………………………………… 275

醉生楼考……………………………………………… 277
萝卜开会……………………………………………… 278
一个小圆圈…………………………………………… 279

第一辑　马踏春泥半是花

烟水初销见万家，东风吹柳万条斜，
大堤歌处谁相伴，马踏春泥半是花。

——唐·窦巩《襄阳寒食寄宇文籍》

上冈忆旧

解放战争时期的1946年12月15日,进攻苏中解放区的国民党军队,已经沿范公堤,攻击到盐城以南15华里的小镇伍佑。这时,我军集中优势兵力,进行了一次强大的反击,杀了一个回马枪。经三天激战,歼敌五千余。"杀敌一千,自损八百",我军也有相对应的伤亡。紧傍着范公堤的串场河,已经让鲜血染红。我军伤员很快转运,并在我村稍息,我们儿童团在乡干部指挥下,表演节目,热情慰问。一位只有一条臂膀的伤员,含笑伸出另一条臂膀拉着我的手,说我们的节目很好。因为他的手很烫人,这说明他在高烧。还有的同志虽痛苦,却咬紧牙,闭着眼,艰难坚持。同志们那种与伤痛顽强战斗的精神,我永远难忘。很快,担架队抬着他们,向西北方向的区政府所在地仓冈村而去。

我所在上冈区开沙乡刚刚搞完土改,我家分得房屋和土地。12月20日下午,我按农会主任、共产党员、我姑父商保文要求,用石灰水、锅底灰,在几处墙上刷了"保卫胜利果实!""蒋军必败,我军必胜!"的标语。晚饭后,姑父从区上匆匆赶回,和几位党员干部召集就近几个村子的翻身农民,点起火把,在虞家祠堂,开誓师大会。姑父跳上神台,首先宣读了我军伍佑一战的捷报,而后领着大家宣誓。接着,有人递给他一只大公鸡,我站在他身旁,激动地捧起一只海碗,他使劲将鸡的脖子扭断,鸡血洒在碗里。他用手一搅,自己先喝一口,我也喝一口,而后,到会者都喝了,表示誓死和敌人拼到底!

我军在盐城、新兴逐次抵抗后,就北撤到离我家只有几里路的上冈镇。枪炮声响成一片,敌机尖叫着在我们头上盘旋,机枪的扫射声,炸弹的爆炸声，不绝于耳。22日中午，我军沿范公堤大踏步退向50里外的阜宁。也有一支地方部队经我村西撤。此后，我姑父他们打游击。12岁的我，作为儿童团员、小小交通员，就站岗放哨、写标语、送情报……

敌人占领上冈不多时，"涟水保卫战"打响，炮声隆隆，我军失利，部队撤向山东。

有一条大家叫"二条岗"的大路，穿过我村。不几日，就有一队美式装备、趾高气扬的国民党兵，从我们面前经过。一个军官模样的人，看着我写的标语，骂了一声，又恶狠狠地开了一枪，就军情紧急的样子，"滚他妈的蛋了"。不过，看着敌人闪亮的武器，漂亮的军装和厚实的皮靴，比之拿着"老枪"、穿着布鞋的我军，真让人捏着一把汗。

此后得知，我堂叔张忠，在这次涟水战斗中光荣牺牲。据同班战友回忆，他牺牲得是那样坚定而勇敢。他们一个排，三十几个同志，打得也只剩五个人了。堂叔呼啦呼啦吃罢一碗饭，将碗砸了，筷子拗断了，而后大吼着，率先冲上去。他虽身负重伤，也坚决不倒。最后将刺刀捅向一个敌人，同时，敌人的刺刀也刺进了他的胸膛，两人一起倒下。我堂兄、民兵排长张海峰打扫战场，阵亡将士，白布裹尸，集体掩埋，伤员，尽快转运。两年后又得知，我另一位堂叔张贵海，是东北野战军某部重机枪手，在攻克锦州或是塔山阻击战中，英勇牺牲。还在抗日战争后期，我另一位堂叔、新四军排长张碗子，在回家探望老母时，不幸被日军俘虏，他虽身穿便衣，但因腰间藏有手枪，身份暴露，遂被带往盐城。在刑讯时，他不断高呼"打倒日本帝国主义！""中国共产党万岁！"被敌人以最残暴的方法处死。这三个人都是共产党员，死时都只有30岁左右，参军前，都是穷苦农民，而且，都没有结婚。

我所在为小张家庄，向北一里多路的一个村庄叫龙汪庄，庄上有一位姓王的翻身农民、民兵排长。那天，突然有三十几个国民党兵，从上冈蹿到我们庄，饿鬼似的要吃要喝。事前，我们没有得到情报，不知这班人要来。我借故拿着粪筐，假装拾粪，要出村送消息，但被敌人凶狠地阻止了。敌人吃罢饭，正要回镇，我们那位王排长，不知有什么事，背着一杆大枪，从龙汪庄从容走来。敌人发现后，先向他开了一枪，他慌忙卧倒，未及还击，就被捉了，带回上冈，不几天就被敌人杀害了。

其实，中国人民为了抗击外侮、为了解放自己，前仆后继，牺牲者不计其数。比如，仅就打一场淮海战役，解放军官兵就牺牲25 954人；解放上海，我们也牺牲官兵7 612人，还牺牲民工72人。那面鲜艳的五星红旗，就是由无数烈士的鲜血染成。每当想起他们的时候，我们就觉得很难过；同时，烈士的精神又感召着我们；又同时，我还觉得，为了实现先人和烈士的遗愿，世世代代的每个后人，应当肩负重任，勿辱使命。这样的信念，一直在我的心中搏动着。

（原载1993年5月3日《新民晚报》）

激越的花鼓

延安是八路军的故乡，紧挨着延安的安塞，则是腰鼓的故乡。解放战争的连天炮火，将欢欣激越的腰鼓，带向了全国。

1947年8月12日，苏北盐城解放，第三天上午，解放军文工团的腰鼓队打起腰鼓，在盐城西大街和若飞桥桥头欢庆解放。市民视为奇观，前呼后拥，群情振奋，掌声热烈。1948年，我在盐城中学读书。1949年5月，学校选派男女两位同学，到解放才一个多月的扬州学习打腰鼓。一星期后，二位同学学成回校，学校又另选男女各三名同学，共八人组成盐城唯一的一支腰鼓队，我经过努力争取，有幸入选。

今天的腰鼓队讲究服装，有的还追求规模，动辄几十人、上百人，这可以说是在当今条件下的一种发展。当时，衣服就是自己平时所穿的衣服，新旧不论，要的就是本色，用现在的话说，就是"原生态"。头上扎一块羊肚毛巾，这就是安塞的特色了。脚上是白色力士鞋，这倒是新买的，看上去也很美，而且还利于跳、蹦、旋转。

演出时，一男一女在前主打，身后六人配合。更不一样的，是现在只管"叮咚叮咚"打鼓，不说话。当时的腰鼓队却不同，要说、唱、打三合一，而且以说为主。当时国内压倒一切的形势是解放战争，是战线南移，腰鼓队所要表现的内容，当然也是如此。所以，这个节目，就叫"解放花鼓"，也有叫"胜利花鼓"的；不像现在的腰鼓，不以内容命名，而以单位取名，比如"某某街道腰鼓队""某某厂腰鼓队"等。我能断续记得的当时的台词有："捷报捷报，歼灭了黄百韬，同志们的功劳真不小！""人民解放军，八分钟就渡过了长江哎嗨唷！""解放大军，纪律严明，到处受欢迎！"……说白有韵律，其节奏就是说快板。边扭边说，边敲边说，唱唱敲敲，敲敲唱唱，有声有色，有板有眼，热火朝天，群众看得眉开眼笑，心潮澎湃，掌声连连，我们演得满脸通红，大汗一身。

庆祝中华人民共和国成立的那天晚上，盐城市在市府礼堂举行庆祝大会。白天，我们中学的音乐老师教我们唱代国歌，会上，我们有五十名同学在会上庄严演唱。文艺节目开始后的第一个节目，就是我们的"解放花鼓"。我们八个人，表演得豪情万丈，热血沸腾。观众的情绪也完全被我们感染了，他们的激情得到了释放，他们感到痛快，他们使劲鼓掌，而不是礼节性的拍手。

第二天，盐城的一家照相馆来我们学校，找我们腰鼓队，让我们摆好姿势，为我们照了一张相。照相馆除给了我们每人一张照片以外，又放大了一张，摆在橱窗里好几年。后来，我们又到就近乡镇演出，也大受欢迎。

鼓是一种可以让人激情澎湃的乐器。古时打仗，就"三声炮响，战鼓隆隆"，战士听到鼓声，就会兴奋起来。所以说，中国的腰鼓，一如朝鲜的长鼓、非洲的手鼓，各属于一个民族，共同的特点是可以抒发激情，可以激动人心，可以增强斗志。

我们这个腰鼓的版本，全国大致一样。后来在波兰华沙的世界青年联欢节上，我国的"解放花鼓"得了奖。这是新中国成立后，第一次在世界上获奖，是腰鼓的光荣史，也是腰鼓有史以来的最高荣誉。对此，当时的报纸、会议及其他场合，时有提起，很为自豪，不亚于容国团得世界乒乓球冠军和许海峰在奥运会上零的突破。

不知为什么，此后的几十年，就再也不闻腰鼓声了。又不知为什么，近些年，腰鼓又"叮咚叮咚"地敲了起来，而且越敲越响。越敲越来劲。这是很令人感慨和叫人思索的！

（原载2007年10月1日《文汇报》）

赶 鸭 子

我童年的时候，很穷，很穷，很穷！所以土改时评为赤贫农。家里每年都养一次鸭子，一百只上下，在今人称副业，在我家却是主业。春天还是毛茸茸的小东西，秋天就变成了大肥鸭。但都得卖掉买口粮，还债。想要一次性出手，就得到成鸭集散地高邮镇。那年，我10岁，行前，母亲说："留四五只自己吃吧。你看一家子苦了大半年，白天黑夜，风里雨里的。"父亲说："不中，得卖钱，多一只好一只。把原来的几只老鸭也带上。"最后只留下两只长得最不好的新鸭，再养养，等过年祭祖。母亲流泪挥手说："去吧去吧！"

我同父亲一起去高邮卖鸭。母亲为我们准备了粮草，父亲租了一条小船。我们把鸭子赶到河里，鸭在前，船在后，慢慢往前赶。河水散发出清甜的气息，水面上有浮萍和别的水草，水浅处有小鱼、小虾、螺蛳、青蛙，这些都是鸭的鲜美食物，它们边凫边吃，很开心的。

父亲时撑时划。我则坐在船头，看看书，看看风景，既有小鸟出笼的新鲜，也有入画的感觉，还有旅游的情趣。我看书的专注，看风景的惊喜和好奇的询问，都使父亲脸上露出欣慰的神色。他对我的那种爱，莫说是那时，就是现在，我也形容不出。但我明白：父母都是爱儿女的，因为儿女是他们生命的延续，是他们身上掉下的肉，而我的父母是更爱我的，别人肯定比不过。

太阳还有竹竿高呢，我们就停止前进准备过夜了。就忙着将鸭子赶到河滩上，用准备好的芦苇篱笆圈上。然后父子俩就做晚餐。在河里摸一点螺蛳、河蚌，用渔具捉一点小鱼小虾，岂止当日晚餐丰美，连明天的早、午餐的小菜也有了。有时，鸭子会生一只蛋，父亲也煮给我吃了。

为了防贼和黄鼠狼，也要防小偷，父亲夜里就睡在鸭栏边，而我则睡在船舱里。可父亲夜里几次上船来看我，轻轻地摸摸我的手，慢慢地抚抚我的头，有时还在我身边无声地静坐一会。而他自己却是很累的，一上岸就睡着了，鼾声响到我的船舱里来。

一路平安，一百多里水路，六天赶到，八十几只鸭子一只不少。我们在高邮镇边的一个草滩旁系了缆。

父亲到鸭行里请了一个黄先生来看货。我家一冬一春的口粮就都在这群鸭子身上了，还有买仔鸭欠下的债，还有饲料费，还有这次借船的租金……狠心的黄先生将鸭价杀得比我们在家乡卖还要低一半。父亲一听，那就是五雷轰顶了，他本来就不会说话，这时就又惊又怕又伤心地蹲在一旁，脸色都变了。我的心也被揪痛了，过去紧紧地搂着他的脖子。

父亲半天才说："先生！没得命了……一家子全指望着呢。"这群可爱的鸭子，马上就会被又烧又蒸又煮又熏了，我也是不舍的，便上前搡了那人一把："你走，我们不卖了！"那人露出两颗金牙笑道："伢子，那你们就把鸭子再赶回家自己吃，一天一只，滋阴壮阳，大补元气。"父亲一激动，就猛扇了我一耳光，我跌倒了，又连忙爬起来。

父亲生怕黄先生不要，就一把扯住他求道："先生，就依你的。贱了，今年又卖贱了！"他这才含泪抚着我的脸说："宝宝，痛不？"我说："一点也不痛的。"

刚银货两讫，我的脸颊就红肿了起来。父亲就又悔又慌地一把拉起我，到高邮街上，走进了一家中药铺。当我知道是为我买伤药时，我撒腿跑了出来。我对追过来的父亲说："几天就好的。"父亲没法就又牵着我在一家面馆，要了一碟猪头肉、二两白酒、两碗面。刚坐下，父亲退了菜和酒。吃完面，父亲又买了两只肉馒头给我。

我们打点回家了。虽然我可以走路，但父亲还是疼爱地将我背到船上。父亲几次轻揉我的面颊，而后荡起双桨，猛地吼起一段淮剧："骂一声王麻子你心肠歹毒……"

世上人千人万，有的人这样长大，有的人那样长大；老天生我，父母养我，我也不落人后，拼着、熬着、苦着，也一样长大成人。而且，今天我也老了,可是,我的父亲呢?我的母亲呢?想到他们那样地爱我,我因种种原因,没能尽孝,就止不住眼泪汪汪……

(原载2000年7月19日《新民晚报》)

革命大学革命人

革命大学的诞生

当具有伟大历史意义和战略意义的辽沈、淮海、平津三大战役胜利结束以后，中国人民的解放战争，就以排山倒海、摧枯拉朽之势向全国推进了。然而，军队只管打仗，只管向前推进，接下来的事，是大片农村要土改、许多城镇需要接管。为了解决干部力量的不足，同时，也是为了团结和放手吸收知识分子，壮大革命力量，这就产生了华东人民革命大学。是抗日军政大学的延续。

1949年5月上旬，进驻江苏丹阳的中国人民解放军总前委及中共中央华东局的陈毅、粟裕诸领导开会，决定在上海成立华东人民革命大学，由华东局常委、宣传部部长舒同为校长。经积极筹备，由华东局、渤海军区干部及上海地下党同志，为学校教职人员。

5月27日上海解放。但是，在丹阳的办学同志还不能马上出发，集中在苏州陆睦镇学习入城纪律等文件和仔细安排了有关办学事宜以后，才于7月中旬陆续赶往上海。为避敌机骚扰，多取夜间行动。到上海以后，并无校址。但因此时正值学校放暑假，所以就借用了复旦大学、暨南大学、光华大学、复兴中学。所招学员要有高中毕业以上文化程度，年龄18到35岁。招生简章在《解放日报》刊出后，革命青年报名踊跃，半月内即达6 100人，录取4 082人。知名人士有上影厂演员张瑞芳、项堃、凌云、温锡莹、张雁等。学员享解放军待遇，供给制，黄军装，佩布质"华东人民革命大学"校徽，一律住校。

副校长先是刘格平，相继又有温仰春、匡亚明、李正文、吴仲超等。校部机关设教务、组织、秘书、行政、卫生五个处。还有文工团、警卫部队。校以下设三个部，部领导称部主任，为地委级干部。部以下设班，班领导称班主任，为县团级干部。班以下设组，由学员自己选正副组长，是为第一期。

8月27日，陈毅市长到校作了长达5个小时的形势报告，同学们的反响十分热烈。28日，华东人民革命大学第一期正式开学，华东军政委员会主席饶漱石、校长舒同以及陈望道、范长江、熊佛西、冯定等同志到会并作了热情的演讲。此后来校上大课、作报告的又有刘伯承、陆定一、马寅初、刘季平、魏文伯、管文蔚、陈同生、夏衍、刘晓、艾青等多位高级领导和学者。当然，上课的主要人员是副校长和各部部主任。

学员所学内容有社会发展史、毛泽东著作和国内外形势等。简言之，方法就是学习唯物史观，目的就是树立革命人生观。同学们那种欢庆解放、追求真理、努力学习的热情相互感染着；青春的气息、对新事物的热爱和朝气蓬勃的精神，洋溢在整个校园。同学和家人也都以能上这样的大学为进步，为荣耀。赵丹和白杨主演的电影《为了和平》有所表现。

原定学期为半年，但因形势的快速发展和工作的需要，所以只学习两个多月，就分配工作了。这一期的学员，在激情喷发的锣鼓声和高昂的口号声中，500人随军远征大西南，500人去东北参加工业建设，2 000人去浙江参加土改，1 000多人参加华东地区的其他工作。这批同学的健在者，当全都享离休待遇。

三个附校的建立

也就在开办革大第一期的同时，又创办了华东革大附属上海俄文学校，后又改为附属俄文专科学校，培养俄语人才。但因陆续增加了英、法、德、日等多个语种，所以，再改为上海外国语学院，也就是现在的上海外国语大学。最初的学校领导有姜椿芳（后为《中国大百科全书》之父）、张茜、涂峰等。后有44名英语班学员，到抗美援朝前线做战俘教育工作。

为了尽快培养工农干部，同时又创办了附属工农速成中学。学员是由党、政、军机关和工厂选送的优秀分子，多数是党员。目的是迅速提高他们的文化水平，并作进一步培养，使之成为有实践能力的专家。这是我国在解放初期一个培育人才的创举。于学时，有华东军政委员会副主席马寅初、上海市副市长金仲华出席。学员由于年龄偏大，文化较低，所以，他们的学习，有许多感人的故事。前后共有毕业生1 500人，有的还留苏留德。最终改为普通中学，即现之复旦大学附中。

同时又建立了附属政治研究院。学员可分为两部分：一是原华东地区高级教育工作者，如金陵大学校长陈光裕、复旦大学校长章益、大夏大学校长欧元怀及大学教授等；二是各民主党派中的知名人士、宗教界人士和长期在国民党党、政、军及团体中任职的高中级人员，如国大代表邹树文、苏州反省院院长刘云等。因他们大多是统战对象，又多为高教部、统战部推荐，所以，院长由华东局统战部第一副部长陈同生担任。生活待遇一般享受"中灶"，部分是"小灶"。还领取生活津贴。研究院共办三期，学员900余人。他们学习《共同纲领》和毛泽东著作，看电影《思想问题》、参加劳动实践。马列主义、毛泽东思想毕竟战无不胜，解放事业毕竟感人，所以，即是其中比较顽固或很顽固的人，最终也转变或基本转变了立场。学习结束后，他们都愉快地服从分配，走向新的工作岗位，为人民服务。

革大还有一个文工团，曾排演了歌剧《白毛女》、话剧《不拿枪的敌人》，其中《不拿枪的敌人》在上海某剧场连演三月，盛况不衰。后来，任桂珍是上海歌剧院主要演员，王炼是《枯木逢春》《青春》和《邮缘》等电影的编剧。剧团最终和其他剧团合并，而为华东艺术剧院，再改为上海艺术剧院，而成现在的上海话剧艺术中心。

第二期和第三期

毛泽东同志曾指示，要将华东革大办好。华东军区副司令粟裕同志又下令将苏州的华东军政大学迁南京，腾出苏州的南兵营、北兵营等处，为华东革大校址。这样，在各方领导关怀下，革大第二期迁址苏州。

第二期在上海、江苏、安徽、山东、浙江招生。本期共招5 705人：一部招在职干部800余人，其中县团级275人；二部招区级干部1 000余人；

三部、四部招在校和失学学生2 500余人，文化程度也降低为初中二年级以上。年龄也降低为17到25岁；五部招一般干部1 130人。

经过一个时期的学习之后，1950年10月27日到11月13日，有3 600名同学被分配到皖北。他们分批到达合肥火车站，先后有皖北行署主任黄岩等领导到车站欢迎。几天之后，一部分同学留行署机关工作，多数到巢湖、六安、滁县、安庆搞土改，以后分配到机关、工厂工作。

第三期招生工作在苏州、上海、南京、杭州、芜湖、合肥、徐州、济南、青岛、金华、宁波、扬州等十二个地区展开。上述各地报纸、电台进行了广泛宣传。革大篮球队也到各地进行表演赛，以扩大影响。报名资格学历是初中二年级以上，年龄为17到25岁。总报名人数为7 162人，报到人数为5 283人。

其中扬州的招生处，又在高邮、盐城设了两个点。

盐城和阜宁相距百里，之间有个叫上冈的小镇，西去七华里是小张家庄。那里有个由乡农会主任、地下党员收养的孤儿，他在盐城中学读书。这天，他寒假在家，忽传来消息，说苏州在盐城中学招革命干部，抗大式的。他一听，喜出望外，50里路，6小时步行赶到盐城中学。这时是1951年2月初，那孩子就是我。

我到校后，找到了革大招生办，里面坐着三位同志，他们穿着蓝制服。一位在看《盐阜大众》报，两位在写着什么。我入室后，就全将目光聚焦于我了。我说明来意，其中一位面目清秀的同志叫曲作民，是组长。他问了一下我的基本情况后，微笑着要我看贴在墙上的招生简章，我一看，原来我的年龄、学历都不够……

经我一再要求，学校教导处给我打了学历证明，我也报了名，检查了身体。又经语文、政治常识、史地、数学、理化两天笔试。最后一个科目是"口试"。负责口试的同志浓眉阔口，声音浑厚浓重。据说原是部队机枪手，孟良崮一役负伤搞机关工作，现转业到革大。他几句话后，就劝我赶紧回家，好好读书，说参加革命的机会多的是。我心都凉了，凉到脚后跟了，我真想狠揍他一拳。但我理亏的是除语文不错，其他考得一塌糊涂，原因是我小学才读了两年，初中才读了一年半，考不出的。

他说："机会还是有的，明年再考吧。"我大吼道："你胡来！我是翻身贫雇农，青年团员，打老蒋我就是交通员了，我不革命谁革命？不取我，算什么革命大学？"晚上，曲作民对我说："你先回家，3天后发榜，你来看结果。有希望的。"他是悄声说的。我不禁大声反问："真有希望？"他们三位都笑了。

我按期回来看榜时，分正取生、副取生和备取生三大类。我的大名列第三类，我惶惶地去问他们，什么是备取生？那位对我进行口试的同志快活地在我肩头击一猛掌，哈哈大笑道："小子！打起背包，革命去！"我狂喜得大叫一声，招来了许多人。

我匆匆地赶回家，"发布特大新闻"，几天后，打起背包，重回盐城。二月底，盐城的二十几名同学，在招生办曲作民等三同志带领下，乘小火轮到扬州。在扬州市政府招待所住了一周左右，为的是和扬州市的同学汇合和等待高邮方面来的同学，三处共约百人。再后来，又乘船到镇江，再乘火车去苏州。

1951年3月8日，我们到了苏州革大，我被分到金门外张家花园的五部56班7组，此处即所谓的北兵营。部主任是周抗（后来他是华师大党委书记，再后来是上海社科院哲学研究所所长。1996年6月27日，我到康平路他府上拜访他，他和夫人牟韵文热情接待我，并赠我一本《华东人民革命大学校史》）。南北兵营均为日寇侵华时所建，后为国民党兵营，解放后为华东军政大学，接下来就是我们。这时，一进校门，早有先期到校的同学十分热情地接待我们，我们放下背包以后又成了接待者而忙着接待下一批同学。我们7组共12人，我被选为学习代表和副组长。制服有点像当年八路军、新四军的灰军装，只是颜色深了些，校徽也不是布质的，而是圆形金属的，构图为华东区地图，四周为麦穗、齿轮和一本书。

几天后举行开学典礼，到会领导有校长舒同、华东文委副主任陈望道、华东军区政治部主任唐亮及苏州市党政负责同志。他们讲了学校性质、抗美援朝、马列主义毛泽东思想。

我们学习了毛泽东同志的著作，学习了《镇压反革命条例》。这时，苏州有个7岁小学生叫陈永康，特务要他将一包炸药放到老师桌上。他抱着特务的腿大叫"捉反革命"！他被打伤，特务也落网。他伤愈出院后，一位年轻的女老师陈运珍抱着他到我校作报告，我们激动、感佩、惊诧莫名。

据传，毛泽东得知后，就作了"好好学习，天天向上"的题字。

4月22日上午，全校师生7 000余人，又在四部举行盛大集会，热烈欢迎志愿军代表柴川若，听取了他的长篇报告，我志愿军在朝鲜战场的胜利，鼓舞了我们。后来，我们又听取了华东海军司令员袁也烈"关于国防建设和人民解放军"的报告。这样，我们经过了三个多月的学习，思想有了不同程度的进步，爱国主义情怀高涨，对解放军和国防建设有了了解；同学们相互间也建立了深厚的革命友谊。结业后，大家接受组织的分配，有近4 000人参加了军事干校和国防建设，稍后，其中又有一部分同学由部队奔赴抗美援朝前线，担任文化教员或其他文职工作。我组解鉴堂、居肃云二位同学光荣赴朝。居肃云还在朝为张爱萍将军献了血。有1 000多人到华东机关及其他部门工作，我和近百名同学被分配到华东公安部，旋即又赴安徽参加治淮工程。少数同学留校工作。我在离校前，请周抗主任题了字，他写的是——从群众中来，到群众中去。

第四期和第五期

第四期学员1951年9月上旬报到，19日开课。次年四月底结业。前后学习了8个月。结业时为1 269人。成员年龄大，文化程度高，大专以上及留学生将近半数。他们在旧时代、旧政府供职时间长，其中甚至有国民党政府内政部次长胡次威等人。他们旧观念、旧作风和政治偏见较深，因而完全不同于以上三期学员。所以学校对他们进行了较长时期的教育。让他们参加政治自觉运动，清算反动阶级思想影响，交代历史问题，划清敌我界限，提高政治觉悟，参加农村劳动。最终也都取得了令人高兴的进步。彼时因新疆军区司令员王震同志向华东要一批技术人员和干部，华东局即决定号召这批学员去新疆工作，竟有1 253人争相报名，除少数年老、体弱等原因外，都得到了批准。这是上海最早，也是全国首批以如此规模人员去西部工作，他们为开发和建设新疆做出了贡献，也为后人作出了榜样。毋庸讳言，在此后的历次运动中，这批同学有更多人遭受磨难。

第五期学员近千人，他们来自华东军政委员会所属各机关，有560人是"三反"运动中未定案者，其他为原国民党机关人员。经半年学习，他们也都提高了思想，搞清了问题，而后回原单位工作。

至此，华东局决定，华东人民革命大学撤销。校领导分赴各大学担任校长或书记。其他员工也分到高校或上海党校工作。

三年多来，华东革大共为国家培训了15 300余名干部，他们为祖国建设和保卫祖国，做出了奉献，有的丕牺牲在朝鲜战场。也有的当了领导、成了专家、做了将军，即使始终是一般工作人员，也都无愧于那个时代。

但就全国范围而言，除华东人民革命大学以外，尚有1949年2月的华北人民革命大学、1949年6月的西北人民革命大学（前身为延安大学）；性质相同的还有江西人民革命大学、湖南人民革命大学、湖北人民革命大学。但华东人民革命大学规模最大，培养人才最多。

五十周年纪念

因为革大不同于其他学文化的大学，它讲的就是政治，说的就是感情，又产生于那样一个历史转变的关头，大家更由此踏上革命的道路，决定了未来的人生。所以，革大同学对革大的怀念，同学之间的那种纯洁、热烈、悠长的友谊，是令人难忘的。

离校的46年后，即1997年5月30日，我在《联合时报》发表了一篇1 600字的名为《我的大学》的文章，抒发了我对革大深厚的感情。

以三期的同学而言，在上海、南京、济宁等市，就有同学相互寻找、联络，因而每有几人，乃至十几人的聚会，进而城市之间的同学，又取得了联系。再进一步，又有同学发起，要在第三期50周年，即2001年，在苏州搞一次全国大聚会，于是，在《新民晚报》登出了启事。有多位热心的同学成立了筹备组。经过紧张而有序的工作，2001年4月16日到19日，来自祖国20余省、市、自治区近600名革大第三期同学到苏州北兵营相聚。

远的在内蒙古、黑龙江、四川、云南。天上的飞机、地上的火车汽车一起开往苏州。有的同学带来了老伴，有的还带来了儿孙。

50年的光阴，三代人的足迹；50年的天南地北，50年的人世沧桑。当年的花季少年，如今都成了白发老人，即是同班同组之人，如今怎么说也没了当年的模样，谁也不认得谁，只能是"称名忆旧容"了。于是，我们激动，我们挥泪，我们拥抱，我们叙述自己，我们还捎带着讲到了自己的儿子、孙子。

　　有几位身患重病的同学也艰难地赶来。有位同学报了名，但却在行前去世了，他的妻子抑制悲痛，庄重地代表他赴会，了却他的遗愿。还有位同学先是被打成右派分子，在"文革"中又在白茅岭农场被折磨得双目失明，但他热情难抑，在同学的搀扶下，从上海来到苏州。他曾是交大毕业生，在上海机床厂工作时，因业绩突出，受到毛主席接见。

　　我们住进苏州拥军大楼，有73041部队守卫，有战士为我们服务。此处也正是我原来所在的五部，我激动地寻找到了50年前我所在7组的那个房间，还有楼下一口水井。经我要求，我夜里就睡在那个房间里，我躺在床上，做着50年前的梦。我们打着旗号，列队去南兵营会场时，沿途路人注目，部队为我们维持交通，我们深感荣耀。

　　在第一天的大会上，中共江苏省委书记李源潮、93岁的副校长李正文等发来贺信；中共上海市委党校领导、上海市教委领导、驻苏州部队领导讲话。这三位领导尊我们为"革命前辈"。

　　四天内，我们倾诉，我们歌唱，我们交流，我们搞文物展览，我们搞文艺表演，我们游览苏州名胜。同学间的友情因这次的聚会而更深了，我们的生活因此而更丰富了，我们的人生也因此而更精彩了，我们的激情也因此而燃烧了。

　　会后，《苏州日报》《苏州老年》《新民晚报》和《人才开发》作了报道，编印了《圆梦录》《通讯录》和《花开花落总有情》同学文集。更众望所归地成立了革大三期联谊联络组，创办了《联谊简讯》，每月一期，连绵至今，而且越办越好。此后的几年，各种聚会也不时举行，2006年无锡聚会的规模仅次于苏州的大聚会，当然，这也只是一种延伸。

　　15 300名同学遍布祖国所有省市，忠心矢志为人民服务。这是革大的光荣，是革大人的骄傲，也是大时代一朵明亮耀眼的浪花。

（原载2009年7月26日《新民晚报》，2009年12月号《前进论坛》，

总第一四四辑《上海文史资料选辑》）

草鞋和布鞋

陕北吴起镇，是中央红军结束长征与陕北红军会师之处。所以那里有多个长征纪念地，其中有一个长征广场，广场上有一尊红军塑像，这位红军打着绑腿，穿着草鞋。有一幅名为《遵义会议》的中国画，画中的张闻天，也是穿着草鞋的。还有一幅流传较广的雕塑画《艰难岁月》，一老一小两名红军，那老红军也是穿草鞋的。

红五星，红领章，八角帽，灰军装、打绑腿，穿草鞋，这就是红军的光辉形象。当然，红军也有穿布鞋的，但因为当时物质条件匮乏，多数也只能用草鞋"武装"了。中央红军长征前，在后勤准备上，就有草鞋20万双这一项。在所有红军艺术形象中，尤其是雕塑，也大多穿着草鞋。就是朱德总司令的艺术形象，有时也是如此。

编织草鞋是手工活。一个木耙子，耙上有几根竹齿。搓一根绳做经，将经的一头套在竹齿上，另一头闩在编织者腰间或裤带上，以草为纬，就可以编织了。没有耙子，脱了鞋，十个脚趾，也一样可作耙子用。如果是熟手，半天就能打一双。如今农村的小镇有售。草鞋当然是以草为之，但也不是所有的草都能用的。我16岁前是农民，编草鞋我会，但编得好不好，手艺有高低。草鞋之草一般是糯稻草，再用榔头捶得松软了，才可用。苎麻更好。就是材料要有韧劲，这才经用，穿在脚上舒服，也好看些。女红军的草鞋，有的在编织时掺进了红、蓝、绿等彩色布条，那就很美很漂亮了。革命浪漫主义嘛，苦归苦，讲漂亮也是可以的。

红军本来就来自工农，故称工农红军。打草鞋是农民的本事，所以，红军打草鞋，穿草鞋，也就是自然而然的事了，而且，还体现了艰苦朴素的精神。

红军改编成为新四军、八路军之后，也就多穿布鞋，少穿草鞋了，这是一个过渡，何况北方没有稻草。一旦成为解放军，进入解放战争时期，情形就完全改变了，战士们就全穿布鞋了。中国人民志愿军就没有一个是穿草鞋的，条件不同了。

但是，布鞋与军装不同。军装可以由被服厂生产，做布鞋是手工活，一针一线，慢慢做。解放战争时期，解放区面积不断扩大，拥有的人口日多，人民群众觉悟提高，人心向着共产党。所以，各乡各村的人民群众就展开支前活动，不但送军粮、抬担架，还做军鞋，支援解放战争。也有的布鞋是战士参军时带上的，或者是家里寄来的。电影《渡江侦察记》就有一场是老班长吴老贵给同志们看他老婆给他做的布鞋，上面绣有"打倒蒋介石，解放全中国"的字样。群众做的军鞋，也有绣着相似字样的。

无论如何，草鞋是比不上布鞋的。有句民谚叫"倚了草鞋戳了脚"，就是说，战士穿着草鞋，如果踩上玻璃、瓦片、荆棘、弹片之类，脚就可能要受伤。而且，由于战事频仍，战士也没有时间坐下来慢慢打草鞋，又何况，草鞋不保暖，穿着布鞋好过冬。

这里还有两个特点：草鞋都是男人打的，也都是战士们自己动手编织的；布鞋则是女人做的，是妇女群众的手工。人民军队穿着这两双鞋，足下生辉，壮志凌云，爬雪山，过草地，越黄河，跨长江，从红军跨入了中国人民解放军行列。

（原载2005年11月5日《联合时报》）

一支治淮小分队

电影《上甘岭》插曲唱道:"一条大河波浪宽,风吹稻花香两岸,我家就在岸上住,听惯了艄公的号子,看惯了船上的白帆。"歌词是诗是艺术,是一种提炼;但有生活,有原型。这条"大河"不是黄河,黄河两岸只有高粱,不长水稻。也不是长江,长江是雄伟,没那么优雅,而且长江上很少有白帆,也听不到艄公的号子。再者,这支歌的时代背景是抗美援朝,当时国内影响最大的建设项目是治淮,所以说,这里指的是淮河。稍前,中央新闻纪录电影厂摄制了文献电影《一定要把淮河修好》,主题歌:"淮河两岸鲜花开,胜利的歌声唱起来,秋风吹来稻花香,肥壮的谷穗迎风摆。"紧接着又有上影厂的故事片《淮上人家》,以及其他。

这些作品都赞美了淮河的变迁,但彼时是将理想当作现实来歌唱了,"肥壮的谷穗"很少,洪水倒是太多。淮河真正地彻底地变样,而且又要维护,即是于今而言,也还有待时日。2011年是治淮61周年,虽然经过了几代人的不懈奋斗,按国务院计划,"新一轮治淮"又开始了。

一、滔滔洪水天上来

在古代,淮河、黄河、长江、济水并称"四渎"。1950年夏,凶猛的淮河全线泛滥,流域的河南、安徽、江苏三省,洪水滔天,4 000多万亩农田被淹,房屋倒塌89万间,1 300万灾民流离失所。皖北向中央报告:"当洪水猛扑过来时,灾民来不及逃避,哭喊声不绝于耳,少壮者攀登大树,老弱者爬上小树、屋顶,有的将小孩吊在树上,树倒房塌后人被淹死。也有的在树上被毒蛇咬死。死者489人。"毛泽东主席看罢报告,热泪涌流。

灾后的问题也相当严重。比如就在这年隆冬,我亲眼所见,一群饥饿的淮河灾民,逃荒来到我的家乡苏北建湖县开沙乡小张家庄。三五十人,男男女女,老老小小,拖拖拉拉,衣衫褴褛,蓬头垢面,一群讨饭人。看着这群灾民,我的心猛然紧缩。那时,我们也穷得叮当响。但是,在村长带领下,大家还是尽一切可能,请他们喝了几餐稀饭,他们也谢之不尽,再凄凉地去了别处。据说,一路上,已死了几位。一个15岁的姑娘,在前一站很便宜地卖了。

这样的消息这样的事,叫人心头沉重。少年的我在想:如果我能为淮河两岸人民做点什么,那才不愧为人一世!

经毛主席提议,再经紧张、有序地筹备、酝酿,1950年10月14日,周恩来总理请豫皖苏三省领导、相关部委同志和专家,召开政务院(国务院前身)会议,决定治淮方针——上游以蓄洪为主,支流多建水库;中游蓄泄兼顾,疏浚建坝;下游泄送为主,建闸开河。会议决定成立国家"治淮委员会",以华东军政委员会副主席、财委主任、上海市副市长曾山同志兼主任,安徽省委书记曾希圣等四人为副主任。专家钱正英等13人为委员。

1950年秋末冬初,一场浩大的治淮工程,在河南、安徽、江苏三省同时开始,新中国治水事业,迈出了宏大坚实的第一步。在第一时间,上海就有专家、工程技术人员相继赶赴现场。那么,我呢,我有机会参加这一伟大工程吗?

1951年5月15日,《人民日报》头版发表毛泽东同志"一定要把淮河修好"的题字。这是新中国成立后发表的他的第一个题字,其重要性可以想象。

我于1951年6月,在华东人民革命大学(抗大式学校)第三期学习结业。据称,我们这一期原来是作为接收台湾的第三梯队干部培养的,由于朝鲜战争爆发,5 300名同学一部参加了地方建设;一部去了军干校深造;一部参军去了朝鲜前线,担任各类文职工作;华东公安部经严格审查,录用了100人,我是其中一员。我们来到上海建国西路上的华东公安部。政治部主任对我们讲话,说我们从到公安部的第一天起,就是公安人员了,但我们年纪都很轻,最大的23岁,最小的才16岁,坐机关不行,要下去,要锻炼。他接着说:"现在轰轰烈烈的伟大治淮工程,已经开始。我们公安工作的任务之一，是管理、改造罪犯。但罪犯也是劳动力，所以，我们华东区要建立一支劳改总队，你们就是要同这些罪犯一起去治理淮河。当然不是要你们去挖土，你们从事其他方面的工作。同志们也就算是我们华东公安部一支治淮小分队了。"想不到，这真的能参加治淮了！这在当时来说，中国人第一光荣是去朝鲜前线，第二光荣就是参加治淮。这两样都轰轰烈烈。那天，走出会场，我们都兴奋得相互握手。

二、走上治淮第一线

这样，我们在华东公安部停留两周后，除留下少数同学外，74人，在华东公安部组织部王树森（我们叫他王胖）同志率领下，打起背包，浩浩荡荡，高高兴兴，朝气蓬勃，唱着进行曲，奔赴皖北治淮工地。

7月下旬，我们到了皖北首府、军事重镇、治淮委员会所在地蚌埠。这时，全国已有不少参加治淮的工程技术人员和各类干部，来来往往，一派忙碌。招待所已住满，我们报到后，淮委安排我们住在一个几乎没有神职人员的清静的大教堂里，没有床，打开背包，我们就睡在地上。等待去工地。

逗留期间，我去了国富街2号治淮委员会。那是一幢不错的小洋楼，门前一块大木板，上面有被放大了的毛主席的"一定要把淮河修好"，洒脱、豪迈、庄重、激烈。作为一个刚参加革命的16岁的热血青年，我站在那里出了神，我长久地注视着，我有一种震撼感、亲切感，使命感，还有一种光荣感。

在淮委的一些办公室，也贴有这一题字，那是印刷品，长约70厘米，宽约50厘米。后来，又有淮委同志让我看这一题字的原件照片，那是毛主席写在"中国人民革命军事委员会"信笺上的。

第三天，淮委政治部领导作报告。他穿着一身褪色的黄军装，讲话干脆、利落。他是一位从部队转业的团政委。他说，淮河发源于河南桐柏山，流经豫皖苏三省，全长1 000公里，流势是两头高中间低，本来就水灾多发，1938年，蒋介石为了抵抗日军，炸开了黄河的花园口，造成黄河夺淮，情形更糟。其特点是"大雨大灾，小雨小灾，无雨旱灾，年年有灾"。人民受害深重，所以大家称淮河为"坏河"。毛主席号召我们"一定要把淮河修好"。使之成为免灾、发电、灌溉、通航,造福人民的"好河"。此后,我和几位同学去游览了张公山和龙湖,看了全国第二铁桥——蚌埠大铁桥,这座雄伟的铁桥,在抗日战争和解放战争中,两次遭到毁坏,桥南有为纪念护桥而建的"淮河大铁桥英雄纪念碑"。我又到新华书店买了一幅"一定要把淮河修好"。

  王树森同我们开会,他说,治淮的工程很多,我们参加的这一处叫"下草湾切岭引河"。我们未来的单位叫"华东区治淮劳改总队指挥部",工程是要以下草湾村为中心开一条河,将淮河水引入洪泽湖。我们这支小分队是这一工程的先头部队。只有我们这里是劳改单位,其他各省、各工地全部是农民工。

  一周后,我和30多位同学先行出发,乘木船赶往下草湾所在地泗洪县双沟镇。我们穿行于前不久国民党称之为"徐蚌会战",解放军称之为"淮海战役"的辽阔战场。有些战壕仍然历历在目,弹坑依稀可见。我的耳边仿佛响起了喊杀声,还有连天的炮火。七月骄阳,我们坐在船上,一无遮盖,烤得直冒汗,唯一办法,就是脱下衣服,顶在头上。还有就是拼命喝水,船上有锅,现烧现喝,但淮河水是那样的浑浊。将水打上来,也就下锅了。

  我们经过一天一夜航行,次日上午到达双沟镇。镇上有一条长不过百米的所谓的小街,两旁零落地分布着十几家店面,经营小百货、烟酒、饮食、鱼肉、小农具。街上半天也看不到人影,倒是有几头黑毛猪在拱来拱去。镇下有一片长长的河滩,连接着滔滔的淮河。我们分批到镇上饭馆午餐。所谓饭馆,有的其实就是住家,并无店招,顶多在土墙上写几个字。我和几位同学来到一家,室内放着一大两小三张桌子,店家的孩子在那边吃,我们在这边吃。我们吃的是稀饭、大馒头,小菜是辣椒炒咸菜,辣椒炒肉丝。灶头就在旁边,边烧边吃。一头猪,在桌底磨蹭,它的梅花脚踩着我们的足,还发出开心或者是无所谓的哼哼声。那种气味,真是不好闻的。孩子却是边吃边开心地逗猪玩,用筷子打它的头。

  至于我们落脚又在何处呢?经和镇领导联系,多数同学挤在几户居民家,我和几位同学住进河滩上的一幢土屋。这真正的是家徒四壁,一根筷子也无,门窗都拆走了,空空洞洞。这屋被洪水淹过,壁上有水迹,主人死活不知，留下这幢弃屋。我们一进室，就有一条水蛇和几只硕大的青蛙狂跳着夺路而逃。室内极度潮湿倒也罢了，不平的地面还有浅浅的水塘和淤泥。那也不怕，我们就上街买了一把铁锹，还有我们的饭碗、面盆作工具，将水和淤泥清除了。没有床，怎么安家？我们就买了10捆芦苇垫了，高床大铺，也挺美的。无法排解的是闷热和湿气。夜里没灯，不过倒也不寂寞的，挥之不去、一抓一把的蚊子奏着小夜曲凭君欣赏。只是，这班小东西，不但动手动脚，还动嘴。道理却是天然的，人要吃香的喝辣的，它们只是搞点饮料罢了，生态平衡，倒也合理。

几天后，我们"动迁"到双沟以南五六里、紧挨淮河边的上草湾。东去五六里，就是要沉入河底的下草湾了。我们被安排到几户百姓家，我和一个叫何求的同学，住到陈姓老人家，老夫妻像迎接亲人一样接待我们。我二人睡在当间，小树做成的一个长框，再以草绳结成网，是为床。我们吃住就全在群众家里了，就"插队落户"了。同吃同住，没有"稻花香"，所以无大米，主食是玉米饼、玉米馒头、玉米糊，佐以咸菜，三月不知肉味。不是我怕苦，是说人民很穷很苦。

王树森将我们分成五个组，我为第一组，组长徐昌龙，各组任务都是向下草湾及周边群众作宣传，告诉大家，我们将要在这里开一条河。所以，有的居民要拆迁，有的村庄要受干扰，要给大家的生活、生产带来不便。因为劳力不是一般民工，是罪犯，所以，请大家有所警惕。当地政府当然还要做过细工作。

为了在蚌埠采购、转运物资，在那里成立了本指挥部的蚌埠办事处，叶祖贤同学调该处任副主任。

我就带着毛主席的题字出发。群众听了我们的宣传，看了毛主席的题字，都很兴奋，表示将一力支持。这时，王胖同志也就回沪了。其他同学，也从蚌埠来到。我们大量收购芦苇、草料、毛竹等材料，作搭建工棚之用，以便给犯人居住。芦苇、草料由陆上运达，毛竹则扎成竹排，水运而来。接着，就陆续有铁锹、洋镐、箩筐、扁担等工具乒乒乓乓，水运到达。上草湾建了码头，我们的工作也就无分日夜地繁忙，上草湾也就成了大仓库，一个寂静的河边村落，也就热闹了起来。也有农民提着小篮，来此卖花生，卖生梨，卖柿子，卖大铁桥牌香烟。我们被指挥部定为筹备处，皖北某县公安局局长王道模同志任处长。这时,我们办起了伙房,钱泰生同学当事务长,两位农民当炊事员,采购小菜,就去双沟,伙食大为改善。但无食堂,就蹲在地上吃,一蹲就是一年多。

筹备处雇请农民相帮卸货,搬运。大量物资露天堆放不行,几乎在同时,我们请农民为我们用毛竹、芦席建立了一个大库房。奉指挥部命令,筹备处改为供给处,下设三个科,伍春生同学任生产科秘书。

上草湾东北三里许的小王庄,是指挥部首脑机关驻地。人员也陆续到达。组成人员是上海、皖北公安部门干部、安徽军区干部和淮海战役军队转业干部。最高首长是司令员兼党委书记彭光福,此前他是巢湖军区司令员,他和当时中国人民志愿军司令员彭德怀不但形象几乎一样,性格也相同,好像还是同乡,反正大家都称他彭司令,他自称是"我老彭"。副司令是上海市提篮桥监狱副狱长武仲奇,一位知识分子,大学毕业,副师级,总是穿着挺括的呢子军装,字写得极漂亮,"上海市监狱"五个大字是他写的,今浦东东方路"齐鲁大厦"四个字,也是他的手笔,一旁有他的大名。与我同住的何求同学调指挥部任彭司令秘书,徐昌龙调党办当副主任。

兵马未动,粮草先行。罪犯和干部所需的粮食等主副食品,也陆续到达上草湾。为了供应干部、犯人最一般的生活用品,如毛巾、牙刷、牙膏、面盆、信纸、信封及食盐、食油等,上草湾建立了供应站,由淮委等地来的几位同志担任营业员,革大同学陶平任会计。

三、要将旧人变新人

一天傍晚,来了一个排警卫部队。一小时后,我们提着桅灯,打着手电来到河边,战士们持枪分列两旁。第一批安徽阜阳市120名犯人来到,押解他们的有该市公安干部二十余人,也都佩着手枪。他们其中多数人完成押解任务后仍回原地,少数同志则留下管理犯人。他们上岸后,并不停留,直接去下草湾工地。此后又来了五河、凤阳两批安徽犯人,这几百人的任务是建造工棚。

一个月后,犯人大批来到。某次连着三天接收六百多犯人,都来自上海。此后,犯人也就越来越多了。最终,工地犯人编为五个支队,每一支队下辖三或五个大队，每大队再设几个中队，每中队一二百人不等。他们来自华东各省市，最多时，犯人逾三万。按性质而言，反革命犯比例最大。革大同学也先后调入总部和支队任职，到总部主要是在机关的处或科任职，到工地支队、大队的，主要是当文书、会计，也有当事务长的。

工程于9月27日试开工，10月15日正式开工。华东公安部还是很关心我们革大同学的，王胖每两三个月就来工地召集我们开一次会。主要是关心我们的成长，并无物质表示，也就是精神鼓励吧，好像有一次发了一条毛巾。

工地开工后，大量工具发生修理、更换等问题，因此，生产科下设修理股。为了能达到工具随坏随修和自制一些工具的目的，该股设在工地边上，那里的条件比在上草湾要更艰苦些。作为团员的我，报名"入股"。我的任务是接收损坏的工具，决定当场修理还是报废调换。本股劳力是从犯人中抽来十余名木匠和铁匠。我们股长姓徐，三十多岁，部队下来的一个连长，他一来劲就大声唱："革命军人个个要老婆，革命成功每人发一个。"犯人听着好笑又不敢笑。

因为报废的工具越来越多。我觉得有的可以回炉，经请示同意后，我到指挥部管教处查犯人档案，找了一批上钢三厂和江南造船厂的原木工、锻工、工程师等，扩大和加强了修理和对报废工具的回炉及制造工作。因为修理股犯人都有工具，而且，他们人多，我们干部人少，又是同吃同住，所以安全极端重要。这些犯人早先全部是党团员或干部，也全是刑事犯，而且刑期都在三年以下。修理股犯人近三十人。同学孙愈烈比较沉着、厉害、有水平，由他担任管教员，掌握犯人。

1951年冬季，我们属于华东公安部的革大同学和该部其他干部（其他系统同志在外）全部发了棉军装，有"中国人民解放军"胸徽、五角星帽徽，还有"公安"臂章。革大同学的那份光荣和骄傲，溢于言表。

一天晚上，我站在一个高岭上俯视。工地是碟形。碟的四边有军区警卫部队的碉堡，他们持枪警卫，日夜警惕。点点灯火，照着紧张作业的上万夜班犯人。他们挖的、装的、挑的，干得火热，号子声响彻夜空。"现代化"的是从煤矿搞来的翻斗车，在人群中穿梭。翻斗车的功用是经轨道牵引，将低处的土往高处运送，以减轻劳动强度，提高工作效率。下草湾村的位置，就在新河当中，最高处距河床28米，接近河床部分虽不是石头，却是一种坚硬的岩层，得用钢钎、铁镐，一点一点抠，有的用炸药。新河全长4 585米，内切岭1 400米。淮河故道由北向南奔腾至此，要再向前68 500米到老子山，才打弯东流入洪泽湖，因而使上流水位迟迟不能降低，多处又泛滥成灾。下草湾切岭工程的意义，就是要洪水尽快由此入洪泽湖。最艰难的工程我们来，两端土层较松软处，则由农民工解决。此时全长168公里、引洪泽湖水入黄海的苏北灌溉总渠工地，也正热火朝天。这里的犯人有时代特点——因是"镇反"时期，所以多数为"反革命罪"，刑事犯较少。劳动对他们既是惩罚也是改造，故曰"劳改"。他们的改造也是真诚的，所以不断有人被减刑，不断有刑满释放回家的，也不断有从华东各地来补充的。但与人民为敌到底，死不改悔的也有，逃跑、自杀；甚而搞反革命活动，以至阴谋暴动者，不乏其人。最终都被强大的无产阶级专政粉碎了。

1952年三四月，由于我们干部的指挥正确，也由于罪犯的勤劳和小心，就在下草湾中心位置，距地面约30米处的岩层中，挖掘出了河狸化石。是为哺乳类动物，身长近1米，体肥胖，无毛有鳞，后肢发达，有蹼，尾扁而宽，分泌物为"河狸香"，善游泳。现为国家一级保护动物，新疆、内蒙古有分布。该化石为我亲眼所见，先放在工程处，后转指挥部，再送蚌埠，现存南京博物馆。专家分析，该地段未来或有发现人类化石及遗址之可能。（1955年第1期《古生物学报》，对此有详述。）据称，我国第一次发现河狸化石，是周口店。

四、东西南北74

稍后，我被调供给处任文书，兼供应站站长，同时被选为供给、工程、财务三处联合团支部副书记，后任书记。虽有五十多名团员，可以成立总支，但因人员流动大，长住的团员一半而已。转眼，总部动员搞"三反"运动。虽说是反贪污、反浪费、反官僚主义，主要或唯一搞的是反贪污。组织信任我，选我当打虎队员、三个处的材料员。真没想到，副司令武仲奇竟是大贪污犯，"大老虎"。某支队支队长、原某县公安局局长温立典也是大老虎，在指挥部大礼堂开会，几百人斗了二人好几回，声势浩大，口号震天。武温二位，不但为革命做过很多工作，且长相英俊，又有几分硬的气质，是典型的中国人的伟岸形象，令人扼腕！更没想到的是，革大同学、蚌埠办事处的叶祖贤也是大贪污犯。我斗他很积极。可斗了半天，一当定案，武仲奇只是生活作风有问题；温立典有点小贪；叶祖贤收了商家的一些礼物，按今天比价，也就三三千元罢了。三位全不是吃人的大老虎，是吃腥的小猫咪。真的是搞得"左"了，"左"了！一次，我碰到温立典，我愣看着他，斗他时我看他十分可恨，现在却觉得他有些可怜了，而且，他真的不像贪污犯。当然，运动对大家的教育是深刻的。

运动后，全国干部第一次定级，供给制改包干制，我被定为八等二级，工资好像是8 000元（旧币）吧，一半交了伙食费。职务为科员。

此时，建水库、筑坝、开河的治淮工程已全面开展，遍地开花，最多时，大小工地几十处，三省的工地上同时有二三十万人。某次，我们指挥部组织一批干部参观中游颍上县的"润河集蓄洪分水工程"。此时，水闸已经成形。劳动力全是农民和少量工人。人民群众那种热情，那种积极性，感人至深。农民、女共产党员李秀英家有老人、婴儿，但她提前断奶，抢先报名上工地。我们请她介绍先进事迹，她只唱了一曲黄梅调："长江北，黄河南，淮河歪歪在中间，穿过无边大平原。淮河要修好，不怕旱涝淹。"但老实说，他们的伙食，艰苦得很。没有这边的犯人好。该工程以钱正英为总指挥，水利部部长傅作义、副部长李葆华及苏联专家，都曾到工地视察、指导。有许多艺术家到各工地表演，比如黄梅戏的严凤英、淮剧的筱文艳、豫剧的常香玉。作家、演员也到工地慰问、体验生活，比如巴金、曹禺、张瑞芳、秦怡、项堃、汤化达，很多很多。画家、音乐家，也无不争先恐后。他们不是蜻蜓点水，而是深入交谈，有的还卷起袖子，操起家伙干上了，回去逢人便说："我去了治淮工地！"有的刚从朝鲜回来，又来治淮工地；也有的刚从治淮工地回来，便去朝鲜。至于新闻记者去工地，个个激动而丰收。人民群众艰苦奋斗、拼死拼活、改天换地的精神，可以叫人感动得流泪。周恩来总理、邓小平同志等中央领导都来过工地。

7月某日，我们指挥部开干部大会，主持大会的是政治部主任邹云龙，这位领导讲话之乎也哉，引经据典，抑扬顿挫，生动活泼，幽默有趣，而且在台上走来走去。台下不时爆出笑声，我们都爱听他讲话。会议接着由我们传达参观润河集情况，后由另一路参观团介绍峰山切岭工程。在那里产生了带领妇女，战胜淤泥、冻土和石礓土的治淮特等劳模农民金秀兰。全国媒体纷纷报道她，《解放日报》还登了连环画。全国人民学习她，招贴画大街小巷都有。她由淮委团委推荐，团中央请她去柏林参加第三届世界青年与学生和平联欢节。更令金秀兰做梦也没想到的是，60年后的2010年4月，团中央又邀请她赴京参加中国青年群英会。与会代表226位，含20世纪青年英模代表35位。

下草湾切岭引河工程1952年7月竣工。淮委给干部发了治淮纪念章。革大同学一部参加上草湾对岸的泊岗引河工程，其余到金寨县的响洪甸水库、毛尖水库，太湖县的花凉亭水库，巢县的巢湖水库，还有的到辽宁大伙房水库，也有的调淮委机关工作，而我则和倪亦明、金起强、周之浏7位同学随一批领导去苏北滨海办劳改农场——"华东公安部苏北滨海农场"，场长是原青岛市公安局局长姜文章同志，政委是从江苏省委调来的吴廉同志，政治部主任是三野来的宫建国同志。那里除了罪犯，还有一批淮海战役中被俘、有罪又死不认账，也不判刑，只是养着的国民党连、营、团军官。农场干部来自华东各省市和三野及治淮工地三部分。

1953年，华东公安部从该场选调100名干部加强上海保卫工作，7位革大同学，唯我入选。就是说，当初离沪的74位同学，几经辗转，唯我一人奉调回沪，余者最终落户安徽、江苏、河南、辽宁、河北，乃至更多省市。一支小分队，最终也就这样天南地北"分"开了。金周二位已在几年前谢世于杭州和南京。与我同庚的倪亦明1957年在一次批斗中艰难逃港，改名倪匡。他已发表小说、剧本、散文、随笔几百部，各种体裁，这家伙无所不能，无所不精。终成港界名列前茅的大作家，且健在。肯定他是五期革大15 000人中，文学上最杰出者。他儿子是倪震，儿媳是歌唱家周慧敏。

弹指一挥，2011年，是华东革大人参加治淮60年。今天，您打开中国地图就可以看到，双沟以南，有芝麻长的一小段，那里有我们革大人足迹，这就是4 585米长的将河水变为湖水，将湖水变为海水的下草湾大河，它是永存的。

（原载2012年5月6日《新民晚报》、2011年12月号《浦江纵横》、
总第一五四辑《上海文史资料选辑》）

磕头和放爆竹

我出生于一个偏僻而穷困的乡村，童年时最大的愿望便是过年，因为过年可以吃到猪肉和汤圆，还有两件好玩而有趣的事。

一个是拜年。我们那个村子，十几户人家，大多是本族，所以辈分极清楚。年初一的早晨，我们小孩子便满庄跑着去拜年，先向谁拜，后向谁拜，大人都有交代，是不可颠倒的。倘向祖父辈以上的长辈拜年，则要磕头。五体投地，磕头一个，慌忙爬起，立于一旁，等那大把抓来的花生和瓜子，有时还有铜板，是流行于民国时期的一种硬币。

再一个是放鞭炮。我们那里，小的叫鞭或小鞭，即那长不盈寸排列成蜈蚣状的东西。大的叫炮仗，因其燃放时发出乒乓两声巨响，故又名"双响"，何况，"双"字是一个含吉利意思的字。

那时，我们没钱，所以只能买小鞭。初一早晨，"吱呀"门一开，也不看究竟，便将那已点着了的小鞭扔出门去，也就二十响上下，两秒钟吧，还没听出味儿来，便没了。真不像现在这样，长长一串，放起来要5分钟、10分钟，物极必反，听得人都有点烦了。我们那放，好像有两层意思：驱赶鬼怪，开门大吉。不像现在，单单为了迎财神。也有实在买不起小鞭的人家，那只好不放，但这也有口彩，可以自得其乐，叫作"闷声大发财"。而放双响的，只能是财主至少是半财主。

而今我那乡下过年磕头之俗虽未绝迹，但已寥寥，这我是亲自下乡"考察"过了的。而在城市，比如在上海，几已不见。其原因大约是此俗不但烦琐而且带有封建色彩，更少文明内涵。中老年人不要求，青年人不继承，小孩子浑然不知。故也。但小孩儿家倒另有收获，就是红包大大的有。

（1995年1月30日《劳动报》）

沐 浴 记 趣

当年,我在安徽一农场"改造"时,邻近的小白树村生产队要写"农业学大寨"总结,生产队长也常和我打招呼,所以,这回队长到农场来指名要我去"摇笔杆子"。我在那里工作了几天,出色地完成任务。热情、纯朴的生产队长留我洗澡,我婉拒了。

春节将临,农场的浴室虽开放而且免费,但不公平的是,领导和其他工作人员先洗,而后是干部家属洗,再而后,才是我们"小三子"。此时浴室里的水,浓度已高,而且奇臭无比,那水,肥田是上品,洗人已不宜。而且,还得在寒风中排队等候。然而,一年到头的,这澡还是要洗的嘛。

这时,生产队长因与我有"工作"之谊,所以,队长如请客吃饭一般,又来请我去洗澡了。

为防我等"牛鬼蛇神""腐蚀"贫下中农,农场是不许我们接近群众的。但因农场里"内战"正忙,"擅自去生产队"者早有先例;而且,脚正不怕鞋歪,身正不怕影子斜,我是去洗澡,又不是去破坏"文化大革命",何怕之有!再者,这个澡到底怎么洗?我生出了几分好奇。所以,我就答应了,并约定了时间。

我怀里揣着毛巾、香皂,又到山上捡了一捆柴火,匆匆于某日傍晚赶到了小白树村队长家。队长憨厚地笑着,一边接下柴火,一边说:"还背柴火来干么事!"("干么事"即"干什么",这句话很有地方特色。)

队长让我在堂屋坐着,亲自到小屋为我烧水,但我还是跟了去。这是一栋"黄土为墙茅盖顶"的小屋,一边堆着不多的柴火,一边盘着一座土灶，灶上有一大一小两口锅，小锅是烧猪食的，内有饲料为证。大锅就是烧洗澡水的。地上有一口铡刀，墙上挂着锄头，墙边有铁锹。如此而已。煮饭、烧菜的灶头是在堂屋的。

我洗澡，他人为我烧水，这不就是"不劳而洗"吗，不就是剥削阶级思想吗？我就抢着自己烧，队长就到那边大屋去干别的了。

逞能并不等于有本领，我把火烧得熄了，弄得满屋烟雾腾腾，呛得自己干咳，幸得队长及时过来，重新把火烧旺。半小时以后，锅里冒出了热气，水热了。我向队长要木盆，队长却笑了。

原来，并不是在木盆里洗，而是直接爬到锅里去洗。我吓一跳，这不就是"煮"人了吗？此时，我忽地想到《国策·齐策一》以鼎镬煮人的烹刑。但旋即我忍不住笑了，而且又立即产生了好奇心、新鲜感，亟欲一试，以致非"煮"不可了。

这口大锅的直径不会小于80厘米。队长说，这是洗澡专用锅。因为缺货，又因为经济条件的限制，还因为卫生观念的落后，所以，这种锅子并不是每家都有的。据队长的意思，有了这浴锅，论那档次，也就要等于或高于今日上海居民的拥有淋浴房了。

队长拎来一桶冷水放在灶台上，另有一瓢，再取过一块六板横在锅上，这就"请君入锅"了。队长随手带上门去了。那门颇破旧又无门闩。我搬过铡刀，再取下锄头把门抵得牢了，因为怕有女人进来，那我的罪就大了，也真的是破坏无产阶级"文化大革命"了。我卸衣下锅，赴汤蹈火，"引颈就煮"。

我坐在木板上，双足却不敢用力，生怕踩破锅底。

我痛快地洗着，队长在屋外忙着什么，但不断和我通话，问冷问热，进行"遥控"。我也几次"调温"：加冷水或跳下灶头添柴，最后还撤去木板，蜷起身子，小心却又是痛快地在锅里狠"烹"了一回。

我自秋至冬，多时不曾洗过热水澡了，所以，这次浴后虽未能"换骨"，却有"脱胎"之感，舒坦得不行。不是说改造要"脱胎换骨""重新做人"嘛，今天，在这里"脱胎"，而后再回农场"换骨"，再而后，再"重新做人"吧。

当太阳升起，光明以降时，我获得了平反，回到了我的上海、我的家。但我一接触到沐浴事，每每忆起那间小屋，那口大锅，还有那位生产队长。

不过，快40年了，有件事，我还是应当实事求是地"老实交代"的——那位队长是女的，而且热情、俏丽，她曾拉过我的手，我俩的目光，也曾对视过几回。

（原载1998年5月27日《上海经济报》）

一曲黄梅醉煞人

1951年，我在安徽参加治淮工程。安徽省黄梅戏剧团来我们治淮指挥部慰问演出。先演了两人小戏《打猪草》和《夫妻观灯》，两剧女角均由严凤英扮演。这是我第一次看黄梅戏。我不觉震惊：原来世上还有这么纯朴，这么本色，这么美，这么动人的剧种！第三出是大戏《天仙配》，七仙女仍是严凤英。但戏刚开锣，我却因事离场，觉得十分遗憾。那时还以为今后再也没有机会看黄梅戏了。

1954年我奉调回沪工作，又惊喜地在一些联欢会上看到了黄梅戏《打猪草》和《夫妻观灯》。先有上海电影厂和上海人艺演员演出。同时，也有了唱片，开大会或在食堂就餐时，也经常听到。有些工厂的文娱活动积极分子也能演，热爱黄梅戏的我也不例外。我单位爱黄梅戏者不乏其人，于是，我根据我的感觉，当起了"导演"，有两位同志兴致盎然地当起了演员，排练了《夫妻观灯》，在单位联欢会上献演。虽然演得不怎么样，但大家看得很开心。

1955年，华东戏曲观摩会演在上海举办。安徽省黄梅戏剧团将《天仙配》带来上海参赛，演于黄河路上的长江剧场。我清晨排队买票，得了个好座位。这次仍是严凤英演七仙女。全剧分《游鹊桥》《路遇》《上工》《织绢》《槐荫别》五场，唱功、做功、故事都好，可谓是集黄梅戏艺术之大成。演出结束后，我到后台求见了严凤英，我说我早在四年前就看过你的戏了。她高兴地问我，你是安徽人？她这样说，是因为四年前，她只能在安徽演出，上海人是不知黄梅戏为何物的。当我说明原委后，她也很激动，说你为我们安徽人民做了好事了！50年代初期，有的人喜欢在胸前挂纪念章或军功章，我当下就激动地将胸前的治淮纪念章摘下给她佩上，她激动地轻轻拥抱了我一下，弄得我脸都红了。她说："你只有一枚吧？"我说是的，她就又将纪念章还给了我。

有此一遇，我对黄梅戏的感情就更深了一层。紧接着，《天仙配》由人称天才演员的石挥导演，由上影厂拍成电影。上海人看多了沪剧、越剧、淮剧，黄梅戏使他们耳目一新，有了新的审美体验。那强大的艺术魅力，浓郁的乡土情怀，醇酒般的曲调，优美的故事，醉倒了许多上海人。那时电影院里真正是盛况空前，为一时之盛。当然也非上海一地，香港有位老人，一连看了七遍。

我有幸和上影厂演员凌云先生相识。他1952年拍电影《淮上人家》时，去安徽深入生活，和安徽黄梅戏剧团同住在一个大庙里，有机会学会了全本《天仙配》，手头又有剧本。1956年，上海总工会组织全市职工文艺会演，我单位诚请凌云导演，赶排《天仙配》参赛，我担纲董永一角，结果得了三等奖。

《天仙配》是神话剧，是说贫苦农民、孝子董永卖身葬父，七仙女看他"忠厚老实长得好"，私自下凡，与他结为夫妻。但只百日之缘，七仙女就被天神押回天宫按律查办了。现在许多朋友经常愉快欢欣地唱《夫妻双双把家还》，须知，董永、七仙女唱罢这段，就是《槐荫别》了，就是夫妻分离了。这是神仙和古人的一场悲剧。

黄梅戏是优秀的地方剧种，已被列为国家非物质文化遗产，其普及程度仅次于越剧。一代名伶严凤英是全国政协委员，她对黄梅戏的创新和推广，功劳卓著。彼时，她与演地方戏的袁雪芬、常香玉齐名。可她却在劫难逃，"文化大革命"开始即遭批斗，1968年自杀身亡。死后还开膛破肚，查她的收发报机。今年是她蒙冤去世40周年。哀哉！哀哉！

（原载2008年11月28日《文汇报》）

花市灯如昼

在热气腾腾的浦东，有条日见繁华的浦电路，其间一段，花店林立，卖花人一色女子，走进这一家家花店，花的色、气、神、韵顿可令人目迷心醉。有的只营花卉而不及其他，有的却是兼营。那花的美丽岂是它物所能掩却，相比之下，反觉花儿更是妖娆。人到花前，自有一种感觉，就是自己也美丽了起来，仿佛自己也成了一朵花，纵不至此，也可充一片绿叶。

这些花店的所有者，无一不是"非公经济"，而且又甚少市区居民，多为福建人、云南人和来自本市郊区者。卖花只管卖花便了，不少店却供起了神佛。有一家供的是观音菩萨，这倒有点意思了，因观音居南海落伽山紫竹林，风景美甚，幽雅甚，可开发为旅游景点，这就和花卉有了因缘。观音虽非花仙，却也不失为一美丽女神。她手托花瓶，瓶插柳枝，更打坐于莲花座上，似此，可见她是喜绿而爱花的。这家花店构思毕竟精妙。排除了唯心主义，我倒主张花店都供观音大仕。

张姓女子来自崇明，和夫君开了一家花店，夫主外而妻主内。我步入店堂时，她正精心修剪花枝。店内清洁宜人，花卉排列有致，她虽算不得十分的漂亮，但也是花的模样。她说她的生意算不得最好：日进千金抑或有之，几百元是有保证的。说话间，一位妙龄女郎进店买花，一袭披风，瀑布般长发，姣美的容颜。当她捧花随轻风而去时，我忽然闪出一幕幻想：呀，这不就是花神吗！

在另一家花店前，一辆闪亮闪亮的黑色奥迪婚车已被装饰完毕，披花驶去。又一辆深红色红旗牌敞篷轿车缓缓而来，要求打扮，去迎新娘。

这样的花店，何止浦东，全上海，举头便是，中国的城镇，已遍地花开。花有季节性，所谓春兰秋菊夏荷冬梅是也。所以，你到花店里去买花，非当令花价格就要贵一些，有的要贵很多。人们的需要并不与时令同步，比如清明时节，我们祭奠烈士、先人，一束鲜花中，白、黄、红三色秋菊总不能少，现代科技可以反季节，可以令人满意。

花是一种语言，花是一种心情，花是一种精神，花是一种意境。献父母剑兰、菊花、康乃馨是为健康、平安之祝，献情人玫瑰、丁香是爱的倾诉；献友人婚礼之时以月季、常春藤喻百年好合，献来宾马蹄莲、满天星示热情相迎……几乎所有盛开的鲜花，都在祝福祖国！

不要以为花市的兴旺只在白天，许多花店的生意都要做到夜晚七八点钟，甚至更晚。一位花店女主人说："花在夜晚才更美、更香、更动人。"这话多少有几分诗意，卖花人果不一般。真是：月在中天人未眠，却有花市灯如昼。

（原载2000年3月18日《城市导报》）

大道风华

今年4月，我再次登临上海东方明珠，兴奋难抑地俯瞰、眺望世纪大道。

红日初照，我将目光由塔底缓慢移动，极目东南，在两旁高楼的簇拥之下，世纪大道是如此的美丽、壮观。大道总宽100米，但中心线南移20米。所以，北侧人行道是33米，南侧人行道则是13米。这种不平衡正是设计者的一大创造，是为了平衡大道两侧楼宇"北轻南重"的格局。而且，不对称又是中国古典美的一种，一如中国女子的旗袍，衣襟是偏向右侧的，如在她的左胸再佩上一朵小花，那种美，就足够激发诗人的灵感和想象了。北侧有行道树四行，南侧是两行，犹如给大道镶上了翠绿的花边，给巨龙披上了彩带，因而产生了动感。那种诗情画意，那种飞腾的气势，那种勃勃的生机，就全都跃然眼前了。

但是，对于世纪大道只远看、俯视，是不能领略她的全部的。要更全面、更深刻地了解她、认识她、理解她，你就必须亲近她，投入她的怀抱。于是，我便下得塔来，用我的手触摸她，用我的耳倾听她，用我的身体感受她，用我的情感体验她。

我沿着大道西端东行。我抚摸着那些长椅，仰望那行道树、那遮蔽棚……

大道北侧有八块各为80米长、20米宽的"中华植物园"，分别是柳树、紫薇、紫荆、水杉、栾树、茶花、樱桃和玉兰。每园各以一种为主，再配以各类相应的灌木、乔木和花卉，又有各式构图美丽的鹅卵石路面；有的还有喷水池、有地灯、有小桥流水、有亭台、小榭……我走得累了，就在亭内的石凳上小坐。他人尚不知有此妙境，唯我已捷足先登。上海别处的行道树是悬铃木，世纪大道旁的行道树却全是多层次的名贵的香樟、银杏。在许多"港湾"处又有成片的水杉、芭蕉予行道树以衬托。

　　世纪大道上的三大动感雕塑，是点题之作。首先跃入眼帘的是大道与崂山西路交汇处的"世纪辰光"，九根高低不一的不锈钢镶嵌玻璃的立柱，齐集路口，不唯在数量上寓九大行星，而且每根柱内都设有沙漏，地下的动力设备使沙在不停地向下散落。在崂山西路和乳山路之间，是成点状散开的水、金、木、水、土"五行"，依商周时的甲骨文为造型，不但展现了古文化，又隐含平衡、万物共存和共同发展及计时之意。于杨高路交会处的"东方之光"，则以高达20米横卧于地的日晷为造型，晷盘像地球，晷针代表中国，又像卫星的天线。这一组雕塑显得通灵剔透，雄伟大气。

　　站在这三组造型艺术面前，每一组都可以使我们回想过去，畅想未来；可以催人奋进，又显示了文化理念和科学精神。从三个侧面展现了开发开放浦东的伟大业绩。这些物体所蕴含的生命力、建筑美、时代感及其构思的独特，不仅国内仅见，也为世界所独有。她的影响所及，至少可以对国内的城市雕塑提供足够的借鉴和启迪。

　　斥资20余亿元建造的世纪大道，与其说是通衢大道，不如说是生态景观大道。这是上海人的骄傲，浦东人的幸福，大道两旁居民的福分。这是沟通国内外的金桥，是世界的交汇点，是两个世纪握手的纪念物。

　　我们不妨这样畅想，世纪大道的长度是无限的，她是通向太平洋的，是通向世界的。

（原载2000年5月12日《联合时报》）

观桥者

双塔双索悬浮式斜拉桥，世界排名第三。

上海第一座连接浦东浦西市区的南浦大桥建成了！

一桥飞架浦江，彩虹巧衔东西。这是上海人梦里寻找千百回的事情。因此，当1991年最后一个月的头一天大桥正式通车时，东西两岸的人们，怀着新奇感，带着兴奋感，络绎不绝地到现场观赏。

这天是星期日，又适逢公交大桥二线开通。我一大早就来到大桥二线的浦东起点站蓝村路站。是时，车站两侧早已人满为患，人人喜笑颜开，都想乘车上南浦大桥。

南北向的文登路把蓝村路分为东西两段。在几百米长的西段北侧，依次停着十余辆崭新的公交大桥二线公交车。

在这边的车站上，人们排着队，我走向排在前面的两位老人，故意问："二位老人家走亲戚？"老伯笑道："走啥亲戚？看桥！我们4点50分就来排队了。"老太抢着说："不对。我看过表才出来的，是4点40分。我家就住在塘桥……"老伯也抢话："原来是住在浦西南码头，拆迁造大桥，来了浦东。"他又说："民国31年，我们两个结婚，我在浦西，她在浦东，我是乘着小舢板把她接到浦西去的。那时我就想，能在这黄浦江上造一座桥就好了。今天，真有了！"

10时，人更多了。又开来一辆空车，车门开后，人们不顾一切地往上挤。我注意到，平时乘客在车门口拥挤时，许多人是皱着眉儿的，有的还抱怨，乃至骂娘。此刻的拥挤虽更甚，人们却个个满脸带笑，人群中还不时传出嘻嘻哈哈的笑声。怪，真是"人来疯"了。

10时20分，三个穿公交制服的小青年乒乒乓乓地放起了爆竹。紧接着，从东开来了一辆披红挂彩的公交车，还有一辆乐队车，紧接着是一辆一辆的空车进站……大桥二线正式通车了！于是，一辆一辆挤满乘客的汽车出发了……

我原来只是想到车站看看，而后便回家，不想我也被"传染"了，也"疯"了。于是便拼命地挤上了一辆大桥二线车。

人们前胸贴后背地挤在车厢里，但无不表现出浓浓的兴致。车上主桥后，许多人发出了感慨，孩子们的惊叹声尤多。我被埋在人堆中，难于看清"外面的世界"。既然如此，我索性闭上双目，陷入遐想。身旁一位女士的话，引得我睁开了双眼："造这么长的桥，要多少水泥呀！"一位先生说："这桥是物质的，也是精神的。水泥的数量肯定能算得出，伟大的精神你是算不出来的。"啊！这位看到的不只是桥，而是人，是造桥的人。我重又返回到蓝村路，我同一位女司机作了短暂的攀谈，我问她："今天你怎么想？"她快乐地说："我能开大桥二线，在世界第三大桥上来回行驶，太高兴了！"她叫孙云芳，原来是119路的司机。我看着她兴奋的脸庞和抹过口红的嘴唇，问："你今天化妆了？"她推了一下墨镜愉快地说："淡妆。你看我：制服，领带，多整齐！"她也"疯"了！我又欣然乘了一个来回。大家都一齐"疯"了……

（原载1992年1月16日《解放日报》）

坚 持

关贵敏是20世纪80年代初涌现出来的一名优秀歌手，他的歌喉略显沙哑却十分好听。但开始时没有单位接受他，许多人认定他不宜搞声乐，而他却异常执着地凑足路费，从家乡来到北京，终于被人看中，一曲《浪花里飞出欢乐的歌》，醉倒了一批又一批的听众。

著名物理学家钱伟长当年高考时，被清华文学院录取，但他却要求读物理。因而求见了在该校任职的物理学家吴有训。吴说，你的文史考得非常好，历史还得了这次考试唯一的一个满分，而你的理科和英文却很平常，是不是还是从文吧。但钱伟长仍然是志在物理，要"物理救国"。在他坚持下，终于如愿，结果终成一代巨匠。

相似的事，在文学上出现得更多些。臧克家考青岛大学，数学是零分，作文也只有三句话："人生永远追逐着幻光，但谁把幻光看成幻光，谁便沉入了无边的苦海。"这该是个铁定的落榜生了，但由于他这三句杂感展现了他的才气，更由于他的坚持，因而被录取，此后成了大诗人。艾青的第一本诗集《大堰河》写成后，无"识货朋友"。后来却成了传世名篇。惠特曼的第一本诗集《草叶集》成稿后，也没有一家出版社看得中，他只得自己掏钱，请人手排，印了790本，孰料此书后来成了世界文学瑰宝。

上述每一件事的当初，都是别人认为不好，不能，不会。而当事人都有自己的看法，因而充满信心，坚定不移，而后成功。诚然，谁都可以咬定青山不放松，但最根本的是，你自己所坚持的是不是《大堰河》或《草叶集》？就是说，事情不在于他人怎样看，而在于你有无真本事？坚持的是不是真家伙？否则，就要失之于盲目了。

（原载2007年7月1日《解放日报》）

天下第一桥

雄伟壮丽，无与伦比的上海杨浦大桥，1993年9月15日全面建成，10月23日正式通车。

中共中央政治局常委、国务院副总理朱镕基同志在通车典礼上发表了热情洋溢、激动人心的讲话，他说："我为上海工人阶级，再一次创造了历史功勋而感到骄傲！"

桥隧之争

还在1989年初，即当上海南浦大桥开工兴建之后，相距10公里之外的宁国路越江工程被排上了议事日程。

就全世界而言，跨水越江工程，大致也只索道、桥梁和隧道三种。上海有大量客运和货运的需要，只能在桥梁、隧道两者中任选其一。上海投资咨询公司和北京中国国际工程咨询公司，为之联合提出咨询报告。很快，不只在国内外一流专家中而且也在社会上引发了宁国路越江工程的桥隧之争。

1989年6月上旬，日本隧道专家熊谷远夫、桥梁专家营原一昌二位分别提出了建隧道和建桥方案，而且都是资料翔实，论据充足，言之有理。以后，又有全国27位交通、管理、桥梁和隧道方面的专家云集申城。专家们以对人民和祖国高度负责的精神，以严谨的科学，审慎的态度，各抒己见，并留下27份论证书。两家咨询公司以专家意见为基础，整理成咨询报告。

朱镕基同志连夜阅读了论证意见，了解了许多细节，提出了一个又一个的问题。

1990年12月10日，上海中科院活动中心。专家论证会上，桥隧之争的最后一次会议已进入了第5天。朱镕基一言定乾坤：造桥！他的理由是：杨浦大桥建成后，恐怕要代替海关钟楼而成为上海的象征。已故副市长倪天增同志在一次会议上，也作更进一步的说明：杨浦大桥是内环线高架工程中部的咽喉部位，桥与高架道路衔接，可以避免地面交通的干扰；大桥将给人们以现代化宏伟工程的深切感受，因而对振奋民心、吸引外资、开发浦东具有巨大的感召力……

横 空 出 世

杨浦大桥工程共征地440亩，动迁单位93家，居民3 595户，拆迁建筑物22万平方米。同时还要新建动迁用房25万平方米。开工后，建桥者发扬了建造南浦大桥的"无私奉献，艰苦拼搏，严格苛求，勇于创新，团结协作"的精神，工程进展迅速。直接参加施工的33个单位，7 800多个拼命三郎，经过2年5个月880天的艰苦奋战，终于提前建成大桥。

杨浦大桥是双塔双索面钢筋混凝土钢叠合梁斜拉桥。大桥全长7 685米，其中主跨602米。主塔高208米，塔形为倒"丫"钻石型，共有斜拉索256根，其中最长的一根是328米，重33吨。主桥面宽30.35米，设6车道，两侧各有宽2米的人行道，大桥名列世界第一。

所谓世界第一，是指其在同类桥梁中602米的主跨。主跨越大，不只耗费资金越多，对材料质量、技术水平等方面的要求当然也越高。杨浦大桥主跨比南浦大桥主跨长179米，领先原是世界第一的加拿大安娜西斯桥137米，比前不久建成的挪威斯堪森桥长72米。可以使人骄傲和自豪的是：建成第一流大桥的是第一流的材料、第一流的技术和第一流的智慧。那些建桥者，不也是第一流的吗？

一 通 百 通

在杨浦大桥建成前，苏州河以南江段，已有了两条隧道和一座大桥，而苏州河以北江段，却无一项可连续通行的越江工程。在这里，要过江的千军万马，只能通过车渡和客渡。浦东的民生路和浦西的丹东路上等待过江的车辆，均可长达1公里；待渡的时间，一般是两三小时，四五个小时亦属常见。如此长时间的等待，在大热天，人被烤得直冒汗，更重要的是，延误时间，耗费生命，浪费人力财力。

内环线的过江段，虽已有了南浦大桥，但是，如无杨浦大桥，则将是"一节不通，百丈无用"，内环线也就无从说起。

一桥飞架，内环线终于接通，因而全盘皆活了。

杨浦大桥提前6个月建成。据估算，每提前1天，其总经济效益大约是33万元。其中每天所收车辆过桥和观光费，约为10万元。"亚行"贷给的13.3亿元资金，18.6年可以收回。大桥通车后，浦东的土地大幅度增益。大桥浦东引桥侧畔的商品房价格，建桥以来便节节上升，多层楼每平方米已从1991年的1 500元上升到1993年的3 000元。由于大桥的雄伟壮观和其名次在全世界的首屈一指，旅游业也必将大有可为，这是在建桥之前就想到了的。浦东各开发小区的步伐也将会随之加快。现在，集装箱车队可以方便而快捷地往返于浦江两岸。东西联动、各省市往来，终于有了理想的通途。同时，这也是世界桥梁史上最为光辉的篇章。

五年间连建两桥的大桥指挥部，已于今年7月22日改建为上海远东国际桥梁建设总公司。公司的下一步将是在黄浦江上建第三座同类大桥；同时，也可能走向全国乃至世界……

上海市市长黄菊同志在杨浦大桥通车典礼上说："欲穷千里目，更上一层楼。当我们站在跨世纪的大桥上展望未来时，更加充满信心。"

邓小平同志题写的"杨浦大桥"四个刚劲有力的大字，在我们的头顶熠熠生辉。

（原载1993年4月号《香港国际经贸导报》）

母 亲 河

浙江海宁市原是一个名唤峡石的小镇,而今已欣欣向荣,旧地难寻、风光不与旧时同了。应当大书一笔的是,那里的皮衣已蜚声海内外,因而被誉之为"中国皮衣之都"。

海宁市中心有条穿城而过的小河,因水流之不畅,部分河面水花生、水葫芦等水草生长茂盛,又有塑料袋、饮料瓶等垃圾在河面自由漂浮,污水虽不多,但两岸正在不停地向河中排放……而那一群群可怜而不知死之将至的小鱼,仍在水中快活地游来游去……

我不知海宁对这条小河的命运将作何安排,但无非是三种可能:一是填没;二是听之任之;三是疏浚保护,搞它个绿树成荫,鲜花怒放。

海宁现已提出"建设一个现代化中等城市"的口号。城无论大小,既是现代化的,若城中有一条或几条小河,则必将对城市增添许多生机,而且对城市的交通、旅游乃至湿度、气温,都有很好的调节作用。所以,我认为,对这条小河应予疏浚保护是为上策。而且,现在就该有所计划、有所动作,以便让清清的流水不致污染,让快乐的小鱼继续畅游。倘一不小心,最佳时机一过,河水必将变质。任何一座美丽的城市,都不可留着一条臭河浜,倘彼时再予治理,那就要费力甚多,事倍功半了。比如上海的苏州河,她的被污染而致黑臭,自是半封建半殖民地之遗患。但解放之初,我们一方面急于要发展生产,一方面又确实无力治理,后来又搞大跃进,又闹"文革",以致日甚一日,积重难返。今日对苏州河之治理,已是研究多年,几经遴选,才定下了方案。一期工程已投资16个亿,二期工程又将投资50亿元。而建南浦大桥是8亿元,建杨浦大桥也只12亿元——可见治理苏州河之难、耗资之巨。真是花了大力气的。这就是人给自己的安排，是大自然的惩罚。

纵观天下，任一城镇之兴起，几乎无不源于河流之存在。所以，从这个意义上说，城市的河流，就是城市的母亲河。比如说，苏州市若没有多条纵横的水道，她非但不会这般美丽、著名，恐怕人间也不一定会有苏州城。同样，倘世无塞纳河，天下也就难有巴黎城；天不赐泰晤士河，大约也就不存在伦敦；没有涅瓦河，当年也就不一定会造出彼得堡来。

我国的社会主义事业正在大发展，许多的城镇正在日趋兴旺，工商各业也就勃然而起。这时，我们就该想到保护环境和生态平衡。发展生产是我们既定之方针，但我们决不能以牺牲生态环境为代价去创造什么财富，而行杀鸡取卵、饮鸩止渴之蠢事。否则，我们这一辈人或可获利，而我们留给子孙的却是祸害，无穷的祸害。这样的事例，实在已经够多。其中重要的一条，就是要有水，要有河。就是说，要保护和发展现有的水道。隋炀帝也许罪恶滔天，但他开凿大运河，却是没世不忘，功德无量，名垂千古。

所以，我们多么希望所有城市的母亲河都能成为水清鱼肥、清凉美丽的风景河，以添舟楫之利，以增赏游之乐，以维持生态之平衡，而使之为城镇最活跃、最富生命力、最有诗意、最美好的一部分，以她鲜活的生命，滋润城市。不亦宜乎，不亦乐乎！

（原载1997年1月8日《劳动报》）

六百老人姑苏行

本市74岁老人李云程,七下济南、八去苏州,耗资万元,足迹遍布于这两个城市的大街小巷。他是在找人。那么,他在找谁呀?

解放之初,祖国百废待兴,抗美援朝战争打响,全国热血青年纷纷报名参军。在毛泽东主席关怀下,庄粟裕同志安排,华东人民革命大学,由上海迁往苏州。

这是一所抗大式的学校,同学们经过几个月的学习,即奔赴抗美援朝前线、军事干校和其他各条战线。可是,那新型的校园,全新的同志、同学和朋友的关系,以及彼时踏上革命征途的情景,铭刻于同学心头,令人终生难忘。李云程是革大第三期学员,他就是怀着这样的情怀,在百折不挠地寻找同学,想搞一次大规模的同学聚会。功夫不负有心人,他渐次找到了周珩、钱吉虎、贾竹升、陈家骅等几位,又逐步发展到二三十人。这几十位同学,也终于有了相聚倾诉的机会。2001年,是革大三期结业50周年,大庆也!他们之中的骨干,就成立了筹备组,要在苏州搞一次大规模的同学聚会。

本人也是革大三期学员,也对革大一直怀着一种深厚的思念。并曾在报上发表过一篇意在寻找同学的名为《我的大学》的文章。当我从《新民晚报》上读到革大同学要聚会的消息,就气也不喘地急忙与他们联系⋯⋯大家一传十、十传百,消息像滚雪球一样在各地传开,报名者日多一日,捐款也来了。筹备组开了多次会议,深入细致地进行召集、组织工作。仅《简报》就发了20多期。

2001年4月16日下午,同学们如期来到苏州金门路145号拥军大楼报到。"闻姓惊初见,称名忆旧容。"50年前故人,而今却是谁也不认识谁了!是啊,那时才二十上下的青年,今日却是七十左右的老人了。我们中间,科级干部比比皆是,县团级、局级也不少,还有记者、律师、教授、将军,当然,也都离退休了。我们来自祖国16个省、市、自治区。同学四百余、家属一百余。革大三期原设六个部,共有同学5 280余。拥军楼即建于原五部,亦即我所在部。旧房虽大多拆除,仍有几幢在,我并且找到了当年我居住的那一间房,我站在50年前居住的这间房子门前,思绪如潮,百感交集⋯⋯

17日早晨,同学们排成整齐的队伍,打着旗号,精神抖擞,唱着战歌,浩浩荡荡,开往原北兵营主会场。我们真的又回到了当年!

一路上有解放军护卫,车辆、行人止步,向我们行注目礼。

我们感到很自豪,很亲切,真恨不得和他们每个人拥抱。

会前,我们唱起了"雄赳赳,气昂昂,跨过鸭绿江⋯⋯"和"请你吻别你的儿子吧,再见吧妈妈!⋯⋯"全场激动,掌声如雷,许多人都在流泪。这种充满情感的50年大聚会,非常罕见。吴立民同学离开革大后,工作中成绩突出,曾受到毛主席接见,但后来因他要去美国麻省理工学院留学而名列"右派"。他在白茅岭农场改造中双目致残,可是这单身的盲人却坚持要来赴会,这就由同学搀扶着来到苏州,进入会场。李林洪同学执意要赴会,却不幸于会前因病逝世,他的妻子倪春娥实现其遗愿,代为到会。这两位成了会场的热点,激动着每一个人。

李源潮同志发来贺信。他有两个身份,既是中共江苏省委副书记,还是"革大"幼儿园的孩子。苏州市市委副书记冯瑞渡、驻军部队副政委林超及上海市教委、上海市委党校领导,发表了热情洋溢的讲话,盛赞革大和同学们为建设和保卫祖国所做出的贡献。他们以文字或语言,尊我们为"老同志""老前辈""老革命"。这次大聚会畅叙了离情,再续了友谊。三天的聚会虽短暂,但每个人的生命却因此闪烁着新的光芒。

(原载2001年5月21日《新民晚报》)

归 去 来 兮

香港是中国不可分割的一部分。但强盗提刀进门，猛砍一刀，便将香港"割"了去。

这种割，既穷凶极恶又彬彬有"礼"。因为那活生生的一割：虽强迫、残忍，却又来一个"让"字，像是他本不愿受，而我们拱手以让，他却之不恭，方哂而纳之。二字组合，是为'割让"。既在滴血又现礼仪。泱泱大国不敌夜郎小邦，几亿人打不过几千人。这也是历史，你中国人不能不承认。

马克思主义经典作家的理论是：海盗一定会抢劫，垄断资本必然要掠夺。世界上许多殖民地和半殖民地的血腥事实，可以作证，香港更是有力的一条。

大清帝国"闭关锁国"政策并不英明，而是故步自封，愚不可及。人家用坚船利炮三下两下，我们原不坚固的国门便被打开。英法联军、八国联军……帝国主义列强一拥而入，各逞兽行。没什么想不通的，来就是抢的，来就是杀的，老牌英帝国主义之割香港更是捷足先登。

一国之君的道光皇帝闻得英军占领香港，表面上，也曾龙颜一怒，所以诏令："香港地方，岂能给予逆夷泊舟寄住，务当极力驱逐，毋为所据。"但在次年，曾作了"金口玉言"的"我主"，却委了耆英、伊里布为钦差大臣，与英国代表璞鼎查签订了《南京条约》，道光慷慨大方："今大清皇帝准将香港一岛给予英国君主暨嗣后世袭主位者。"气壮如牛的他，终究尽现卖国贼之嘴脸，至少是成为一个懦弱之君。

但是，香港之不可分割终究还是不可分割。这是由人类的情感、疆域的界定、民族的传统、社会的历史和国家的主权所决定的。清廷最先反对割让香港而又为之努力奋斗者，是林则徐和邓廷桢。清代以后的中国政府和人民也从未放弃对香港之收回。第一个发出正义之声的当数孙中山先生。他在《临时大总统宣言书》里庄严宣告：对"满清时代辱国之举措""务一洗而去之"。先生确实是可以成此伟业之民族英雄，惜乎历史间不容发地匆忙而过，不给先生任何机遇、任何条件一雪国耻。先生虽在弥留之际，仍念念不忘于兹，又在仅145字的《遗嘱》中，叮嘱同志："废除不平等条约，尤须于最短期间促其实现！"而后抱恨归天。蒋介石先生也曾立誓："要以无数中国人的性命收复这块土地，香港必须归还中国！"然则委员长虽言之凿凿，信誓旦旦，又大权在握，拥兵百万，却致力于内战，又谈何收复香港。所以，中国人只能继续承受那份耻辱。

"中国人民站起来了！"唯有这样的时代，我中国政府才有这样的意志，这样的能力和这样的气概收回香港。这是可以告慰中山先生及一切爱国先人的。

曾记否，1949年10月14日广州解放，香港门户洞开。17日，我解放大军邓华部盘马弯弓于深圳河畔。港英当局既欲"光荣撤退"，又想"英勇"一下，打一个"香港保卫战"。但又明知不是对手，所以是色厉内荏，进退维谷。但他们的判断倒还正确，而且几近于英明：香港之"失"，只在早晚。

小平同志说："是中华人民共和国改变了中国的形象。"这个时候，也只有在这个时候，英国首相撒切尔夫人才忐忑地两度来华。

小平对于中英政府及香港地方均大有益处的"一国两制"伟大构想，给了对方一个梯子，而且，也是一个面子。辛苦了撒切尔夫人，远道而来，赴北京签字。就我们的感觉而言，委实不知"铁女人"为何等人物，但因了她的"识时务"，我们倒是确认她为"俊杰"的。

小平同志曾在1984年10月3日满怀激情地说："我愿意活到1997年，亲眼看到中国对香港恢复行使主权。""要在自己的土地上走一走"。每个中国人也无不热望能与小平共庆香港之回归，与老人同喜同乐。可是天不假年，他没能走到这一天。但是，"林园手种唯吾事，桃李成荫归别人"。小平只是在为祖国、为人民奉献，而将幸福、欢乐留给全体中国人民享用，所以他说："我是中国人民的儿子。"

归兮归兮香港归来兮！我们在7月1日香港回归之时流下的热泪中，不仅有抚今追昔的激动，也蕴含对小平的怀念。我们高举金杯，我们向天遥寄……

(原载1997年7月2日《上海经济报》)

步行街采风

当我站在西藏路天桥东眺，尤其是当我在南京路步行街漫步向东的时候，我就觉得，我所见到的、我所感觉到的，并不是一条南京路，而是一个全新、繁华、美丽的上海市。

我首先感受到的是她的建筑美，路幅最宽处虽然也只28米，但因隐去了两侧的人行道，所以，路面就显得完整、宽广而又深长，日客流量虽已逾百万，而看来就是再多一点，谅也无拥挤、闭塞之感，反而会觉得人与人是那样的亲密无间，相互依存。

步行街中心线偏北是一条用深红色花岗岩铺设的"金带"，而中段宽大的世纪广场地面，则以天然色的毛面花岗岩敷就。这两种花岗岩，使路面与商店的斑斓色彩既浑然一体，又相互辉映，你可以认为这是华丽的，也可以认为这是简洁的。如果可以将步行街比作一条河，则路面就是河床，景致也就在两岸，当夜色降临之时，街灯、霓虹灯、地灯就合成为灯的世界，有的静止，有的闪烁。当我看着这些灯光时，就觉得心神激荡。当我低头看着脚下的地灯时，则又感到好似踏上了云端。这就是灯光造成的梦幻和色彩美。

步行街有花也有树，当我漫步于其中时，我不知道我是在街上，还是在林中。在马路两旁栽植行道树，这并不是创举，如能够有成片的，哪怕仅是一小片的树林，才是最宜人的，也是城市中最难得的，他日绿树成荫，后人树下乘凉，将是一种愉快。树木让人有种清凉之感，树影却有一种艺术美。在黄金地段，造出并不生财的大树来，这就是物体的和谐。

我还感受到南京路的历史感。由原来的花园弄，到1865年的南京路，到20世纪二三十年代的"十里洋场",到改革开放今天的步行街,南京路有她厚重的历史、艰难的等待和青春焕发的时刻。这有两件地标性的实物可以为证:一是766号门前的"五卅惨案"纪念碑,二是那重4.5吨、高2.98米的东方宝鼎。画龙点睛,只此两物,便将上海的文化、历史作了启示性的诉说,但又给人以想象的空间。南京路步行街若是缺了这两件典型实物,将要失去平衡,而减弱她的内涵。

我还有一个感受就是南京路的时代感。在世纪广场的上方,有一条制作精致的永久性标语,"创新是一个民族进步的灵魂",对南京路的改建,如果仅是动局部手术,小打小闹,那也只是应急措施、权宜之计。应当按照她在上海以及上海在全国和世界的地位而定位,应当彻底创新而不能因循守旧,这才是大手笔、好文章。今天的步行街就是按照这样的思路建造的,汲取了1995年下半年试办周末步行街的成功经验,证明办步行街是切实可行的,它必须保留和发展原有的老字号名店、特色商店、专卖店、娱乐城、休闲屋,实现购物、旅游、商务、展示、文化五大功能。据此,有几家百货店因经营不善而"出局",东海商都因少特色而动大手术,宝大祥服装批发城因风格与步行街不协调而让位,新建筑、新商都则应运而生……

由古及今,南京路最繁华,名建筑最多,故事最多,因而名闻海内外,她的历史就是上海的历史,她的形象就是上海的形象。上海人用勤劳、智慧创建了这条全长1 038米的步行街,步行街的风情就是南京路的风情,南京路的风情当然也就是上海的风情。

(2000年1月28日《联合时报》)

泼辣含羞凤仙花

凤仙花算不得十分美丽，观赏价值也难与她的姐妹们相比，所以在城市的公园里没有她的位置，花展也不收。但偶尔也可在居民住宅楼下狭长的小花园中看到。那我想，那楼盘里必定有来自农家的女人，她从家乡带来了种子。

凤仙花夏日里生机勃勃地盛开在农家的房前屋后。她能亭亭立于农村，一是因了她那十分接近农民的生长泼辣和不娇不贵的性格，枝干茁壮，长势旺盛；二是因了她的花朵可治蛇咬虫叮和治鹅掌疯，更可染指甲，所以又俗称指甲花。

记得我童年在农村的时候，每至夏初，凤仙花开了，红的、紫的、白的……像一群蝴蝶般飞来，村上的姑娘们就采些来染指甲。村上有个姑娘，名字就叫凤仙。她的身段就像假山那样有棱有角，两排糯米牙白得闪亮。太阳公公也不知花费了多少心血，慢慢地将她的皮肤镀得黝黑，这就现出了人们喜爱的黑里俏。每年的这个时候，她就招呼姑娘们到一处染指甲。选开得最好的凤仙花，洗净晾干，按比例配以明矾、烟蒂，捣成糊状。晚睡前，你帮我，我帮你，敷在手指甲上，有说有笑地包以苍耳叶。明天因要干活，或因药效已过，所以有时要拆去，晚上再包。凡此七日，指甲就红了。凤仙花染红的指甲，不是那种桃红、大红、鲜红，而是一种深红，这就近乎一种本色，很质朴，又很美。她们还喜欢把脚趾甲也染了，赤着足，半挽起裤管，在家里家外和田埂上走来走去，踏在柔软的泥土上，恰似撒了一地珍珠。那种纯朴的美，是城里人见不着的。凤仙花最终结出的籽，被包裹在一层厚厚的壳里，你一碰那壳，如果籽是成熟了的，它自己会张力十足地弹出，而后那壳又会自己收拢，关闭得严严实实，这就很像一个害羞的村姑。

那时，有的农村姑娘结婚，也爱用凤仙花染甲。不过，这要在夏、秋两季才行，因为此前此后是没有凤仙花的。凤仙花染甲还有一个好，就是不褪色，要等到甲自然而然地长得长了，红色才慢慢随之而去。

前年夏初，我回乡一次，见现代的农村姑娘还是代代相传地在那里用凤仙花染手指甲、脚指甲。一如既往。不过，结婚后，她们就不来这个了。

当然，城里的女子是用指甲油染足趾的，而且不论婚否。但因她们都要穿着各种各样的凉鞋，而不能赤足走在大街上，这就有了一种整体美。这里倒是好有一比：城里女子可算是浓浓高雅的玫瑰花，那农村姑娘就是泼辣又有几分羞情的凤仙花了。

（原载1998年9月8日《城市导报》）

产院新闻

产妇一到医院,便被"隔离"了起来,家属除了有较少时间的探望以外,即与之处于隔墙相望、翘首以待的分离状态之中了。此时的产妇,不只在生活上,尤其在心理上,多么需要有亲人在身边。她最需要的亲人,当然就是她的丈夫,而此时却是夫妻分离。在外面的丈夫,那也是其心悬悬,其情灼灼,欲说无语,爱莫能助。

家属陪伴待产

这一人性固有的、情理之中的要求和愿望,如今在中国的一些城市,如上海、广州终于可以实现。上海中国福利会国际妇幼保健院(下称"国际妇幼")就是其中的一所。

在这家医院,丈夫和产妇可以同时"进驻",日夜相伴。只是,你必须健康,而且还必须像小学生那样接受医护人员的再教育。在陪伴过程中,家属对产妇生活上的照顾,精神上的安慰,心理上的鼓舞,那是医护人员所无法代替的。而且,在产妇子宫收缩时,丈夫还可以随时按摩,以减少产妇的痛楚,还可以起到催产的功能。

当你走进一间又一间用幔布隔成的待产小间时,你可以看到每位产妇身边均有丈夫相伴。他们穿着隔离衣,戴着隔离帽,或躺在航空椅上休息,或躬身为产妇按摩,或低头贴耳说起什么悄悄话……待产妇们,虽有柳眉之紧锁,却少痛苦之呻吟,更无大声之哭闹。暗暗流动的温馨和柔情,使爱情在这里跨上了新的高度,在夫妻恩爱中注入了新的内容。

四川籍产妇李某入院前后，曾有6次癫痫发作，狂呼乱叫，手舞足蹈。给药打针均收效甚微。后来，她的丈夫来了。他在经过医护人员"个别辅导"以后，进入待产室陪伴。这可真是"人"到病除，产妇哭闹停止，笑容绽开。接下来，便是母子平安，夫妻欢乐。

一间安静、温馨的产后休息室里，整齐地放着4张病床。其间一位神情愉快、气色红润的产妇靠在床背上。事前，医生对我说过，这是一位身高只有1.5米的"小女子"。入院前，她自认她必须进行剖宫手术，而对正常分娩毫不指望。但是，她的丈夫昼夜相伴，对她悉心照顾，温存抚慰，热情鼓舞。后来并未剖宫，却安然分娩。于是，她有了一个3千克的胖小子。当我到床头采访他们时，年轻的丈夫虽有几分拘谨，但妻子的笑容却表明了她心头的快慰。

自1993年3月1日到8月31日，已有1 439名产妇在"国际妇幼"由家属陪伴待产。这家医院如今已全部实行家属陪伴了。

非常清楚，家属陪伴待产使产妇有了安全感，有了信心，她们因之心情放松，配合良好，所以平均产程缩短，难产减少，剖宫率下降，产门损伤较轻。更有"国际妇幼"的药库等物资管理部门反映，近来，杜冷丁等镇痛药剂的消耗明显减少。

当然，这种陪伴也只能陪到分娩进入第二产程，即子宫口开全。此后，当产妇进入产房时，抱歉，也只能请家属留步了。倘是要耳"向前走"，则请进"家庭化产房"。

家庭化产房

笔者参观了另一家上海医科大学妇产科医院的"家庭化产房"。

踏进一条并不太深的走廊，前面有一道用淡淡色彩装饰成的腰门，门楣上有粉红色的"温馨阁"三个大字。进得腰门，便有一间置有沙发、茶几的会客室。与之相通的，是三间布置简洁大方的卧室。这就是上海医科大学妇产科医院的"家庭化产房"。

在这里，家属可以自始至终与产妇在一起，包括亲眼看着孩子出世。这比陪伴待产又迈出了一大步。

这样的"家庭化产房","国际妇幼"和上海市第一妇婴保健院（下称"一妇婴"）也已开设。其中起步最早、目前条件较好的是"一妇婴"。他们早在1985年3月8日就起步了，时至今日，乃有了现在的规模。现在，他们拥有设施较好的家庭化产房9间、简易的8间，每间均有沙发或航空椅，有电视机、电冰箱、空调、电扇和花束，置产妇用、家属用及婴儿用床各一张。每天收费100元上下。

妇产科医院庄依亮院长笑着对我说："在古代，人类分娩本来就是一家人在一起的。"可是后来分开了，而如今，则是"分久必合"了。庄院长又说："'家庭化产房'就是要使产妇有在家中分娩的感觉，使产妇觉得舒适、安全、温馨、方便，因而精神和生理放松，所以并无大喊大叫者。"岂但如此，家属的挂念、担心、焦急等心情也为之一扫或缓解。又因为医护人员的工作处于家属"监视"之下，所以他们的工作质量也有提高。

以前，有些"大丈夫"满怀热情、充满希望地静候在产房外面，一听说妻子生了个女儿，先生扭头便去，那满腹怨气不知何时才会消失。这不只因为他们有重男轻女的思想，也因为他们不知分娩之艰辛。在家庭化产房中，这样的事情便极少发生。因为他们亲眼看见了产妇艰难的分娩全过程，于是，他们的良心和同情感被唤起了。有一位丈夫，虽然有钱，但对妻子不够关心体贴。这回，在家庭化产房中，他亲眼看见了妻子分娩，当孩子呱呱坠地时，他竟然泪流满面，"噗"地跪在妻子面前……

家庭化产房对于母婴健康，对于平安分娩，是非常有利的；对于促进夫妻感情，稳定婚姻，也大有好处。

爱婴医院

世界卫生组织、联合国儿童基金会为了儿童的健康，为了全人类的未来，号召全世界创建"爱婴医院"。我国政府决定由卫生部负责实施。

爱婴医院有全球统一的10项标准。标准之一是要对单位所有医护人员作规定的技术培训，院内其他人员——从院长到行政及工勤人员也都必须无一例外地受到相应的教育。

标准之二是实行24小时母婴同室。

就上海而言，在婴儿室里曾经发生的事故着实不少。比如说，有人从一家医院的婴儿室偷走一名婴儿，而后掷于粪坑中溺死；有一家医院的婴儿室因一"外来妹"错将消毒水作白开水喂给婴儿，乃至来了个婴儿集体中毒；近期又有上海市某医院发生男婴还是女婴的纠纷。实行母婴同室以后，这种情形就再也不至重演了。又由于母亲的照顾总是最周到、最细心的，所以，婴儿的红臀、鹅口疮及上感等疾病的发病率也极低。还可以更好地培养母婴感情。

10项标准的其余8项，都是从不同角度对母乳喂养提出了要求。可见母乳喂养之重要。

母乳喂养，目前是年复一年地减少。其原因之一是在产院里就受到束缚。比如，院方规定定时哺乳，有时并未吃到，也给抱走了。其实，母乳的产生和正常供给，主要是由及时而经常的吸吮和母亲的信心所决定的。所以，标准规定：产后30分钟须进行哺乳；又规定：婴儿在初生阶段，婴儿一哭即喂，产妇（乳房）一涨即喂，如婴儿熟睡超过3小时，则必须弄醒而强行哺乳。

强调母乳哺养的主要原因，乃是在于方便、卫生、及时、营养、易于消化，又因为母乳含有一定的免疫物质。科学虽然发展到了今天，但目前仍无任何一种食品或其他物质可以完全代替母乳。

"国际妇幼""一妇婴"和"妇产科医院"都建有母乳库，就是将有些产妇多余的乳汁经消毒后，作短期储存，以供给少数母乳不足者。因为现在所制造的人工乳头质地柔软，婴儿含于口中其舒适感强于母亲乳头。按照"标准"规定，这三家医院不供给奶粉、牛奶及葡萄糖，也不提供婴儿含于口中的安慰物。当然，更不允许家属将这些东西带入医院。只是个别有医学指征者除外。

现在可以搞家属陪伴待产，家庭化产房及爱婴医院的主要原因，大约是这两方面的：一是人们的思维定式有了改变，突破了原有的思想方法，二是近年来我国婴儿出生率大幅度下降，群众经济收入又有所提高，因而有能力、有条件这样去做。

"忽如一夜春风来，千树万树梨花开。"可以相信，这三项工作将会很快在我国全面推行，其中的陪伴待产、爱婴医院的进度可能会更快些，因为这符合群众的愿望，符合我国目前的实际，当然也符合科学。这是优生优育之重大举措，是妇婴医学的改革，于人类的未来善莫大焉。

（原载1994年4月《家庭医生》）

中国的保尔·柯察金

中国版电视连续剧《钢铁是怎样炼成的》的放映，在我国影视界形成热点，在社会上引起轰动。50年代，保尔的名字在我国青年中广泛传扬，保尔精神激励过我国一代青年。今日保尔之再现，真令人有久别重逢之感。其实，我们中国也有自己的保尔，这就是吴运铎。

就如同奥斯特洛夫斯基著有《钢铁是怎样炼成的》一样，吴运铎也著有自传体小说《把一切献给党》。这部10万字的作品，极简练极精彩地重现了那一段光辉的历史。

吴运铎兄弟姐妹7人，生活极度贫困。他早年在萍乡煤矿做工，受尽剥削压迫。1938年在南昌参加了新四军，1939年入党。当时的新四军军部在皖南云岭，他到那里以后就被安排在军司令部修械所搞军工生产。修械所仅有的工具，就是土筑的锻铁炉以及风箱、铁砧、锤子、锉刀而已。就如同一家普通的铁匠铺一样，没有一台稍微像样的机器。他们的任务是修理破旧的老套筒、三八式、汉阳造等等的步枪和"造"刺刀。他一投入军工以后，就一直是骨干、领导。这期间，他又研究制造出了步枪、手榴弹、炮弹、地雷和平射炮。军工是技术，更是科学，需要物理、化学、数学、制图等知识，而吴运铎只读过"大狗叫、小狗跳"之类的启蒙读物；还需要火药、钢、铜、锡、铁等许多材料，这又全要他们自己搞。所遇到的困难实在令人难以想象。尤其是他在试制武器、拆炸弹、雷管中，三次负伤，以致左眼被炸瞎，左手左腿被炸残，右眼内有弹片，右腿及身体其他各部均有弹片或伤口，真是所谓的体无完肤。由于条件所限，当时的治疗大多是简单的包扎，加之没日没夜地工作，所以伤口就不停地流脓、流血、流黏液。但是，不论条件怎样差，身体怎样不行，吴运铎还是一次又一次地完成了任务，为革命做出了贡献。

　　1943年整风时，党号召大家学习保尔·柯察金。当时在淮南的吴运铎竟然有机会借到《钢铁是怎样炼成的》这本书。保尔的精神给他增添了力量，他勉励自己："应该不愧为他的一个朋友和同志。"

　　解放后，吴运铎先后被任命为株洲兵工厂厂长、中南兵工局副局长、机械科学院副院长，并写出了《把一切献给党》。重印时，刘华清为之题词："中国的保尔·柯察金"。该自传现已被列为"百种爱国主义教育图书"之一。

　　吴运铎和奥斯特洛夫斯基所遭遇的磨难、痛苦，他们所表现出的惊人的意志和对党、对革命事业的忠诚，没有什么两样。如果一定要找出不同的话，那就是一个拼杀在后方，一个拼杀在前线。吴运铎是中国的保尔，保尔也就是苏联的吴运铎，他们都无愧为人民英雄。于是，我忽然想到：为什么我们就没有将《把一切献给党》搬上银屏？我们有责任塑造有中国特色的保尔的银屏形象，让中国观众引以为荣，使我们再多一个可以学习的榜样。

（原载2000年3月18日《文汇报》）

大珠小珠落玉盘

今年的11月7日,是苏联十月革命80周年纪念日,这是一个值得怀念的日子。

十月革命一声炮响,给我们送来了马列主义,随之也给我们带来了苏联歌曲。新中国成立以后,两国交往日多,所以,苏联歌曲的传入也就更多。在大小的城镇里,到处都充盈着苏联歌曲的声音。

苏联疆域辽阔,辽阔到世界第一,而且是一个多民族的国家,俄罗斯、乌克兰,哈萨克等民族都有一种奔放的性格和勇敢的精神,有的还相当剽悍。他们的爱情生活也特别的丰富,有的还带点儿野性。所有这一切品质,在他们的歌曲里都有所表现。由于这些歌曲的艺术力量,又由于当时我们政府的宣传、人民对苏联的崇敬,所以,这些作品影响着我国人民的精神生活。

作于1936年的苏联歌曲《祖国进行曲》,宽广、深沉、浑厚,充分表现了苏联人民的自豪感。这虽然是苏联歌曲,但我们大家常用以抒发对自己祖国的感情。《共青团员之歌》则具有强烈的爱国主义情怀和极高的献身精神:"听吧,战斗的号角发出警报,穿好军装拿起武器,共青团员们集合起来,万众一心保卫国家,我们再见了亲爱的妈妈……"当我国青年奔赴抗美援朝前线的时候,大家都高唱着这支战歌,以抒发饱满的情怀。《莫斯科郊外的晚上》创作于1956年,次年在莫斯科举行的"第六届世界青年联欢节",这支歌参加比赛获金奖,当场为各种肤色的人们所接受,而且最迅速,最广泛地传唱于世界各地,比如说,直到今天,我们还在传唱。一支歌曲如此魅力独具,而为世界不同信仰的人们同时接受,这是有缘由的,也是足可令人赞叹的。

在苏联歌曲中，友谊和爱情的歌曲更是珍品纷呈。如大家所熟知的《卡秋莎》《红莓花开》等。

这些歌曲，很多是据诗歌谱写的。苏联著名诗人米·伊萨科夫斯基的抒情诗集《和平颂》于50年代中期在我国出版发行，颇受我国读者欢迎，本人再三吟诵，并在晚会上朗诵过几首。上列《卡秋莎》《红莓花开》等歌曲，都是据他的诗谱写的。在前几年出版的一本叫《苏联歌曲珍品集》里，就有19支歌的歌词是他的诗。以诗作为歌词，这一条成熟的经验，实在是不能忘记的。

这许多歌曲的歌词，或铿锵有力，或舒缓流畅，我们也翻译得相当好。特别要强调的是，苏联歌曲里的爱情，既表现得热烈、纯真、美好而又意浓情深，那种感情既展示得淋漓尽致，却又绝不放浪鄙俗，更具民族特色，令人有一唱三叹之感。反观如今我们一些表现爱情的歌曲，浮浅、直白、寡淡、无美感，实在是自叹不如的。比如什么"让你亲个够"——不但无美感，还有点下流。

今年4月和10月，俄罗斯红旗歌舞团和莫斯科国立合唱团先后来沪演出。据称，老年观众踊跃。是的，真正的艺术是无国界的，而且还将会长久流传，经久不衰。

（原载1997年10月28日《上海经济报》）

放鱼者说

长长的张家浜是浦东的骨干河道，但她无法避免地被污染了，河道渐窄，垃圾满波，臭气熏天，人不能近。这是我所熟知的。

1998年新区斥巨资2.5亿元，对张家浜作首批清淤、护底、护坡、绿化整治。年余竣工。去年10月又作河水返清治理。春节后的某一天，当我站到离家不远的张家浜河边时，眼前的变化，使我半天回不过神来，确实是换了人间。不仅岸上有整洁宜人的彩色路面，有石凳，有入水的台阶，有栏杆，有绿草，有灌木，有乔木，尤其是那河水也是清澈透明、碧波粼粼了。

河是好河，水是好水，岂可无鱼。我买了十条体健个大的金鱼，放入水中。可是，此后我多次沿岸观看，终不见有金鱼浮动。

金鱼娇嫩。我又买了一斤泥鳅。这帮小东西一下水，十分快活，头也不回地潜入水底。难怪昔时玄德公得诸葛亮时说是"犹鱼得水"了，那喜悦的情状实无所形容。我开始探视我的泥鳅，可是，寻找多日，也是影儿不见。本是盘中餐的泥鳅生命力极强，估计不至于死，必是钻进泥土里，把我这"救命恩人"忘了。

泥鳅既是钻到河底去了，何不找个浮在水面上的？只要看到河里有生命活动，我就高兴。我骑着自行车在多处寻找，最终在一花卉店购得我要的蝌蚪许多。它们到了水里，全然不同于泥鳅的不告而别，而是呼兄唤妹，集合队伍，而后大家保持着小小的距离，在浅浅的水层，快活地摇着小尾巴，忽而上浮，忽而下沉。大自然敞开怀抱，一群小生命得以回归。它们毕竟是不会说话的，而我却愉快地唱起了小曲儿，陪着它们走了好长一段路，后来，它们就对不住我了，就游到河的中央去了。虽是惜别，但我却有了一种满足感。几天后，我来看望我的小朋友，虽未得见，但我却不失望。我想，待到夏日秋时，大约就可以听到蛙声一片了。

　　放生之心不泯，清明那天，我又买了20余条小鲫鱼放入河中。这群小宝宝颇重"情义"，不少入水后重又浮出水面，吐出珍珠般的水泡；有几条还跃出水面，露一手功夫。几天后，我竟然看到一条鲫鱼在河中一闪而过，啊，河里终于有鱼了！这是20年，不，至少是30年甚至是40年没有的事啊！我不禁喜形于色。迎面一位老伯含笑问我："什么事这么开心？"我说："鱼，河里有鱼了，张家浜有鱼了，是我放的。"他快活地摆着手，"什么呀，是我放的，我已放过好几批了"。啊！原来，他也放了。不管鱼是谁放的，只要浜里有鱼就好。老伯又说："前几天一位老太放了一条鲤鱼，有半斤重，不过，她是放生，还作了揖。"

　　原来放鱼者非我一人。改变生态环境追求大自然美的人已经迫不及待了。由此及人，可以说张家浜的改建，当是一件民心工程，自然也是10年浦东万千变化的小小的一条。

（原载2000年4月27日《新民晚报》）

人生何处不相逢

1949年5月27日上海解放，8月28日，华东人民革命大学在当时的光华大学附中举行开学典礼。革大共办五期，历时3年半。各期学员的来处不尽相同，有党政干部，有留用的国民党政府中的中高层人员，有青年学生，凡15 300人。我有幸以青年学生身份，1951年3月考入第三期学习。

辗转时日，1954年，我由华东公安部派往上海某单位保卫科工作。同单位人事科有四人，其中有一位吴行同志，他写得一手漂亮的字，人很活跃，我和他年龄相近，两个关系不错，同事三年多。可是，正当此时，"反右"运动开始，我俩和本单位一些同志被开除公职，发配外地，我到福建改造。吴行则去得更远，被遣宁夏。但当阴霾散去，阳光普照我心时，我又回上海工作。

今年初，我忽然接到一个来自嘉兴的长途电话，原来竟是吴行的！50年了，两个都很激动，电话打了近一小时，两个人都抢着说话。他知道我常在报上发表文章，就要我寄几篇给他看看，我欣然寄去10余篇。几天后，他又来电话兴奋地说："原来，你也是革大的，我俩是同学！我是二期。"又一次长长的长途电话，又一次激动的畅叙。因为在我寄给他的文章中，有一篇说到了革大。可我至今仍是只闻其声，未见其人，想必他也老了。

我常听家人说起街道有位姓解的老同志，我有时到街道办事，也见过此人，还曾说过话，只是双方都未通报姓名。因为他住潍坊四村，我住潍坊五村，相距百余米，偶尔也见面的。后来，在一次聚会中才忽然知道，他大名解鉴堂。这时，两个打量了对方半天，而且都目瞪口呆，说不出话来。因为，两人不仅是革大同学，而且是同一个班，同一个小组，不但天天见面，而且夜里也睡在一起。一起学习，一起讨论，一起生活，为时三月余。一别五十余年，当年二十岁左右的小伙子，如今都七十往八十上数了，也都有了儿孙。古人云："闻姓惊初见，称名忆旧容。"可我怎么也想不起这个人的原样了；同样，他也想不起我就是我了。与解鉴堂同学的见面、"相识"，比与吴行同学的通话更令人称奇，激动，感叹！还有点传奇性。

原来，革大学习结业后，就方向而言，有的去了东北，有的去了西南，有的去了新疆，更多的是分配在上海及华东各省。就工作而言，许多人去了军干校，不少人参加了土改，比如吴行就是到皖北土改的，不少人去了朝鲜抗美援朝，解鉴堂就在朝鲜和美国鬼子干了近三年，我则到安徽治淮指挥部参加治淮，后去苏北滨海办农场，再到上海搞保卫工作，又到福建、皖南改造，再平反回上海，这且不去说他。上海之大也是尽人皆知的，我偏生又从浦西搬到浦东潍坊，去"等"解鉴堂。解鉴堂也是出国再回国，又在国内转了好大一圈，最终又和我相遇。这半个多世纪以来，两个人的每一天，每一步，似乎都是为了走向这一会合点。

人生竟是如此奇妙，世事竟然这样令人称奇。冥冥之间，真是鬼使神差，恰似有一种无形的力量在安排着，在推动着。许多人际关系，就这样形成了，如同志，如朋友，如同事，如邻里，乃至同路，同车，同舟，同机……尤其是婚姻上的所谓"千里姻缘一线牵"，还有所谓的"冤家路窄"。这无不是一个又一个的机缘，这全然是说不完的偶然，这尽是数不尽的巧合。而且，谁也无法遁逃。世事看来无比纷繁，其实却是有序的。不过，世界何以如此？人生怎会这样？谁能说得清，谁能告诉我！

（原载1999年7月9日《新民晚报》）

不信东风唤不回

"老鼠洞里倒拔蛇",那些已经获得赃款的官员,会主动将赃款上交吗?重庆市为加快地方经济建设,设立李渡新区。该区所辖范围要征用土地,于是,就有人浑水摸鱼,到今年5月,与此相关的14人被查处。区委就不失时机地据以召开了一次廉政警示大会。

因势利导,及时地艺术地用身边人身边事教育身边人,这比泛泛而谈地讲道理,或者只讲别区别市别省的事,要生动得多,有力得多,而且还有强大的震撼力和挥之不去的触动感。果然,"头天开完会,第二天就有国土、村社干部5人带着赃款来自首了"。这样,该区的"廉政账户",一夜之间就增添了50万元。连锁反应,此后,自首者或多或少可能还会有。那5位是猛然醒悟,决然行动;还有人,必定在那里作激烈的思想斗争呢,而且,前景看好。

这件事,表明贪污受贿的劣迹仍在蔓延,但作为这一群体而言,在一定气候、一定条件下,相当一部分人还是有可能回头的。

我国对罪犯的处理,罪大恶极者死刑,余者"劳动改造",简称"劳改"。这里所说的"劳改",当然是指对那些真正的罪犯而言,而非当年曾经产生过的那些冤案。实施这一政策的宗旨有两条:一是惩罚,他犯法了,伤害他人了,危害社会了,当然就要付出代价,这是公平的、合理的、合法的,也是放之四海而皆准的;二是要耐心地、负责地将他改造成新人,改造成为对社会有用之人。这可以说是中国式的,其成功事例不胜枚举,这里且说两例。

某青年因持刀行凶伤人,判刑两年。他认罪服法,接受改造。出狱后,派出所和当地党政部门毫不放松地对他进行跟踪教育。这种教育不单是口头的，派出所还出面担保，贷款2万元，让他种植水果。又为他介绍了一位女青年，结婚生子。这两件事，表示大家对他的信任。他也不负众望，积极劳动，思想品德也逐步提高。他不但成为远近闻名的种水果能手，还传授他人，更向困难户慷慨解囊。村民连连赞扬他是好人，就一致推选他当村主任，又当选镇人民代表。更让人羡慕和惊喜的是，两年后，他参加了伟大、光荣的中国共产党。此人是广东省高州市南圹镇岭尾村村民朱祖伟。诸君谓予不信，可查1999年6月24日《广东公安报》。

再一位，只怕要更难转变些，事情也更出人意料。武昌车辆厂建安公司工人黎少波，因抢劫、斗殴，判刑12年。由于他幡然悔悟，接受改造，服刑10年，提前出狱回公司。上善若水，组织对他循循引导，格外关爱，用各种方式帮助他。这名曾经非同一般的罪犯，真心申请、组织悉心培养，经4年考验，公司向中共武汉市委组织部和铁道部工业总公司汇报，武车党委批准黎少波入党，这是又一位罕见的共产党员。事据1995年12月19日《新民晚报》。

2011年7月19日，杭州市原副市长许迈永、苏州市原副市长姜人杰被执行死刑。二人在法庭作最后陈述时，也都沉痛表示悔不当初。无论死活，事到临头，所有罪犯几乎无不如此，下跪的，叩头的，痛哭流涕的，写保证书的都有。只是，他们也有这样的批评、抱怨——之前，你们为什么不管我！或者，为什么不早点抓我！江西省副省长，死刑犯胡长青死前也有这样的表示。

说到管人，我们早就有了数不清的纪律、制度、条例为据。当然有各种各样管人的人。可是，比如许姜二人非法获利近亿之前，怎的无一人察觉？那些管人的人，究竟干什么去了？如果可以将这些管理者比作老虎，我看是纸老虎，或是没牙虎。聋子耳朵，摆设罢了。我认为应查他们的渎职。

教育不是万能的，但无论如何教育永远是必须的。假如重庆方面不及时用那14人进行启示，那5人会自首吗？假如朱黎二人没有监狱严格管教，没有回归社会后的真情关爱（关爱也是教育），他们根本就不会步入共产党员境界；只怕还会重新犯罪呢！是也不是？

（原载2012年7月5日《劳动报》）

我 和 笔

我生于苏北农村，11岁时，三年解放战争打响了。打归打，"民主政府爱人民"，还是在村上办起了小学，翻身农民的我上学读书。

现在小学一年级生是用铅笔，要到高年级了，才难得月一回毛笔。而我们那时相反，一开始就来毛笔（因是羊毛所做，俗称羊毫笔）。上学时，文房四宝：纸墨笔砚全得带上，这是百年、千年的传统，写的是"上大人，孔乙己，化三千，七十四"。是描红，就是将现成的红色字，描成黑色。买不起描红簿的，只好自己涂鸦，字都是豆腐干大小，用的是大楷笔。三四年级，就要用小楷笔写小字了，写作文了，有点像个小知识分子了。只是全校男女三四十个孩子，谁也没见过钢笔。这就是当时当地那样的农村，那样的文化传统，那样的经济状态。

渐渐地，村上不时有区、乡干部来往，他们就有钢笔。村上偶尔也驻扎部队，连排级同志也有这种笔。那笔插在胸前，还是一种装饰，挺漂亮，极精神。要写什么，抽出来"唰唰"就是，自来水，不用砚台，不用磨墨，很好玩，很来劲，妙极了！

倒也是不用着急的，时代很快变了，解放了，我上了盐城中学，好歹在地摊上买了一支钢笔，所谓的"三无产品"，写起来有时如逢干旱，水不下来；再不就是痛快淋漓，波涛汹涌，洪水泛滥，写字不成，倒像是婴儿撒了一泡尿。同班同学，人家有的己经用上新民牌钢笔了。我同桌一位叫虞大娟的女生，她可新潮了，有一支小号新民钢笔。人也娟秀，笔也娟秀，写出字来也娟秀，真是羡慕死人了，我都不敢看她了。

我参加革命了，当干部了，闯入了一个新世界，供给制，有津贴费的，买了一支新民钢笔，袋里一插，挺起胸脯，咱也风光一回。当然，我是男人，不能用虞大娟那样的小号新民，是中号的，写起字来，也"唰唰"的。彼时一身最贵重，最值钱的，也就它了，而且，不可一日无此君。钢笔用得久了，或是不小心摔坏了，就去修一下，换个零部件啥的，继续为我所用。改薪金制了，不差钱了，由于不小心将笔遗失或坏了，就另买一支，就又用过关勒铭牌的，还有金星钢笔。而且，金星笔彼时是笔中之王，是我中华首屈一指的。也分小号，中号，大号。大号金星笔果是又粗又大，写出字来气派，据说周总理就用这一种。由此上溯，中国所有钢笔全是黑杆子。50年代后期，又有永生、英雄，造型也讲究了，笔杆颜色小有变化，乳白色的，红色的，蓝色的，五彩缤纷，百花齐放。这时，中国人有点讲漂亮了，所以，才有了这种商品。50年代初没有这种笔，就是有，也没人敢用，革命干部用这种花花绿绿的笔，那你就是小资产阶级情调了。后来，还有什么大包头的我也拥有过。听说还有什么派克金笔，美国货，当时不进口，上海淮海路国营旧货商店有货，笔杆花花的，女人样，我不喜欢，而且也太贵了，买不起。

也就在1954年前后，风行一种蘸水笔。就是一根笔杆，插上一枚金属笔尖，墨水瓶放在面前，写一写，蘸一蘸，笔尖很便宜的，几分钱一枚吧，不行，随时换一枚。我也用过，记得搞财务的同志，写阿拉伯数字，就最喜欢用这种笔。蘸水笔的后期，又有一种圆形的玻璃笔尖，用起来，很流利，不划纸的，缺点就是很容易碰碎。悄悄地，好像没有进入60年代吧，蘸水笔就消失了。

好像是60年代后期吧，有了圆珠笔，而且"哗啦"一下，已经触处皆是了，优点是价廉。如今四处一看，真是难得见人用钢笔了。要是你在大街上看到一个人在上衣袋里插着一支钢笔，一定会觉得很土，很奇怪，很好笑。

是的，现代化了，高科技了。90年代初，在中国城市里，电脑渐趋普及，那势头等同于当年圆珠笔的风行。唯我有太深的"钢笔情结"，在一个相当长的时间里，也还是英雄金笔，到2000年才用电脑。电脑的长处自不待我来说道，只是我有问题——当年写文章的人叫"笔杆子"，现在用电脑写文章的人，能叫"脑杆子"吗？再如，过去稿费叫润笔，现在稿费是不是叫"润脑"或"补脑"呢？好像不能这么说吧。那么，究竟该叫什么呢？真是的——"老革命碰到新问题"，我连话都不会说了。反正，我对我的"英雄"感情深厚，过些时，就要取出来保养保养，或者加点墨水。有时甚至要多愁善感地捏着它叹息，呀，这一回，危险，我真的变成小资产阶级了！

（2010年3月5日）

学会自我批评

同志之间，多少不论，相互批评总是有的；作为领导，对下级的批评，就更是必不可少了。可是，你要批评别人，要让人心悦诚服，就先要问你自己做得如何了。

周总理某次理发时咳嗽，理发员将他的脸刮破了。理发员十分紧张，总理却连忙说：这是我不好，我咳嗽没打招呼。看起来，这只是生活中的一件小事，但于细微处见精神。周总理平易近人，时时处处谦虚谨慎，注意自我批评，遇事先检查自我，这就是他受人敬重的原因之一。

朱镕基同志当总理时，于老百姓亲如父母兄弟，于各级干部则以严厉著称。所谓严厉，就少不得要批评他人，这里且说一件他自我批评的事。一次，他主持"全国第五次环境工作电话会"，指名道姓地对张家界滥盖宾馆，破坏环境提出批评。他说：因此，"联合国教科文组织把'世界文化遗产'的牌子收走了"。可当温家宝同志宣布散会时，他却大声说："我还要说句话，刚才湖南打电话来，牌子没有收走。张家界还是很美的，欢迎大家都去旅游。"顿时，一片笑声。

此事始则说明他情况没搞清楚，一旦明白，"己有过，不当讳"，他就不失时机赶紧改正。这除了实事求是以外，当然也含自我批评的意义。可是，这样一种既当场又当众认错的精神，不是所有领导都具备的。后来的"一片笑声"，既是有感于他率直的态度，也爆发自"欢迎大家都去旅游"，这样一句出自总理口中的平实的"广告语"。

所以说，自我批评并不都是要坐下来沉痛地做检讨，去大唱"是我错"。周、朱两位总理的这种自我批评的方式更平凡，更直接，更深刻，也更令人钦佩。有了这样的精神,也才有了批评他人的资格,当然也易于使他人接受。"君子之过也,如日月之食焉。过也,人皆见之;更也,人皆仰之。"此之谓也!这就是真理,这就是正直,也就是平等。

(原载2006年7月1日《宣传通讯》)

不平静的赵静

差不多每一个人都有其独特的天赋，但这天赋不一定都被人被已发现，乃至得以发挥。所以，许多的天才就这样被埋没了。

上海电影制片厂的青年演员赵静，原来是河南省曲艺团的演员，她所从事的是坠子表演，当然，也会歌舞、小曲，有时还客串节目主持人。

她步入影坛，完全是一种偶然。1973年，上影厂导演赵焕章、鲁韧为拍摄电影《新风歌》，在河南找演员。当时的赵静正忙于参加全国戏曲调演，一位快嘴的司机向二位导演推荐了她。导演稍加询问后，便让她唱一支歌，这当然不成问题。客观地说，赵静本人要比我们所见到的银屏上的形象更漂亮，但摄影机毕竟是一个挑剔的东西，所以，漂亮并不一定就上镜，得试一下镜头。试的结果是——行！

但是，上影厂发现的人才，却被峨影厂"挖"去用了。赵静参加峨影厂故事片《冰山雪莲》的摄制，并因此获"最佳女主角奖"。她正式调入上影厂是1980年。到厂后，她接连参加了《画中情》《海之恋》《闪光的彩球》《选择》《月牙儿》《卖大饼的姑娘》等多部影视的制作。

实践的机会接踵而至。为了使赵静在艺术上更趋成熟，在理论上有所提高，并让她对以往的表演有一个思考、总结的机会，上影厂领导安排她和其他几位青年演员一起去中央电影学院"电影明星班"学习，而且是"封闭式"的。两年的学习，使赵静更加成熟起来。回厂后，她又接连参加了《中国商人》《风云女杰》《吴玉章》《他们拥有太阳》等影视片制作，她也更为忙碌了。

日前，我在街头一报廊里，见《深圳特区报》上登有一幅赵静的大幅照片。事后我问赵静,她本人却一点儿不知道。找来报纸一看,原来这是她在电视剧《金融潮》中的剧照。这是一部表现中国经济、金融改革的电视剧,赵静在剧中饰银行行长薛若怡。

  这样的事情是时或有之的。还有件事令赵静感动不已。赵静到陕西一农村拍戏,那里是一个地道的山沟沟。因为生活上的不便,剧组安排一位当地的女孩照顾她。后来,女孩请赵静到她家作客、那简直是敬若上宾啊。农民对一位名演员的尊敬,使赵静不敢领情。尤其使她吃惊的是,这家有个哑巴男孩,他藏有许多有关她的新闻报道、影视评介和影视照片。其中很大的一部分,是她本人闻所未闻、见所未见的。赵静惊呆了。在这样一个山沟里,他是如何获得这些资料的呢?她询问过,但到头来还是没搞清楚。这件事使赵静更加明白了自己的责任,因而决心要为人民的影视事业,更勤奋、更认真地去创作。

  赵静的夫君丹宁军在上海电视台工作,是一位身材高大,性格豁达的男子汉。赵静总不在家,对于抚育孩子的事情和家务活,他"全包"了。说到这里,赵静内疚地说:"我真对不起孩子,也对不起丹宁军!"我想这恐怕是不少影视演员的共同遗憾吧。赵静又精神振奋地说:"拍完《又是杜鹃花开时》后,还有新戏。我要珍惜时光,努力工作,塑造好每一个角色。"

  赵静赵静,她的心,始终不平静!

(原载1996年12月号《妇女》)

感人之处动山河

2008年5月12日14时28分,是一个震撼13亿中国人心灵的时刻!

祖国的四川大地发生了真正意义上的天崩地裂的里氏八级特大地震,破坏特别严重的地区超过10万平方公里!天府之国,几十万人遭受痛苦,全中国人民感到了痛楚,全世界发出了惊呼。

坚强领导党中央

最初的说法是四川汶川县发生强烈地震。此后消息不断传来:遭此不幸者,还有北川、绵阳、什邡、绵竹、彭州、安县、都江堰等多个县市。而且祸及重庆、陕西、甘肃、河南、云南、青海多个省市。

数不尽的房屋垮塌了,有的乡镇几近于被夷为平地。极目所见,一片瓦砾。按照北川中学一个叫白琳的女孩说,她的学校,五层高的教学楼,塌得只有两三米高的砖瓦堆了。灾民遍地,伤员遍地,死亡者遍地。

但是,我们有核心力量——党中央!

国务院总理温家宝,以惊人的速度,于当日16时40分,亦即地震发生后的2小时12分,从北京上了空军专机,至成都后,20时30分抵达都江堰。所以,他是第一时间到达现场的。

温家宝总理站在废墟之上,挺立于大山之下,深入灾民之中,握住伤员的手,垂首于遇难者身旁。他挥泪慰藉灾区人民,他发出号召的最强音。他展现着党和政府的形象,他代表着英雄的中国人民。

我们的抗震救灾,不但有伟大坚实的北京大本营,还有勇敢、无畏、镇定的前线指挥所。

快点，快点，再快点！

孔子的"仁者爱人"，今天的"以人为本"。在此时此地得到了最生动，最有力，最真实的体现。

人命关天！

许多人被压在巨石、瓦砾和水泥板之下，他们饥饿干渴，他们血流不止，他们痛苦万分，他们奄奄一息，他们顽强等待。

早一秒施救，生灵就多一分生的希望，就能多救出一个人。

得救则生，失救则死；早救则生，迟救则死。时间、事实就是如此严酷。

这时候，党中央的声音只有一个，全国人民的声音只有一个，受难者的声音也只有一个——快点，快点，再快点！可是，人们又不得不——小心，小心，再小心！

然而，本来就是"蜀道难"。要快又谈何容易。救兵在百里、千里、万里之外。而且，震区道路全部因地震而阻塞，泥石流，大石头，堆在路上；堰塞湖，横在眼前。而且地震之后的几小时就进入了黑夜，而且还在下雨，而且泥石流不时滚然而下，而且余震不断。

你是长城，你是救星！

中国人民解放军某集团军军长许勇，率30人的先遣队，大雨中，突入汶川映秀镇，救出300名伤员。武警驻川某师200人在师参谋长王毅带领下，由理县出发，急行军21小时，翻山越岭90多公里，是为赶到与世隔绝的汶川的第一支部队。紧接着赶到汶川县城的，是四川军区副司令员李亚洲，他率300战士，强行军57公里赶到。紧接着，陆海空三军一批一批，一队一队，飞速来到……

许多灾民说，解放军来了，我们就不怕了！

而从外省市赶到灾区的第一支救援队伍，当是中国地震局、北京军区某部工兵团、武警总医院和国家地震灾害现场工作队的224人的混合救援队。

11万解放军、武警官兵和1.6万名公安民警，于四五天内云集震区。还有3万左右的医务工作者、志愿者，他们争分夺秒，赶赴震区，实施最紧急，也是最危险的现场抢救。这支浩大的队伍，高峰时超过15万人。

在100小时左右，就能从四面八方，调动、召唤如此众多的军队和医务等各类救援人员，又能在如此困难的条件之下，冲进万水千山，深入灾区，人人动手，个个争先。这实在是个壮举，是个奇迹，是新中国历史上的一大辉煌，是顽强的中华民族精神的展示，是中国人民紧密团结在党中央周围的体现。这就再一次证明，我们有一支真正召之即来，来之能战，战之能胜的强大队伍。16日，中共中央总书记、国家主席、中央军委主席胡锦涛在震区庄严宣告——"任何困难都难不倒英雄的中国人民！"这就是声音，这就是形象，这就是力量，这就是根据。

13亿人望四川

而更多的在千里万里之外的中国人，个个心系着那里的同胞。

苦难纵然无法分担，困难却可以分担。960万平方公里上的爱，13亿人的情，全国人民的泪，如长江之水，似黄河之涛，倾向四川。

我们能够做到的，我们力所能及的，除了献血、捐物，就是捐款。就让这些钱，带着我们的体温，携着我们的爱心，蘸着我们的泪水，含着我们的深情，送到灾民的手里。比如上海的民间捐款，已达5.09亿元，并且已交给四川。北京一次气氛凝重，催人泪下的千余名人的义演，一次就筹款15.14亿元。不少老红军，退休老职工的募捐，已达到了倾其所有的程度。各地的民间捐款，也是争先恐后，络绎不绝。我楼下一位90岁独身老人，平时孤僻而冷峻，而这次却激动不已，向居委捐了100元后，第二天找了居委的另外一个同志，固执地再捐100元。南京一乞讨老人徐超先捐了5元，第二次意犹未尽，又捐了100元。更令人感慨的是，当年唐山的一位地震受害者，怀着感恩之心，捐出了115万元。另一位唐山地震幸存者刘亚辉，开来6辆车，装着300万元药品。还有一位唐山地震孤儿张祥青捐了1 000万元。另有300多名唐山志愿者，在现场参加抢救。

完全可以认定，这次全国捐款的人数、单位和所捐款项，都将是我国有史以来最多的，捐赠者的面是最广的，也是最富于激情，最有力量的。

全国人民一边看着电视、看着报纸、听着广播，一边最真诚最衷心地为灾区人民祈祷——

我们祈祷余震来得少些，更少些。因为那里的人民已经够苦了，他们不应当再受摧残了。我说老天，您难道就没有看到？我们还有很多人被埋在瓦砾和废墟中等待援救，有的甚至命悬一线，你不该再那样无情了！你不该再那样闭着眼睛了！你夺去的生命，也够多了！我们参加抢救的人员也够辛苦了，我们中国人也够虔诚了。

我们祈祷重伤员和轻伤员，都能少受痛苦，早日康复，抛去阴影。我们祈祷死者心安，生者坚强。

我们祈祷不要有痢疾、伤寒、肠道传染病和炭疽病等发生。因为当地环境遭到破坏，饮水不洁，粪便无序，牲畜和人员尸体的腐烂更可能致病。灾区大难不死的生灵，就不要再让病魔折磨他们、侵害他们，就让他们好好生活吧。又何况，其中很多人已失去了亲人，又何必要雪上加霜，伤口上撒盐！老天您也不能太狠心了！

我们祈祷失去儿女的老人能够有幸福的晚年。我们祈祷失去父母的孩子健康成长。

我们祈祷灾区人民能顺利地重建家园，天府也更加美丽，最终和全国人民一样，重享幸福的明天。

我们的祈祷是有根据的，那就是党中央的正确领导，那就是灾区人民不屈不挠的意志，那就是全国人民的支援和世界人民的同情、呼应，还有中华民族不屈不挠的精神。

无处不在的人类之爱

伟大的母爱——

5月13日救援人员在废墟中发现一名遇险妇女，她双膝跪地，上身呈匍匐状趴着，身下护着一个三四个月的婴儿。她已经遇难了，而孩子却安然无恙。她的手机里有一条短信："亲爱的宝贝，如果你能活着，一定要记住我爱你！"另一位28岁的叫宋雪梅的母亲，地震后，她抱着出生才75天的女儿从屋里往外冲，结果她和女儿虽然都不幸殒命，她更是遍体鳞伤，女儿却身体完好。这对母女的遗体，由日本救援队刨出，他们列队默哀。再有龙金玉的儿子蒋雨航在映秀镇工作，远在贵州的她赶到灾区寻子，幸运的是，她的儿子被救出来了。更有北川3岁女孩宋欣宜，凭着父母遗体的护卫而惊人地生还。

永恒的爱情——

地震发生后半小时，一位女网友收到震区男友的一条短信："我很想你，我们结婚吧。"爱意表达了，而此后却再无消息，只怕是凶多吉少了。准新郎民警饶新奔赴灾区了，在南京的准新娘邱媛媛坚持按原定的5月16日举行婚礼。她说，在这一天举行婚礼值得纪念，意义非凡。是为"一个人的婚礼"。郭斌和周兴柠夫妻原在成都工作，郭斌到映秀开会时适逢此次地震。于是，周兴柠怀着无比焦急、无比的爱恋，急忙赶来震区，四处寻夫不止，而且泪流满面。令人焦急的是，她迄无所获。另一位男子怀着深厚的爱恋，将死亡的妻子放在轻型摩托车上，绑在自己身上，送往太平间。

舍己救人——

德阳市东汽中学50岁的老师谭千秋，地震时，正在上课的他，即命同学都钻到课桌下面去，而他则伏在一张课桌上，张开双臂护住下面的4名学生。结果，4名同学得救，而他却遇难了。他觉得这样做是他的责任，因此，他死得其所。北川市第一中学教师刘宁，置废墟下的女儿刘怡不顾，而为救全班59名同学奔忙不止，后来59名同学平安无事，女儿则因未得及时抢救而去世。绵竹32岁的妇女徐艳脱险后，救了5个人，这5个人又去救其他人。北川县民政局局长王洪发，失去了儿子、岳父、侄儿等14位亲人，该局22人生还者10人，其中更有3人重伤。但他坚强地救人不止。一名11岁的男孩，父母在外打工，同住的爷爷、奶奶当场身亡，他背着3岁多的妹妹逃生，而且已经背了12个小时。汶川映秀镇11岁女孩康洁被困三天三夜，而且骨折，当几位医务人员来看她时，她说："请你们去救其他人吧。"一位名叫蒋敏的女警，失去了父母，也失去了女儿。作为失去了父母的孩子和作为失去孩子的母亲，她仍然坚强、紧张不顾一切地忙着抢救他人，直至昏厥于地。江油公安局女警蒋小娟将自己出生才六个月的女儿交给父母，自己则到灾民庇护所为孤儿喂奶。

他们的信念是：自己或自己的家人不要紧，他人才是最重要的。

一丝希望　百倍努力

　　生命是脆弱的，生命也是顽强的。救援人员已经救出几万人了。但是，还有一个数量庞大的人群，被埋在地下。到15日为止，仅北川中学，就仍有700多学生被埋。

　　随着时间的推移，获救人员已经越来越少了，抢救也越来越困难了。但是，我们还是切盼着能救出更多的被埋者，救出一个是一个。被埋72小时后生存，只是一个常态。北川熊吉才125小时获救。北川医院的唐雄139小时获救。汶川61岁妇女虞锦华，被埋在六层水泥板下150个小时，经山东公安消防总队56个小时的艰难营救，终于生还。19日，上海消防总队，连续挖掘15小时，在映秀镇救出深埋179小时的马元江。当年唐山地震，有两位护士坚持了8天7夜。也是在唐山地震中，一位叫卢桂兰的老人竟在第13天获救。1990年7月16日，印尼地震有3人存活14天。2005年10月8日巴基斯坦地震中，一人存活27天。所以，我们大声呼唤被埋的同胞能够尽一切可能挺住。因为救援队都坚守着八个字："一丝希望，百倍努力。"

国殇·国哀·国祭

　　5月19日至21日，为全国哀悼日，同时下半旗，3分钟默哀。这是对生命的尊重，对公民的尊重。这是共和国第一次为重大自然灾害死去的普通民众降半旗和默哀。它表达了13亿人的哀思，它净化我们的心灵，它更为我们准备了明天的昂起，去迎接新的更为辉煌的太阳。

（原载2008年8月《前进论坛》）

英雄原来是美人

四川南江县县委常委、纪委书记王瑛去世了。2月9日《文汇报》发了长篇报道，还登了她五张照片，其中就有四张服装鲜艳。一张摄于井冈山"读书石"前的照片，她适中的身材、自然的微笑、黄皮鞋、黑裤子、红上衣，两手相握放在膝上，幽雅地端坐着。这是一个美丽的少妇，样子十分可人。对她日常的形象，报道还有这样的描述："掐腰小衫，抿在耳后的短发，水杏眼儿，两枚浅浅的酒窝……"这不就是美人么！她的身影"娇娇小小，却急急匆匆，如风穿杨柳……"这不就是美人在行动么！可是，她却英年早逝，47岁离开了这个世界。

多年来，我们似乎有一种不成文的约定：描述英雄模范时，一般不写其长相，比如对男性，要写最多写他浓眉大眼，粗壮有力，"力拔山兮气盖世"，少有写他英俊潇洒的。如果他是死者，那就更是如此。若是女性，则尤须小心，如果她是领导，则又特别特别忌讳！譬如女子，哪怕她貌若天仙，怎么的也得写她五大三粗，伸手揽月，举步惊雷。有的还不近烟火，不懂人情，不会恋爱。盖非此而不英雄也。

何以如此？那是怕亵渎了英雄，怕惹不敬之祸。然而，这次对王瑛的报道，不但写了她对人民鞠躬尽瘁，还如实对她的形象作了如此描述。群众不但呼她为"瑛儿"，还敬佩而亲热地叫她"王哥"（只怕这称呼就犯忌了）。这使我们想象到——她文弱重病的体躯，正怀着纯净和真诚，将"清晨的第一缕阳光，照进你心房的角角落落"。也正因了她的美丽，她就更加人性化，她的去世，也就令我们的惋惜、怀念、爱恋倍感深重。

（原载2009年2月23日《文汇报》）

怀念"上影四大反派"

1956年，我所在上海生物制品研究所，排戏参加会演，请上影厂演员凌云先生指导。我因担任主角，幕前幕后和凌先生接触甚多。此后，分道扬镳——他当右派下乡劳动，我以莫须有之罪被开除公职，押送闽北深山改造。阳光普照，平反后，不时想拜访凌先生，但不知他在哪里，通过上影组织，才知道他青春勃发，异常活跃，正在外地拍戏。大约在1988年前后，才见到他。二十多年后相逢，倍感亲切。他是中国农工民主党党员，又是上影厂主委。我也是农工党，不过入党比他晚许多。他住宛南新村，我住东安新村，抬脚就到。他又让我见了《小小得月楼》等片的导演卢萍，几次畅叙，三人相约搞一个剧本，计划卢萍导演，凌云当主要反派，由我编剧。所以，来往频繁，友情更深。1991年吧，上海电视台叶惠贤组织一台上影厂四大"反派"的节目。接着，南方和北方，各有一家杂志找凌云，要求写"四个反派"的文章。再后来，我又在上影厂影视部当了两年编剧，这约稿的事，先生就交给我了。

排名不分先后，这四位"反派"演员就是凌云、程之、于飞和陈述。

1952年，广州公安局侦破一反革命案。案情是一批以吕薄冰为首的武装特务、反动分子，阴谋劫持一艘由广州开海南岛的客货轮船，去联合国控诉共产党，最后去台湾。与吕薄冰接头的有32人，来自全国多个省市。案情重大、紧急、罕见。1957年，海燕电影制片厂据以出品了经典反特故事片《羊城暗哨》。凌云就演那个特务头子吕薄冰，公开身份是伪装成手执纸扇的"算命佬"，自命为"小神仙"，相对固定地在一家饭馆门前看相，以此联络匪众。电影上映后，风靡全国。作品的意义在于震撼人民，提高警惕。凌云也就此广为人知。他所塑造的这一反派的特点是"题材重大"。此前此后，他还饰演多名反派。比较重要的，还有1987年，由湖南潇湘电影厂，请他参拍的上下集电影《湘西剿匪记》，他出演土匪头子瞿二十四，也有影响。还有其他一些反派。他演反派的原因之一，是他长相不是那么的英俊潇洒，之二是他对反派有研究，之三是他出身大官僚家庭。这样的演员，不能演正面人物，尤其不能演英雄，一般群众可以演。

凌先生最后的艺术形象，是近年出品的电视剧《我的团长我的团》中，团长的团长。在四大"反派"中，凌先生的寿命最长，2010年4月谢世，终年90，我到场沉痛追悼。

程之先生所饰反面人物更多，比如：1944年话剧《希特勒的把戏》中的希特勒，1948年话剧《太太万岁》中的舞女的姘夫，1949年电影《腐蚀》中的特务祁科长，1953年电影《鸡毛信》中的歪嘴伪警察，1954年电影《山间铃响马帮来》中的残匪毕根，1957年电影《疾风劲草》中的右派教授，1958年电影《两个巡逻兵》中的潜伏特务独眼龙，1961年电影《红日》中敌七十四师参谋长董耀宗，1974年话剧《春苗》中的走资派杜院长，1981年电影《子夜》中的投机商何慎安等二十余种。他技艺精湛，一丝不苟。让这些角色走出来，外形、神态无一相同，可以各领风骚，令人叹为观止。此外，先生不但能演，而且能导；他的配音艺术也相当高超；他在全国多家电视台，含中央台，做过节目主持人。有一次当主持，他居中，配合他的竟是赵忠祥、宋世雄；他对京剧谭派不但喜爱，而且唱做俱佳；他的京胡拉得特好，丝毫不让高级琴师；他的书法艺术尤多造诣，正楷、隶书是真正的书法家作品；他的相声也说得好，虽然四位都说相声，但他说得更多，也最具特色。所以说，他是天赋独具、人才难得。"多才多艺"是他的特点。他从艺的格言是"演戏要生活，生活不演戏"。他还是区人大代表。他为人厚道、善良、诚恳，喜爱他的人太多太多。夏衍、陈至立、宋任穷、朱镕基诸领导均有接见。与朱镕基更是同好，因他也唱京剧，也拉京胡，二位相见，谈笑风生，亲密无间。

那时，先生的小儿程前刚从广东电视台，调中央台做《正大综艺》的主持，这是一件非常不容易的事。先生对程前希望很大，并谆谆教诲，他书赠程前《百字铭》一首，其铭曰：

恰似那，春苗出土，荷尖初露。主持节目，潇洒自如。舆论赞，压得住。须自知，初出茅庐，经验不足，阅历有限，缺课待补；莫等闲，抓紧读。前辈云：人前出彩，人后熬苦；艺无止境，学无坦途。继前人，创新路。寄望你，干劲鼓足，多有建树；谦诚自励，众望莫负，勇攀高，展鹏图！

我到先生府上去过三次，最后一次是1995年2月13日下午。我将一篇写先生和程前的稿子，请他过目。4 000字，先生看了三四十分钟。我估计必有大改，却见他抬起头，微笑一下，说某事稍有出入。此外，一字不动。我也轻松地笑了。稿子的事结束后，一旁，善良、热情的他的夫人郭葆璟取出相机对我说："你上次不是说要和他合影嘛。"我连忙说："真不好意思，今天我穿皮夹克，太臃肿，有愧先生，下回吧。"孰料竟成憾事。接着，我转眼看到挂在墙上的月份牌上，几乎每天都记有事项。我青问先生，这两天有何活动？他说"明晚市政协元宵晚会演出"。唉！无人可料，第三天，即2月15日《新民晚报》赫然登出惊人消息——程之逝世！

原来，14日晚，在市政协元宵联欢晚会上，先生唱罢京剧《天霸拜山》选段《盗御马》，又为舒适操琴，接着，在后台，他抬手从衣架上取衣时，心肌梗死，猝然倒地，无力回天。他匆匆告别了艺术、人生，享年七十。四位中，他走得最早，年纪也最小。人们无不叹惋。

在纪念先生逝世一周年时，开了追思会，出版了由汪道涵先生题书名的他的遗作《我这一辈子》，张瑞芳、向梅、舒适等诸多影星、观众到场，郭葆璟邀我、程前三人合影，聊为补遗吧。

我先认识方丽英——大家称之为嫩娘的老舅妈，而后结识她的先生于飞。于飞的形象是宽额高鼻，白皮鬈发，身材高大，一个"假洋鬼子"。性格随和，温文尔雅。就凭这长相，在当下，他可以演国际友人，上白求恩、演斯诺也行。而那个时代，阶级斗争为纲，洋人的形象，一律坏蛋。所以，他的尊容，只能演神甫、主教、外国特务、国际间谍这样的反派。这样的演员，一是稀有，二是戏路逼着人就走这一条。他在《斩断魔爪》《羊城暗哨》《蓝色档案》等作品中，担任了反派角色。但演反派也要演得像，而且要各有个性，不能千人一面。事实是，这倒成就了他。于先生演反派洋人，既是得天独厚，又勤于塑造，所以，他塑造的角色，形神兼备，各有个性，连连出彩，决然与众不同。在土生土长的汉人中，有这样的长相，又是如此的表演艺术家，堪称一绝。最终也使他在表演艺术上，独树一帜，成为名噪一时的演外国人"专业户"，而且全国仅有。所以，他塑造反派是"形象独特"。还因该"反派"为人厚道，乐于助人，所以又有"好人于飞"之美誉。可惜，他在1998年故去。

  陈述先生1920年出生，原名陈启通。性格豪爽，相貌堂堂，风度潇洒，浑身是戏，字也写得极漂亮，墨宝留传甚多。他不同意别人意见时的口头语是"胡说八道"。他热爱体育，爱游泳，尤爱骑自行车。当年，上海街头，常见他飞车而过的身影，骑的是一种跑车，夏日多为短裤、短袖衫，洒脱而健美。他塑造了多个反派形象。但以一当十，最成功，影响最大的，就是《渡江侦察记》中的敌情报处长。在片中，他的戏份并不多，但那个阴险、凶恶、骄横、不可一世的情报处长，家喻户晓。你说陈述，别人就会接着说"情报处长"；或者，你说"情报处长"，别人就会接着说陈述。这简直就成了两条歇后语。他塑造情报处长的特点，就是"绝无仅有"。

  其实，陈述演过两个情报处长。

  "文革"中，有两部老电影，江青及其党羽下令重拍，一是《南征北战》，二就是《渡江侦察记》。原来的导演汤晓丹先生只能当顾问，演员也有所更动，但情报处长无可替代，还得陈述来。1992年6月20日上午，陈先生约我到淮海中路他府上细说缘由。此时，他前任妻子陆维华逝世不久，再4年，才和李波结婚。

  那天，他细谈重拍《渡江侦察记》的情形。彼时文艺战线强调"三突出""高大全"，简言之，就是反面人物要向正面人物让戏。以电影语言表述时，反面人物要距离镜头远，形象要小，镜头压低向下拍，而且，反派人物不能那么张扬，那么放肆。编导演摄录美，个个如履薄冰，人人提心吊胆，谁都离现行反革命仅一步之遥。拍几个镜头，就赶紧送北京审查，尤其是外景，摄制组就在现场苦等，通过了，才敢往下拍；不行，只好重来。送着送着，先说很好很好。后来又说不行不行。因为情报处长戏份太少，人物又小，距离又远，表演更拘束。物极必反，无强劲对手，英雄的戏也出不来。否定之否定，多数戏重新来过，就那么折腾着玩。重来也好不了多少，最终，就出了一部那样一个不三不四的东西。陈述对这种审查、指示，就怨恨为"胡说八道"！观众也不买账，人们记得的，还是那个老"情报处长"。他满足地说："不管我能活多少年，有这样一个艺术形象留存，我也值了。"遗憾的是，先生2001年突患中风，经济拮据，一代名人，直至2006年故世时，退休工资也才1 000多，在上海，在退休员工中，也就是个平均数吧。

其实，这四位，还有汤晓丹先生府上，我都去过，除汤先生家稍好些，余者，全和普通市民家庭一样，家具极普通，陈旧而色褪。没有一家有客厅，没有一家有茶几，请你喝茶，杯子只能放在饭桌上，做客也只能坐在饭桌旁。家里没有值钱的东西，衣着也陈旧，和普通市民一般无二。尤可叹，陈述先生家要更寒酸些。艺术家们，朴素得紧，清贫得很啊！嗟乎！

彼时，这四位塑造角色和其他演员一样，要了解原型，要下生活，要访问，要翻资料，有的还要和角色同吃同住同劳动。钻研角色几个月，接着是写人物自传，还要试排，而后才能"正式拍"。有的，在准备过程中，还要学习毛泽东关于文艺的论述，比如《在延安文艺座谈会上的讲话》。这篇著作，30多页，22 500多字，看一遍就要2个小时，而且，这又不是小说，唰唰往下看，而是要思考，要联系实际，要做自我批判，得用脑子，得花时间。关于待遇，拍戏时，除原有固定工资，也只能多领几元加班费、夜班费、外景费；而不像当今多数演员那样，剧本到手就表演；重要角色，一部戏片酬几十万，几百万，发大财。

更令人哭笑不得的是，一次，毛泽东看《白蛇传》，上台接见演员握手时，脸一板，气呼呼地越过演法海的演员，就是不和反派演员握手。接下来的故事是，一直以来，任何戏演完了，领导上台拍照，反派人物是不能站在领导身边的。而且，第一排也不能站，只能深埋在二、三排。这已是不成文的规矩了。而且，有什么事，代表剧组的，也只能是正面人物，你反面人物，就识相点，离远点吧。否则，自找没趣，那多伤心。解放初，演黄世仁的陈强上街时，被人吐口水，以为这就是黄世仁上街了。有次，陈述在马路上，也让人鄙夷，以为他在现实中也不是好东西。而其实，从表演艺术来看，反派人物更难演。

必须强调，反派形象一样可以娱乐人民；再者，反派者，反面教员也，反派让人民感到历史的复杂性、事业的艰巨性；反派让人感到小康、平安、幸福来之不易。生活难道不是这样的吗？

（原载2012年9月4日《文汇报》，2012年4月号《上海滩》）

才 师 傅

所谓"才师傅",不是说某人"才"当上师傅。

我们大楼下面看车棚的师傅是河南商丘睢县人,他居然姓才,我对此颇有兴趣,这就找才师傅聊聊,说不定他能说出个一二三来。而一当他说出才姓的由来,就不觉令人称奇了。

他们的祖先原本姓宋,可他们这一支因犯了什么大法(也许根本就没犯法),罪当满门抄斩,灭门九族,他们逃了出来(也许多数人未能逃出)。然而,"率土之滨,莫非王土",你往哪里逃?不过,逃总算是逃出了当地,可是心有余悸,坐卧不宁。就想了个办法,就是改姓。这就难怪古人给我们留下了四个字,也就是一种策略,叫"隐姓埋名"。但他们在改的方法上,也舍不得完全抛弃那个"宋"字,更不能丢了祖宗,这就改姓木,戴上帽子,不还是"宋"嘛。但后裔仍旧感到不实在,所以就更隐蔽一些,再在"木"字上动刀,砍去最后一笔,改姓才,这样,离"宋"就更远了些,但追根溯源,千丝万缕,不还是和那"宋"字连着嘛。可是,这一说,已不知是几朝几代了。当然,目下中国不但姓宋的大有人在,姓木的也代代相传,不绝如缕。

查北京出版社1995年11月版《中国姓氏辞典》得知,公元前286年,宋国为齐国所灭,其子孙随以国为姓,但稍后仍存有辞赋名家宋玉等。而木姓之来源及繁衍有三种说法:一是春秋时宋国有贵族孔金父,字子木,为大夫,子孙以其字"木"为姓;二是出自南方少数民族;三是据《元和姓纂》称:端木赐之后,因避仇改姓木。

由是可见,才与宋与木确有关联。该《辞典》亦收有才姓。称此姓出现较晚，元代及此前未见记载。明代始有，并有一进士名才宽。历史来源，却无所考。宋时出现的《百家姓》当然也未收。才师傅说，他们的族谱上没有文字记载，他所说起源，也只是一种传说，究竟如何，至今尚无人说得清楚。但河南是华夏文化发源地，典籍文章，不胜枚举，姓氏作为一个人群的标志、一个源起、或曰"名片"，绝对不是凭空而来。

顺便说一下，才师傅所在的那个睢县的"睢"字，也是一个姓氏。此外，陕西有鸡、醋姓；台湾有死、粪、偷、烧姓；南京有漏、糠、吐、烟、毒姓。这些均为稀有姓氏，而且，无不有其来源。比如据传，"死"姓是因其犯罪，官府所赐。再者，这些怪姓，取名也颇费思量，大有学问。现农工民主党徐汇区区委，有位委员大名"漏得宝"，此名是说，漏真是一个好姓呀——过滤以后，留下的就是宝贝，也可解为——因漏而得宝。姓"死"也不打紧，叫"死不了"，就不亚于"漏得宝"。而叫"死里逃生"，也就是一部国产惊险大片了，肯定来钱。一笑。

（原载2012年11月26日《新民晚报》）

仰望"一统楼"

"五四"同龄人,曾经拥有"胡风分子""右派分子"两顶大帽的何满子先生,5月8日心力衰竭,91岁辞世。而我与先生,却是有一段渊源的。

1954年,我因追求文学,仅和先生有两次信件往来,而未见其人。

我与先生真正相识,因了另一位文人邵燕祥。1954年前后,邵先生开始发表诗文,而且大受赞扬。一个时期,在诗坛上,他是唯一。我作为文学爱好者,兴奋地关注,并写信给他,请教诗歌创作。他热情回信,洋洋洒洒,写了三页信纸。这不仅使19岁的我为之激动,还在同事间炫耀,通信也在继续。孰料好景不长,全国"反胡风"。有人说,何满子是胡风分子,你姓张的和他关系密切,会不是?而且你还写了很多诗(我写了上百首自以为得意的诗,抄在笔记本上)。组织搜去了我的笔记本和邵给我的信,开了三天批斗会,斗我的胡风分子。当然,因为学习时事,我也就知道,在许多胡风分子中,有一个人叫何满子。逻辑就是这样明白而毋庸置疑——写诗就是胡风分子,何满子是胡风分子,你当然也是;邵燕祥是右派你就是。

虽然后来我的"级别"不够,没能评上胡风分子,但是,欲加之罪,何患无辞;躲得过初一,躲不过十五的。1958年,照样将我开除公职,开除团籍,抓去农场劳动教养。20年后的1978年,政府"宽大处理",将我提前释放。1980年,我终于获得平反后,就又迫不及待地找到了邵燕祥,他也接连写信给我。1990年,他从北京来上海会何满子、王元化二位,并到我单位看我,35年来,终见其人!我大喜之余,他又介绍我与何满子建立了通信联系。

我读陈寿的《三国志》,发现者葛亮非但智谋过人,而且廉洁奉公,就写了一篇名为《律己奉公说孔明》的杂文,寄满子先生求教。先生来信尖锐指出，这哪里是杂文！却又指出我切入点要独特，勉励我用功修改。后来终成一篇不错的杂文，先在两家内部刊物后在一家公开刊物发表。这是我发表的第一篇杂文。

一日，我穿着齐整，郑重登门拜访这位我敬慕已久的老师。他的夫人吴仲华，奉茶后点头离去。

自闻名至今，四十载矣！这位即何满子也！先生身材不高，七旬开外，满头浓密银丝，神情慈善、容与。他的书房名为"一统楼"，那自是取自鲁迅先生"躲进小楼成一统"句的，寓意自不待说了。此室之地板是极普通的小块短木条，紧挨窗口是一张陈旧的写字台和一把椅子，依着两壁的是旧书橱，一旁有老式茶几和旧沙发。室内毫无时代气息，你说它是清朝的、民国的、解放初期的都可以，唯独不是现代的。一位著名学者的书房竟是这般简朴，它与当今许多人家的书房、客厅，确是高攀不上的。倒是那书橱内装满了人类进步的阶梯和闪烁的智慧。我虽非"鸿儒"，彼时也还是想起了刘禹锡的《陋室铭》，心中也就对先生有了更多的尊崇。

先生以浙江富阳"普通话"和谦让、平等的神情，与我这个无名之辈作亲切交谈。我先说了我的"准胡风分子"，再请他说他的"真胡风分子"。然而，这样的谈叙，既刺痛了我的心，也伤了他的心，所以他不愿提起。但在我第二次拜见时，因为这也是一种历史，而且我俩都是唯物主义者，他也就说了一些。

原来，先生与胡风个人并无瓜葛，倒是和胡风妻子梅志偶有学术交流。而且，他也并不完全同意胡风这时所提出的文学理论的观点，他还认为胡风是认识问题，不是政治问题，再者与己全无干系。可是，因他彼时在贾植芳先生为主任的上海震旦大学中文系任教，还和上海新文艺出版社王元化、张中晓、耿庸诸作家、文艺理论家多有来往，他们是胡风分子了，何亦在劫难逃也。所根据之逻辑，与我当年遭遇如出一辙。他既有"胡风分子"前科，1957年划为"右派分子"，也就顺理成章了。不过，全国"右派分子"有55万个，而"胡风反革命集团分子"虽然"挖出"两千多（很可能有我一个），而最终定案是78名，满子先生竟忝列其间，难得，难得！1955年5月17日，公安局人持枪上门将他抓了，1958年全家下放宁夏，1978年回沪。和我一样，也是20年，也是同年离沪，同年回沪，同年平反。

而令我不安的是，先生这天正感冒发热，而且，他事前已对我说了，我悔不该蓦然登门，至今歉疚！

两次拜见，先生赠我两本杂文集，其中有一篇叫《对按语的按语》，那是他对当年毛泽东主席在公布"胡风反革命集团材料"时所加按语的评判，5 000字，读之为之一叹，为之一快，不禁晞嘘。

此后，我除了拜读、研究他的杂文之外，还不时有电话向他求教，甚至问他一些故事的出典，先生均悉心指导、点拨。这与我后来能写出一些杂文和时评，不无关系。先生住天钥桥路180弄2号楼；2005年，我儿子讨进的娘子竟是该弄1号楼的姑娘，两家相距咫尺，这使我对先生的感情更深一层。

2006年11月某日，我登门送他一本我所作长篇小说《雨打茉莉花》，他一边听我讲述主题，一边欢喜地翻阅着说："不错，不错！不容易，不容易！我也送你一本书。"他给我的是中华书局出版，他和季羡林、吴冠中、吴小如等七位老前辈，各出一本的《皓首学术随笔·何满子卷》，这是一本非常有学术价值的作品。先生不仅握管在扉页上写下他的名字和日期，而且竟写上"百年兄惠正"。既"兄"上"惠"又"正"，我慌不迭地连声说不敢当不敢当！他则微笑着摆手。那天，我还给他一幅黄苗子画他的素描画，他笑呵呵地问："哪里来的？"我说我从《新民晚报》上剪下来的，收藏好几年了。

先生的杂文，文字精美，意蕴尖锐，悠远深长，还飘溢着古文的清香，是无人比得的。他对中国历史，尤其是文学史，有独到的研究和著述，一生出版书籍五十余种，再加在各报刊发表的文章，是真实的著作等身。八秩前后，仍被上海及外地大学特聘为客座教授。

十八年来，我一直保持着和先生的联系。近日，正当我要将我另一部小说《相思鸟》奉上，请惠正时，不料，他竟溘然驾鹤西云了。

诚然，每一个人，都无可逃遁地要到那边去的。但是，不只是先生对我的感情令我难忘；尤其在于，我们失去了这样一位少有的学识丰富的长者，这样一位被大家尊之为学人的知识分子；虽非国宝，也是"海宝"；还有他几十年坎坷无奈的际遇和冤情，以及晚年孜孜不倦育人和为文学奉献的精神，又怎不令人怀念、感喟欤！

（原载2009年7月4日《新民晚报》，2009年9月号《农工沪讯》）

非常红娘范本良

上海的婚介所数不胜数，但是鱼目混珠，其唯一目标是营利；而且来者不拒，真伪不辨，其间骗财骗色之徒混迹其间，受骗上当者屡见不鲜。电视相亲也越搞越糟：制造敏感话题，刺激观众窥视欲；丑闻、绯闻迭出；庸俗、恶俗流传；真善美遭贬，社会道德底线一再突破；有的所谓"嘉宾"，身份却是演员……6月11日，新华社对其列出"八宗罪"。国家广电总局已于6月9日发《通知》，严令整治。其他各类相亲活动也时或有之，但那也只是一次性，有点像赶集。那么，无奈的青年男女，有没有好一点的去处，有没有理想一点的地方可去呢？有的，有的，真是有的……

一、200情人渡鹊桥

2006年10月18日启用的浦东新区市民中心，就上海各区而言，设施最好，服务一流，是浦东市民最好的活动舞台。

2010年1月30日11时许，这家市民中心的底楼会场热闹非凡。会场大门前整齐地放着几张长桌，坐着几位热情和蔼的女性，她们接待来赴会的男女青年，核对身份，为其编号。会场门口又有人把关验明正身，而后放入。

真是很抱歉的，为了年轻人的自由，为了排除干扰，为了达到"我的婚姻我做主"，家属、亲友是谢绝入场的。12时许，场内已坐满了男女青年近200人。他们个个心情激越，面现喜色，充满着热忱和期待，却又显示出文静、优雅和抑制。男女间虽偶有顾盼，却是礼貌的，静静的，悄悄的，默默的；也有被人偷看一眼的，也有四目相触的。某位已看上了一个，然而却依然端坐着，"待月西厢下"，"单等玉人来"，谁先捅破那层窗户纸呀？就这样，那一颗又一颗年轻的心，无不渴望着美丽、神圣的爱情。暗流虽在涌动，全场却有条不紊，秩序井然。

会场里只有两种人，一种是相亲的男女青年，一种是为他们服务的志愿者。

台上是一位大气、热情、庄重、年过五旬的女子。她的名字叫范本良。人如其名，她以一颗真诚、善良的心，对待每一个在座的青年，她按习惯尊这些青年为嘉宾。她戴着眼镜，叫着一个一个嘉宾的号码和名字。请他（她）们登台亮相，报出自己的学历、职业、号码和单位，以便异性挑选。这个亮相很重要，你的形象，你的风度，你的神采，你的修养，有可能"先入为主"，令人难忘，更可能让人一见钟情。然而，这个时间却是极短暂的，20秒钟。

如果你这次登台没有上佳表现，那也不怕，接下来就是做游戏，那你就可以放开一点了。

下一步是女孩坐一圈，男孩坐一圈。女在外男在内，女孩固定不动，男孩作反时针左移。这时的男女，是一种零距离，两人作面对面交谈，时间是3或5分钟。所谈内容，自己设计，可以是礼貌地说上些什么，也可直接说上最要紧的一两句，不一定是"我爱你"，意思到了就行。双方都有意了，就可以被称为"牵手"了。没意思也不怕，还有下一步，或者是下回再来。相亲不是买菜，慢慢磨，慢慢相，哪怕是同一个人，这次没看上，说不定下一步就是他（她）了。

这时的范本良，就不时在场中流动着，她指点着、启发着。她反复耐心地劝导青年朋友们：要正确定位，要调整心态，不要以貌取人，不要过分强调财富，人品是第一位的，一切都是可以创造的。要面对现实，要脚踏实地；不要轻易放弃，要慢慢谈，要多交流。

这样的活动，要持续4小时左右。任你挑任你追。男也好，女也好，都是经过筛选的，所以"个个勿推板"，只是异性多了，也莫挑花眼，这山看着那山高也不宜。

这就是2010年伊始，范本良组织的第一次大型交友活动。就时间而言，这一次，已进入了交友活动的中期，亦即已迈入高峰而在平稳有序运转。此前已举办过多次了。

也就在场内进行紧张、有趣活动之时，那些总是以为儿女没长大的父母，有的就在门前转悠或者伸头张望。更多的父母，则在另一个会场里或耐心或焦虑地等待。这些亲爱的父母亲大人，当在50位以上。有意思的是，他们相互间已热烈地交谈了起来，都在夸自己的儿或女是如何如何的优秀。更有趣的是，就在他们的交谈中，有的就在场外为场内的儿女说好了对象，"私订终身后花园"了。只是儿女们是否接受，那就不好说了。事与愿违的是，父母相中的，往往是儿女所不愿接受的。正因为如此，所以范本良一再表示歉意，谢绝家长像送孩子上幼儿园似的陪伴而来，否则所来者更多，至少要与儿女一比一。

这一切的设计者、创始人，都是这个范本良。人们都按习惯称她为范阿姨。任何事物都是有名字的，这一活动，自然而然地就被广泛地称之为"相约范阿姨"了。

二、绿地广场有情缘

"相约范阿姨"的形成，有一个艰难的历史过程。

70年代，范本良所在浦东洋泾街道星海居委准备建立一个红娘工作室，为大龄青年解决婚姻大事。党总支发现范本良也曾为人介绍过朋友，而且她有一副热心肠。于是，就在这年的4月25日召开小区楼组长会议，宣布由范本良负责。她愉快地接受任务，认真地进行工作。接待、约见、建立档案。经过8个月的努力，成效翩然，声名鹊起，因而引起有关上级部门的关注。但遗憾的是也有风言风语，以为范本良得到了多大好处；而且在工作方法上，也有分歧。其实，她分文不取，完全的无偿劳动，相反倒贴了时间和通话费。经解释无效，所以她就委屈、依依不舍又是万般无奈地转身而去了。但这次工作也有好处，就是她积累了一些搞大型交友活动的经验，而且，也使她更明白了这件事的社会意义和人生价值。

我们应当看到，一个严肃甚至还有几分令人焦虑的社会现实是——有相当数量的男女青年，由于社交圈的狭窄，由于工作的繁忙，当然，有的还由于大学毕业以后又继续攻读学位等,因而很快就进入了大龄青年的行列,婚姻大事迟迟未得解决,乃至成了婚姻圈内的所谓"剩男""剩女"。虽然我们似乎很难准确地说出当今有多少社会问题,但毫无疑义,这部分人的婚姻,是一个不能算小的问题。范本良对这件事看得很多,体会深刻,感觉深沉。她对这一部分人有着特别的关爱和同情。她觉得,她作为一名共产党员,她有义务为他们作一点工作,为社会排忧解难,使更多人的人生更完美、更幸福。否则,要共产党员干什么!

事情也就是那样地"剪不断理还乱",星海时期的那些求偶的朋友也在继续找她,希望得到帮助。范本良对他们也有一种意犹未尽的感觉,她好像很对不起他们似的,所以,也就继续接受他们。那么,活动场所在哪里呢?

桃林小区斜对面有一块绿地,也就在浦东进才中学边上。她觉得那里还可以。这就翻开笔记本,一个一个打电话,安排青年们去见面。大家来了以后,三三两两,谈得也不错,也有"牵手"而去的。

好是好,不过活动几次之后,有朋友提出,活动要几个小时,又不能拉一个就走,总得说得投机了,契合了才行,如果再遇上老天开玩笑,下起雨来,那岂不扫兴。

也是的。一个有规律的文雅、礼貌、细致、微妙的感情活动,一直在露天进行,那就有点斯文扫地了。偶尔为之可以,作长久之计不行。而且夜晚之时,脸也看不清楚,人也看不清楚,这又怎么"相亲"呀?

大家的议论,范本良的观察,觉得这样真是不理想的。可她也是去无可去呀。但是,事情还是要办下去的,而且是一定的,坚决的!

范本良认识一个叫王建刚的教授。就请他和洋泾桃林二居委联系,想借用那里的会场。经说明来意,倒是被热情接受了。搞了几次,又发现问题,就是活动时间是双休日,要里委同志开门关门,给人家添麻烦了,这真是叫人过意不去的。那就游击战,打一枪再换一个地方吧。

三、妇联主席伸援手

灵山路800号浦东新区刑警大队大门口,宽敞、明亮、安全,交通又方便。范本良就一一通知,活动大迁徙。2008年8月9日,男女青年兴致很高，60多人，一对一对地在那里交流。一旁的邻居和过路人也好奇，就在一旁观看，耳语；羡慕而又觉得很好玩。

但是，警惕的刑警大队门卫"发现情况"了，就出来干涉，说是非常时期（这天是北京奥运的第二天），要求远一点，不要离他们大门太近。但是，拿着小本子，忙来忙去满头大汗的范本良觉得，相比此前，这里是个好地方，所以就舍不得离开，何况又是无处可去了。于是，她就耐心而又是理直气壮地进行交涉，而且不得不亮出自己共产党员的身份，还说自己有多个亲戚在公安部门工作。再说明了活动的内容，并和蔼又期待地说："我这样的活动是公益性的，是无偿的，应当得到公安部门保护才对，你们应当支持我才是道理嘛。"经过这样的反复说明，警察同志终于明白了，信任了，同意了，还请她到里边坐坐，给杯水喝。天下事就是这样地有意思，后来，他们也参加介绍朋友了。就是呀，警察也是人嘛。

然而，警察同意嘉宾却不愿意了，说此处还是不理想，因为还是一个露天，又一直站着，腿都酸了，脚都麻了，还有啥心思谈对象呀。有人提议去茶室吧。

服务嘛，当然要听对象的，茶室就茶室吧。范本良就去联系了泾南茶室。

茶室本是营业地，有理无钱莫进来。所以这回嘉宾得掏钱了，数目倒也不大，每位人民币3元。不过，付费这却是范本良组织活动以来的首次，而且也是最后一次。但有的朋友倒不在乎钱，而是觉得太闷、太热，还颇觉压抑，情感也无法释放。这样，又得搬家了，可又是"无家可归"呀。难，难，真难啊！

真是无处容身了，真是走投无路了。不干了吗？散伙了吗？你范本良的决心呢？你的意志呢？你的毅力呢？党又是怎样教导你的呢？

她环顾某些叫人望而生畏的婚介所的那些肮脏事、电视相亲的庸俗态、电视节目中莫名其妙的爱得死去活来，范本良就死也不甘心就此罢休。她下决心、坚定意志要和他们"抢人"！而且，几十几百的青年朋友眼巴巴地在望着她呢，在等着她呢，他们在心中热烈地呼唤着呢："范阿姨，范阿姨，我们需要你！"人家要恋爱呀，可是男在东女在西，千里姻缘要一线牵嘛。

范本良夜不能寐，冥思苦想。

她干的是好事，是善事，是美事，又何以困难重重呢？这么好的上海，这么好的浦东,这么好的时代,怎么会没她一席之地?不!她就是有一种精神,就是要一往无前,就是要将好事进行到底!要她息手——她是不干的。脑子是动过了,办法是想过了,但也没有千方百计嘛。那么,还是找找组织吧,里委不能承受,又何妨找街道。

正在这时,惊动了一个人,她就是《浦东时报》记者张琪。一如其他记者那样,张琪总是那样敏感而消息灵通,她就此于2009年8月5日采访了范本良,7日,消息见报,那个影响就大了。

几乎就在这同时,范本良向所在洋泾街道的妇联主席汇嘉虹求援。她将她的心思,她的艰难经过,一一诉说了。她的辛劳,她的热情,她的公益精神,她的美好愿望,使这位妇联主席感动了,她当下就答应一定支持!经过商量,街道将为她提供大小会议室供其活动,同时还保证在其活动期间,提供茶水。稍后,又为她建立了"相约范阿姨工作室"。所谓的"相约范阿姨"品牌,也就这样被慢慢认定了。这是让范本良喜出望外的。

是呀,里委是群众组织,力量有限;而街道是什么?作为上海来说,是市、区两级政府,加上街道是三级管理。也就是说,这一民间的、公益性的活动,被政府承认了,而且还得到了实质上的支持。游击队被收编了,算是独立大队了,舞台展开了,场地稳定了,野外进入室内了,长征到陕北了,将来可以更好地为青年们服务了!她范本良又怎能不为之兴奋呢!她热泪盈盈了……

四、"添盛居"里交朋友

张杨路巨野路口,有一个高雅、幽静的去处,叫"添盛居茶馆",有茶室、KTV两大功能。漂亮、热情的安徽女子李小娴既是老板,也是"相约范阿姨"的志愿者。她提供无偿服务,还供应茶水。这里其实是"相约范阿姨"的一个活动基地。范本良经常在这里搞活动,除了和她的志愿者在这里开会商量事情,做活动前的准备以外,也在这里搞小型相亲,一二十人、三四十人,还为个别有意者"开小灶",两对、三对,一对也可以。有的是条件相当,范本良就让双方在这里见面,小间里谈谈,茶喝喝,你看看我,我看看你,你笑笑,我笑笑,有的就来电了。尔后就带着范本良的热情和体温,慢慢走向一处去。这样的情形,范本良名之为"速配"。

真是人往高处走的。范本良和张琪说起浦东新区市民中心条件比洋泾街道更好,影响也更大,能到那里就更好了。而且,一旦如此,那已不是街道认定,而是被新区接受了。

真是"时来天地皆同力",张琪立马去中心找姚屹嘉处长。姚处经与范本良作三次接谈、考察,确认这是好事、美事、善事,甚至还可以进一步说是喜事。有利于社会稳定,有利于建立和谐社会。因此,他表示要全力支持,允许大批相关人员进入,可以使用底层的会场和食堂,并且委派"政府和社会组织合作平台项目组"负责人徐庆滨先生作联系人。

这样,"相约范阿姨"也就得到了进一步的认定。独立大队最终成为正规军了。2009年9月18日,"相约范阿姨"正式进入了市民中心。范本良决定:每月18日报名,每月最后一个星期六开展交友。

然而,范本良又认为,洋泾是娘家,也是尽了力的,不能忘本啊!所以,每月15日下午也在那里活动一次。这就又为求偶者多提供了一次机会。这样,她就有了添盛居、洋泾、市民中心三个活动场所。而且,她有时还组织嘉宾到淀山湖等地旅游,还受邀到国际茶城等集团活动。

袁孝伦先生是美籍华人,回国后,在市民中心创建了"英语沙龙",吸引了大批热衷英语口语的中国青年,也吸引了不少在上海的老外做志愿者。他不仅搭建了一个英语口语交流的平台,也是一个东西方文化交流的场所。每周参加活动的人数100多,大家都称他为"Bobo老师"。他那里男生较多,范本良这里女生比例太大,双方经协商,袁先生率团"加盟"。这就又为"相约范阿姨"拓宽了吸引面,增加了资源,壮大了声势。2009年12月25日,Bobo老师"率团"参加活动。此后,每次交友活动开场时,他也必定到场,积极协助工作,使"相约范阿姨"活动搞得更为有声有色,并使其得以发展壮大。

五、红遍浦东小蜜蜂

自2007年以来,范本良任劳任怨,排除万难,经常工作到深更半夜,以目前在岗人员每天工作8小时计,她每月工作至少有25个工作日,几次累得咯血。每次活动，为了通知嘉宾、约定志愿者，她要打上百次手机、电话，以致手指的肌腱都肿了。长年如此，一贯如此，而且绝对无偿服务，从不收嘉宾一分钱，又何谈工资。真是相当感人的！所以，一位嘉宾的母亲激动地说："范阿姨交关好，没闲话了！"就是嘛，这种类型的好心人，天之下，地之上，真是不易找到的。那种精神，已经升华到很高的境界，已经达到惊人的程度了。

可以并不夸张地说，这样的同志，这样的事情，在上海是绝无仅有的。就全国而言，也未见报道。

尤其难能可贵的是，自始至今的活动，都有序而且安全，没有发生过任何事故，没出过任何问题。这就在于有严格的规定，严格的审查，严密的组织。比如报名者必须提供身份证、学历证、户口本、工作证、照片。交友时，又要进行核对，验明正身，编号。这种管理水平，堪称一流。当然，浦东是"知识分子"成堆的地方，报名者的学历60%都是大专以上，大家都能懂道理，守纪律。又当然，来者还有去过婚介所的人。再当然，也不限于浦东，已向全市扩展，还有外国人。

独木难支。活动搞得这么大，事情这么多，搞得这么好，范本良不是三头六臂，她一个人是"勿来三格"，所以，她有一个志愿者团队。坚定的、铁杆的，就有——蔡健、倪群力、何雅娣、李小娴、董晓榕、朱明群等几位。她们进行报名登记、数字统计、数据分析、计算机输入、维持秩序等方面的工作。这几位同样是牺牲自我，团结一心，无私奉献，日复一日，坚持到底。她们内部有严格纪律，宗旨就是自愿、自助、自费、自力；提供省心、省时、省力、省钱的婚姻介绍平台。没有她们，"相约范阿姨"的牌子是绝对打不出来的。

到2010年5月31日，已登记的嘉宾为2 321人（不是人次），牵手率在10%左右。与2 321人相关家属或近万人。年内嘉宾可能接近3 000人。今年七夕，范本良将牵头举办集体婚礼。"相约范阿姨"这件事真的是搞大了！

在浦东新区和南汇合并后的1 210.41平方公里的广阔土地上、在268.60万人口中，虽说不上是家喻户晓，但"相约范阿姨"的品牌，已经广为流传。而在原浦东新区532.75平方公里、194.29万人口中，知道的人要更多一些。

浦东新区社会工作者协会也于年前介入，给予支持，该会常务副会长、秘书长、行政部主任段慧霞和范本良保持着经常的联系，并予指导。除了浦东市民中心提供场地以外，浦东民政部门，不但予以承认，而且也予支持，对于她们所进行的嘉宾年龄、性别、学历、职业、身高、住房条件、求偶标准等方面宝贵数据的统计，政府部门将提请社会学家进行分析。

重要人物，《浦东时报》记者张琪，自2009年8月以来，每次活动都热情参加，并且已连续报道近20次，又几乎都是版面的头条。浦东新区电视台也作了多次播报。有一次，节目主持人蔡燕竟和范本良深谈二十几分钟。该台更有一周作连续滚动报道。

辛劳而矢志不渝的"相约范阿姨"，终于得到群众的拥护，社会的认可，政府的支持了。人生到此，真也是有一种莫大的幸福感的。这时，就有某些企业想要这个品牌，一些有钱人想要"收购"，政府部门还可以给足经费，让"相约范阿姨"成为浦东新区的婚介所。范本良微然一笑，说她还是要搞这样的公益活动，说还是不搞任何形式的经营，说她就是要这样无偿地为社会服务到底，尽一个公民、一个共产党员的义务。她依然对金钱没有感觉，依然是两袖清风。

是的，她就是愿意做个小蜜蜂，嗡嗡嗡地忙着，不舍昼夜地为青年们酿造甜蜜。她曾在一个成人学校当教师，一个姑娘和她的合影压在她家的玻璃台板下。一位亲戚于无意间发现了，就赞赏姑娘的漂亮。范阿姨听他话中有音，就约那位姑娘来做客，双方一见面，也就都有意了。不久，就有佳音传来。她在医院工作时，有位博士生，不但高学历，而且其他条件也不错，就是个头不高，却又不肯放低条件。范阿姨对他一番劝说，又为他推荐了一位姑娘，很快喜结良缘。一位老军人为儿子操心有年，还是不见眉目，他也来找范阿姨帮忙，她当即为之配对，也终于成双。这事对她启示极大，成人之美，给她带来了快乐。这就使她更愿意为他人的婚姻大事多做奉献。

范本良的声誉，已经不是偏于浦东一隅，现在已经是全上海有名了。就上海的公益活动影响力而言，惠及青年最多，又最能坚持的，她可能是首屈一指，至少也是前三名的。

（原载2011年1月号《今日上海》，2011年2月15日《新民晚报》）

说话这件事

今年3月24日开始，上海进行为期一月的招募上海话"发音人"工作，为的是建立"中国语言资源有声数据库"。据称，上海是首批试点省市之一。全市设12个调查点，每点录4名发音人。

由于对发音人的居住、年龄、出生、成长及其父母和配偶有一定的要求，所以，一个月下来，在有的点，能讲本土的、原生态的、"纯正本地话的"人，少之又少，据称，几乎到了"岌岌可危"的地步。比如重要调查点的青浦区，30天，报名的老年人只有五六个，符合条件者仅一人；报名的年轻人，一个也没有。在浦东川沙、惠南，人口大量迁进迁出，符合方言发音标准的人当然就更少了。

一个幼儿园中班的孩子问妈妈："我想买玩具，你有钱吗？"妈妈说："交关。"孩子听不懂。经比画、说明，他才明白是"很多"。这孩子又做了一个手工，问妈妈做得好不好？妈妈高兴地回答"交关好"！（即"很好"）孩子摇头说："我不是问多不多，是问好不好。"就是说，这孩子听不懂上海话。上海孩子听不懂上海话，当然也不会说上海话，只会开不标准的"国语"，想来这有点怪。但这却不是一家一户的事，全上海如此，全国也差不多。由于改革开放，人口大流动，大迁徙，城市人口"海纳百川"，因而使城市的话语受到袭扰，其语言也就"九腔十八调"了，纯正的方言，也就越来越少了。

像上海，已经有2 300万常住人口了。源源进入这个城市的不但有各省市的中国人，还有59万外籍人氏。那些粤语型的、山东话型的、苏北话型的、普通话型的、宁波话型的，乃至苏州话型的"上海话"，几乎所在都有。英语型的上海话，也时而出现。但是，这些话，都不是严格意义上的上海话。这些"腔调",其实是有史以来就存在的,只不过现在更明显、影响更大罢了。

找标准沪语发音者,在偌大一个上海尚且如此困难,由此想到,在中国其他地方,譬如某些人口较少的城镇、某些山区、某些少数民族集居地,只怕就更难了。我们也曾经惋惜过,说有多种少数民族语言消失了。发出这一声音的时间,记得是在60年代前期。

所以,这次的寻找方言发音人,并为之建库,是件大好事,有明显的抢救性质。但是,这样的工作,是不是做得迟了?

说做得迟了,有两层意思:一是关于我们的教育,比如对幼儿的语言教育,不仅关乎这一群体,还影响其他,所以,多少年来,由此及彼,我们早就该想到些什么了;二是这次调查,至少应当提前10年或20年,因为人口的大流动,早就不是近几年的事儿了。也就是说,我们做工作,我们在百忙之中,尤其是在一些有关全局方面的事,往往着眼于当下,忽略于前瞻。约莫在20年或30年前,我们就曾大力提倡讲普通话,而对方言,就很有排斥之意,表现出不屑的样子。而现在又要来保护方言了。其实,彼时应当做的,应是学习普通话,保护地方话,两者是可以兼容的。方言的意义是文化认同,是一个地区、一个民族的风俗习惯、文化内涵、地方特色的载体,当然也是一种有声的符号。比如少数民族,或者像上海,如果没有了各自独具特色的方言,那又会是一种什么样的情形呢?

与说话这件事紧密相连的是写字,是对汉字的书写,是对中文的态度。现在有相当数量的高校毕业生,所写汉字稚嫩得等同于以前的初中生;而且,有的字潦草得叫人不识。还有相当数量的大学生,中文功底很差,打一张几十个字的收据,能有两三个错别字;写一封信,逻辑紊乱,语法不通,词不达意,语言枯燥,这些就是代表。原因是在对母语的忽视,而将很多精力,用到外语上去了。50年代中期,曾一度风行这样的说法——汉字总归是要改革的,办法是走国际通行的拼音文字之路。亦即废除汉字,另搞一套。这件事,对后来中国人对汉字的不重视,是否也有影响?依我看,至少在100年内,汉字这一伟大物象,是不能、不应也不会消失的。

(原载2011年7月1日《宣传通讯》)

老夫聊发少年狂

可以这么说，我是个比较努力学习的人，是个勤奋写作的人。

我迁入浦东的第二年，即1990年，浦东开发开放启动，热气腾腾的景象，增加了我对祖国的热爱、对浦东的期盼、对生活的向往、对读书的热情。

读书不是目的而是方法，是提高自己，是陶冶情操，是运用，有时也是消遣。我所读范围主要在文史、时事和政治理论。

最多时，我有自订和赠送的各类报刊21种，有藏书1 500余册。退休之后，我坚持每天六小时读书，六小时写作。我不但参加潍坊社区的各类读书活动，还受邀参加浦东第二图书馆读书小组。因原单位在徐汇区，我又参加了那里的"邓小平理论研究会"。

初来浦东时，我骑自行车来往于南码头轮渡上下班，两岸为南浦大桥打桩、造桥墩的场景，引起我浓厚兴趣。1991年大桥建成通车，我欣喜、激动的心情非比寻常！我以兴奋的笔触，写下了散文《在大桥下面》，发表于《解放日报》"朝花"。这是写南浦大桥的第一篇文学作品。

此后，我又满怀激情再发表了六篇关于南浦大桥的文章。当杨浦大桥通车时，我写了5 000字的报告文学《天下第一桥》，在香港发表，该刊以多种文字，发向世界。1990年前后，当东方路由峨山路到沈家弄路开满商店时，我写了散文《东方路采风》，也发表于"朝花"。当张家浜整治竣工后，我快乐地买了泥鳅、鲫鱼等放入浜内，我由此写了《放鱼》等三篇文章，而且全部获奖。当年浦东滨江大道初成时，我也发表了散文，而且也肯定是写滨江大道的第一篇散文。令人愉快的是，我还曾在年轻的《浦东新区周报》工作过一个时期。此后，我又发表了多篇关于浦东开发开放的文章。同时，我还写了不少其他方面的文章。我创作的热情主要是在迁入浦东以后被激发的，21年来，我已在全国40余家报刊发表散文、随笔、时评、杂文、小说约1 800篇。

国内国际客商的纷至沓来，浦东的日新月异，浦东深层次的开发，浦东在国内和国外的影响，在我心中不断产生强烈冲击。所以说，我的文学生活来自我的读书，是读书大长了我的知识和智慧，提高了我写作水平，使我文思如潮，激情如火。

其间，我自1997年动笔，费时八年余，创作了长篇小说《雨打茉莉花》，上海人民出版社出版，首印9 000册。自2006年3月14日起，《雨打茉莉花》又由《新民晚报》连载。本书以浦东开发为背景，写了浦东的风貌，写了浦东的居民，还写了自东北来浦东的一家公司的发展。写了一个中俄混血儿来浦东的经历。我更以浦东张江高科技园区为背景，2008年，发表了另一部小说《相思鸟》。在书稿寄给浦东新区区委书记徐麟同志后，得到他的鼓励，给予扶持和奖掖。

读书还使我更多更深地明白了人生的要义，因此，我还战胜了可怕的病魔。几年前，我被查出罹患癌症，虽然多次住院，一次特大手术，至今仍处在康复期，但我的读书、写作，始终不曾停止。我的许多文章，就是在这一时期写出的，我的《雨打茉莉花》就是在病床上修改完成的。当然，今后如何，那不得而知了。但在这一时期，我没有屈服，我获得了成功。

我因为读书进步和读书写作有成效，因而受街道、区、市、全国四级表彰70余次。由街道推选，我还被评为上海市2002年自学成才个人、2003年上海市退休职工学习标兵。

可以这么说，我不读书，就没有如此勃发的创作热情，作为一个年过七旬的老人，我的生活，也不会如此丰富多彩，我的人生也不会如此更有意义。这就是一个老头的"成长"史吧。

（原载2008年10月8日《上海老年报》）

她有一颗善良的心

丹东市周志杰因故意杀人罪被判死刑。临刑前，她跪在看守所女警官王晶面前，托她三件事：一是找到她的亲生父母；二是照顾她的养父母；三是教育她的儿子成人，还要帮他找到工作。

从职责的范围来看，王晶只要按规定当好她的看守就可以了。进一步说，罪犯有要求，小事可以答应，有规定的可以答应。而且，都要当作公事来办。可是对于周志杰这样的三大要求，作为王晶个人，能答应一件，就算很好了，答应两件，就算非常好了，然而，王晶却三件一起答应了。

王晶下班之后，骑着自行车，费时一月，找到了周志杰的亲生父母，并使她能在被执行的当天见面。此后的七年里，王晶不时去探望周志杰年迈多病的养父母，送菜、送衣，乃至买被子送过去。王晶对周志杰的亲生父母，更是相当精心地照顾、教育着她的儿子，目前，更为他安排了工作。

作为社会的角色，警察和罪犯是对立的，警察同杀人犯就更是水火不容了。但是，在这里，王晶所同情、关爱的，竟然是罪犯的5名家属，当然还兼及罪犯本人。

然而，从本质上说，罪犯也是人（故曰"犯人"），所以，他和他的家属也理应得到普通人所得到的尊重、同情。还可以这么说，周志杰的家属，也是受害者，罪犯留给他们的痛苦、不幸，是无穷的。要排解这样的后患，主要的，当然还得靠他们自身。另一方面，就是要寄希望于社会了，而于看守所的警官来说，真的是没有必然的责任的。而且，在某种历史条件下，你一个警察，将精力投向罪犯家属，这就有了一个所谓的"立场问题"。更何况，周志杰的这三点要求，是特殊的，是长久的，也完全是看守所的分外事，更不是王晶个人应尽的责任。但是，王晶以一颗善良的心，以一种仁爱的胸怀，站在道德崇高境界，做了一件分外事。这样，做这件事的她，既是一名人民警察，也是一个普通女人，一个好人，这是值得赞叹的。

相似的事，连年来很出现了几件，例如避开孩子抓捕其父母，关心死刑犯的子女，应死刑犯要求让其在被执行前和家人照相，等等。这就是人道主义的一种，这就是社会和谐的一个方面！

（2012年1月5日）

武松打虎和李逵打虎

中国13亿人,知道武松打虎的必定超10亿,而知道李逵打虎的,不会过万。行者武松在小说《水浒全传》排名靠前,黑旋风李逵也大名鼎鼎。武松打了一只虎,李逵倒打了四只。就打虎一节,何以一个名声大振,一个寂寂寥寥?

武松因探望哥哥武大,在酒店拜别宋江、宋清,提着哨棒往清河县而去,途经阳谷县地面时,在"三碗不过冈"酒家饮酒三碗、吃牛肉二斤,只夸得酒好,要酒家"再筛三碗来我吃"。酒家说,人家三碗就醉了,你倒没事,果是海量,但也不能再吃了。在武松断喝下,酒家三碗三碗又三碗地筛。武松前后痛饮了十五碗,付了银两,提着哨棒便走。酒家慌忙拦住,说前面景阳冈"有只吊睛白额大虫,晚上出来伤人",已"坏了三二十条大汉性命""不如就我此间歇了,等明日慢慢凑三二十人一齐好过冈子"。武松斥他吓人。而此时,武松脚下飘忽,端的有了五七分醉意。

武松上得冈子,见了"阳谷县榜文"方才信得。此时虽已日落,仍不见大虫,所以,武松又不信了。他此时恰酒力发作,便在一大青石上睡下。忽一阵风起——云生龙,风生虎,一吊睛白额大虫,跳在面前。武松从石上翻下,操哨棒在手。那猛虎扑将过来。经两三回合,武松举棒,尽平生气力,向虎劈去,却不道非但不曾打着老虎,哨棒打在树枝上,折成两截。当老虎再次扑来,武松索性扔了那半截棒子,趁势双手按着虎头,再腾出一只手来,"尽平昔神威,仗胸中武艺",在那虎头上,打了五七十拳,同时用脚狠踢,终于打得虎死。待他下冈时,又遇上众多伐击老虎的猎户,再有阳谷县令的隆重接待,还披红挂彩,坐了轿子,以致轰动全县。

根据小说，民间慢慢有了"武松打虎"的绘画、雕塑、戏剧。还有口头文学的说书，等等。今人盖叫天先生的《武松打虎》更是精彩，一票难求。周恩来等多位中央领导看过。20多年来，有四五部影视涉及武松，而且，凡有武松，必要打虎，而且打的全是真虎。而李逵打虎的戏，似未见过。

武松、李逵，在108将中，是杀人如麻，滥杀无辜的两条"好汉"。令人感慨的是，二位的打虎，全发生在探望亲人之时。李逵在山寨想老娘，竟想得在众人面前放声大哭。武英雄打虎是发生在探望哥哥的路上，李好汉打虎是发生在背老母上梁山"快活"的归途中。那日，他背着老母，来到一唤作"沂岭"的地界，老娘只叫得口渴。他请老娘坐了，自去找水。待他回来时，老娘不见了。他寻至一洞口，即见两只小虎在那里舐人腿，这当然就是老人家遇害了。李逵心头火起，挺起朴刀，将两只小虎搠了。再进入洞内，见了母老虎，它将转身时，李逵放下朴刀，掣出腰刀，刺入它粪门，因用力过猛，这把刀完全捅入虎的体内。他回转身时，另一只吊睛白额雄虎扑来，他一挥朴刀，刺中它气管，雄虎轰然倒地。

对沂岭虎患，不曾见当地告示。接下来，虽有一位叫曹太公者款待，但当问起大名时，李逵说叫张大胆，不敢报真名。因他负案在身，一通缉犯也。

两位的打虎，武松打虎有铺垫，有戏剧性；李逵打虎纯属偶然。武松用拳脚，是名实相副的打虎，而且和虎有搏斗；李逵用刀，其实是杀虎。武松打虎在交通要道，影响大，地方首长接见；李逵杀虎在深山，影响小，一小老儿款待。武松报出自己真名，挂彩坐桥，轰动全县；李逵说了假名，小范围庆贺。武松打虎，故事流向民间；李逵打虎，"老虎死了，故事完了"。由此想到，一件事情的影响大小、意义如何，是由一定的条件决定的。

不过，大师终究是大师。李逵这趟下山，施耐庵到底还是让他干了一件永世流传的大事。这就是李逵路遇了脸上抹黑，手提两把板斧的假李逵，并且将他杀了，因而为后人树立了一个有警示意义的典型。如今我们一不小心，也能碰上，这就是所谓的"李鬼"。所以李逵这趟探亲，也有创造。

这样一说，武松这趟是展现了英雄本色，而李逵却是粗人干细活，搞了一次艺术创造，也很了不起。关于两个滥杀无辜之事，相比这次的功劳，到底是三七开，还是对半开，或是倒三七，小老儿不敢妄言，还是留待专家（比如法官，比如刑法专家，比如历史学家）评说吧。

（2011年6月7日）

两 件 小 事

十几年了吧？那日上午，我乘上公交119路，虽是后排，座位还是有的。那时空调车和非空调车，正在交替进行。当我坐下后，感觉不对劲，一问邻座才知道，这不是空调车，可我上车时，因心中有事，没搞清楚，急急忙忙投了两元硬币。钱虽少，但是心里多少有点懊恼。我想了又想，就大声向驾驶员招呼："师傅，搞错了，我当是空调车呢，投了两元，能不能退我一元？"他扭头向我看了一下，没有回话，但我却见他的头又向我动了一下，只因有站着的乘客挡了我的视线，所以，我没看清他到底是点头同意，还是摇头拒绝。有的乘客看着我，觉得好笑。

稍待，驾驶员师傅向后一挥手，同时大声说："耐心等待。"这是什么意思呢？我琢磨着，可能是等再有乘客投币时，他会拦下一元退我。那我也得主动点嘛，我这就离座走向前门，向投币箱靠近，但一个急刹车，我差点摔倒。有几位乘客发出"啊唷"声。驾驶员注意到了，说："一元钱，摔倒不合算的。"我只好又回身坐了。当车子进站后，他远远地过来，递给我一元硬币。我相当感动地起身接过，谢之不尽，又连声说："我不骗你的！"他说："要的就是实事求是嘛，多付了，你心理不平衡，现在平衡了吧？"他很开心，说罢大笑。我不觉也笑了，虽是微笑，没有发声，但那份舒心，所得的那种快乐，一时却说不清。后来回想一下，那意思，真的不是为了一元钱，而是对驾驶员师傅负责精神的一种小小的感激。

再有一次，还是因为心中有事，我骑自行车赶往东方医院。当我由东方路左转，沿世纪大道南侧非常宽阔的人行道西行至崂山西路时，交警将我拦下了。说我不但逆向，尤其是在人行道上骑车。我说，我没注意禁行标志再者，这人行道有七八米宽，行人又少，我对他人构不成危害，何以不能骑车？他说，只有一条，你我都得按既定规章办。我只好认罚10元。这就递给他50元，而后接过罚单和找零，放入上衣口袋，又气又急，匆匆而去。

我到医院一看找零，不对，只有两张10元。我认定是警察少找我20了，而且也肯定他不是有意。回程时，我就去找那位交警交涉。他皱着眉连连摆手。一番争执以后，我说也怪我粗心，不过你也挺忙。因为彼时他是一面开罚单给我，一面又拦下另一辆车，还一面跟那人说话，可谓手、口、眼并用。他皱了皱眉，又认真地看了我一眼，而后仰面看天，似在回想。一旁的交通协管员过来教育我了："自己不守交通规则，还要来搞七念三。钞票当面点清，懂不懂？都像你这样罚了款再来倒扳账，警察怎么工作？"我不理他，只和警察说话："同志，你只要说像我这样倒扳账的已经有过一个，我立马走人。"他说等他下班结账，多20元就是我的。我申明我绝不会骗他，我要求现场办公，坚持当场解决问题。他蹲下身，大致翻了翻罚单，又从裤袋里掏出一大把纸币夹点了点（其实，他根本就没点清楚），也就退给我20元。我连说对不起，也就快快乐乐回家了。

某次，我将这两件事向家人说了。他们都哈哈大笑了，说："你真做得出。下回谁要是想倒扳账，就请你去。"我说："那也要看对方是否负责，是否诚实，是否相信你！"

（2012年6月5日）

兔子的事儿

"小兔儿乖乖,把门儿开开……"这首儿歌所有幼儿都会唱,所有大人都知道,可见兔子于人的影响深远。兔子作为一种文化,在十二生肖中排名前四(子鼠丑牛寅虎卯兔)。十二生肖起源极古远,据称来自原始社会人们对动物的崇拜。那时人们认识自然能力极有限,因而对于与生活息息相关的动物产生依赖,对危害自身安全的动物又产生敬畏,印象深刻,因而用以记事、记时。清人赵翼认为此事"起于后汉"。但无论怎么说,作为一个全民族的文化观念,在那样一个闭塞、落后的时代,总有一个漫长的逐步形成和接受的过程,不可能是一蹴而就的,也不可能"中央"发个通知、开个"电话会"就全民照办的。

兔子在神话、典故方面,也占据重要一席。比如它在成语典故方面,除了"狡兔三窟"稍有贬义之外,也都是以"正面形象"出现的,至少是中性的。令人动容的故事是——兔死狐悲、兔死狗烹。

还可以说,在动物中,兔是孩子们的最爱。正月十五闹元宵,兔子灯是少不了的。月里嫦娥,她身边有个玉兔(唯兔莫属;鸡、狗、虎、猴都没资格)陪着,少了它,嫦娥好孤单呀,故事也就不那么美了,月亮也少了灵气了。

现在,花鸟商店有小白兔出售。兔龄是30到60天。这时它的样子是最可爱的。太小了,商店和一般"玩主"都不易养活。再大了是大白兔,就不那么好玩了,而且,这时它就不太适合作为孩子们的宠物了,原因是"兔子回头猛如虎",惹恼了它,给你一口,那就麻烦了。

兔子的毛大多白色这叫"中国大白兔",是我们中国人培育的。还有被黑色花纹的，有全黑的，也有深咖啡色的，法国一位僧人还培育出一种深灰色的，中文译名叫"青紫蓝"。这些种类的成年兔，体重在2 500克左右。还有一种体重在5 000克左右的纯白兔，它不但体形硕大，而且与众不同的是它的右耳直竖，左耳却成90度下垂，有点像一个姑娘的一根辫子。它是日本人培育的，所以叫"日本大耳兔"。所有这些兔子，都是人工培育的。当然，还有一种野兔，毛色褐，样子像枯草，是一种保护色。这一族是兔的祖先。

所有这些兔子成年后，都是极机灵的，这是它作为野兔时的"原生态"。因为它们生活在野外，在所有动物中既是肉质鲜美，而且弱小，狼、虎、狮、蟒，乃至天上的鹰隼，水中的鳄鱼，都是要吃它们的。所以，为了保住小命，逃生是兔的强项，这就有了"出如脱兔"之说。否则，兔子早就绝代了。说来可怜，人家吃它，它却是吃素的，野草是主食，最多再偷点五谷杂粮改善改善罢了，但因此又要遭农夫的诟骂。兔子的耳朵特别长，大约是身长的四分之一，这在动物中是唯一的。其功能是利于迅速转动和可以更多更快地收听四面八方之"情报"，随时随地听取风吹草动，不行立即开溜。

毫不例外，所有这些兔肉，人所欲也。红烧、熏烤、清炖、酒醉、油焖，凭君烹饪。野兔亦如野鸡，味道更胜一筹。

兔皮虽不能说珍贵，不比蟒皮、鼬皮、貂皮、獭皮、虎皮，倒也是皮革之一种，但比狗皮高一等，而且价格不高，意义正在于它的比较普及。兔毛还可制笔，因其毛质柔软，更适于做中楷和大楷。一管在握，写起字来行草狂草，龙飞凤舞，"子非鱼，安知鱼之乐"。

在科学昌明的现代，兔子又成为科学研究的工具，成为实验动物之一种。它的体态和价格比实验鼠要大要贵，却又比狗要低，更比猴价廉。

上海松江九亭有一家中科院上海分院实验动物中心，也是华东地区的实验动物种子库。原来是在徐家汇漕溪北路的，改革开放了，科学大发展，就搬到九亭，规模扩大，现代化程度提高。浦东新区也有一家实验动物中心，外观几如皇宫。那是一般饲养场所无法相比的。就职称而言，工作人员是研究员、副研究员、工程师，起码也是技术员，而非人们想象的工人。

兔子参加了科研以后，它的价值也就提高了，对人类的奉献也就更大了。兔子因科研而献身，为人类的幸福而殒命，现在是倡导安乐死的。它们被处死后，科研工作者要向它们致意，比如默立，比如每年向它们献花一次。九亭那里，就有一高可3米由巨石镌成的"实验动物纪念碑"。这些就是一种文明，一种真诚的礼仪。当然，科研工作者对其他实验动物也都是这样的。这种人对动物（尤其是实验动物）的态度，也就是一种和谐——人类和动物的和谐，是社会和谐的一个重要方面。

时间虽不能算太长，但作为生肖的兔子，12年才光临一回。这样，辛卯年我们和兔子的和谐，就更是一个轮回式的高潮。所以，当辛卯年来到时，就让我们热情欢迎老朋友兔子的光临吧！

（原载2011年1月25日《浦江纵横》）

百年"世博"一个"和"

每个汉字都有其悠长古远的历史、深刻隽永的内涵，而一个"和"字就更不一般。上海世博会，既被"和"字说全说透，也丰富了"和"字的内涵和外延。

"和"本来是一种古代乐器的象形汉字，《尔雅·释乐》："大笙谓之巢，小笙谓之和。"其初时形状，左有多个口，是笙箫之类的孔穴，右为声符禾，最终演化为现在规范的形状。既为乐器，所奏出的声音，当然就是人们某种情感的诉说。

世博与奥运不同。北京奥运是城市主办，世博是中国政府主办，上海承办，所以要举全国之力，这就产生了上海和全国同心协力之"和"。从报名参加的众多国家、地区和国际组织来看，这就是世界之"和"。虽说当今世界局部地区还有小打小闹，但无关大局，整个国际环境不错，这就有了和平之"和"；同理，举办世博，也正是为了促进世界和平。7 000万人次，熙熙攘攘，在那个5.28平方公里的土地上走一走，看一看，这是全人类的大聚会，因而就有了全世界人民友好之"和"。不同政见者、不同主义者一概欢迎光临，这是和而不同之"和"。中国馆九经、九纬，状同冠盖，巍巍兮擎天，郁郁乎文哉，那是古人与今人智慧的共同之"和"。对于我们祖国统一大业而言，大陆对台湾热情邀约，台湾方面也做出积极回应，韩正市长应台北郝龙斌市长盛邀，在会前率团访问。郝市长也光临世博园。"兄弟虽有小忿，不废懿亲"，这就有了祖国大家庭和睦之"和"。

再往深里看、往细里说，全上海人，都动员起来了，全民参与，当好东道主。有那么多上海家庭争当世博家庭，有那么多优秀人才乐当世博志愿者，这是热情参与、共襄盛举、和衷共济之"和"。全上海都洋溢着浓浓的世博情，吉祥物海宝更让人喜爱，令人愉快，祝你好运，那是和气致祥之"和"。在迎世博100天的10月13日，浦东世纪大道福山路口，潍坊新村街道搞了一次热情洋溢的活动，内容之一，就是在200多米长的围墙上，挂出了100个"和"字。字迹出自社区居民之手，其间有书法家，也有一般书法爱好者，有男有女，有老有少。字体有金文、甲骨文、钟鼎文、隶书、楷书、行草、魏碑，种种。这是艺术，这是文化，这是平实的感情，这是心灵的表白，这是无声的歌唱。它来自基层，来之民间，展示出"我和世博""我和世界各国朋友"之"和"。

历史当然是连续的，盛事竟也是空前的。北京奥运会会歌《我和你》可以算作是一个引子、一支序曲，更宏大更辉煌又有某种传承意义的"我和你"，就要由上海世博会来发扬光大。知否，丹麦人的心也和上海人的心一起跳动了，而且，他们也真能理解小美人鱼的心绪和向往，就请这位少女不远万里莅临世博。而且，只有黄浦江，才能引来小美人鱼，才能使她从哥本哈根港口，来到黄浦江畔。于是，在那金碧辉煌、古远典雅又各具民族特色的万国建筑群中；在那美轮美奂的水镜旁，风起波皱，云雾缥缈；在那涛声依旧的黄浦江边，不但出现了惊人的神话，而且还有了美丽的童话。

当朋友们走出世博园区之后，还可以到中国各地观光一番，去更多更深地体验饱含中华文化核心观念的"和"字，去领略中国人的和谐、和缓、和睦、温和、谦和、调和等多种令人愉快、安详的意蕴。如果朋友们再去一下北京，就可以知道北京带"和"字的店号有50多家，"同和居"更是北京人结婚办喜事之首选。北京还有和平里，和平门；紫禁城里更有太和殿、中和殿、保和殿。

如此这般，最终也就会使朋友们有了"我和中国"之亲切感受。而当朋友们登上客机，回家转的时候，由世博演艺中心传出的悠扬乐曲，必定还会在朋友们的耳际萦绕，这从形态学上讲，作为乐器的"和"字，留给朋友们的天籁之声。那些美丽、和谐、神奇的画面，也将深烙在各位的脑际。这就是中国的世博，同时，朋友们也终于彻底明白——为什么中国的国名不是什么"联盟""联邦"，而是独具中国特色的中华人民"共和"国。

（原载2010年第5期《上海作家》）

欣赏四美图

打开2010年5月4日《文汇报》"笔会"版，就看到中国画《80后》，画中是四位年轻女子。其实不是我看到她们，而是她们首先向我走来。

就体态而言，这四位不像五大三粗的歌者殷秀梅，也不似董文华那般娇小玲珑；不是宋祖英，也不是谭晶，二位并没有那么美；不是演员徐帆，也不是蒋雯丽，这二位已没了年龄优势。不是演员梅婷，她笑起来不好看，也不是许晴，她的酒靥使她过于娇艳，而且她两只耳朵就像没馅的饺子，干巴巴的。所以，这一群美女虽是各美其美，却只是十全九美，比不上这四位的十全十美。

四美人不是白人，当然也不是黑人，更不是一般亚裔，她们是纯粹的中国人，所以向我们扑面而来的是和煦温馨、沁人肺腑、令人豪迈的中国风。她们也不是一般中国女子，这也说得通，因为艺术是生活的高度集中和概括。贾宝玉先生说过，女儿是水做的。水好是好，不过，那也太弱了些，所以我看这四女必是白玉为之。她们的灵魂则来自荷花、菊花、梅花和牡丹花（此为80年代被提名的中国四种候选国花）。

四美走在令人情意勃发的春天。她们丰肌秀骨，她们青春靓丽，她们神采飞扬；她们目光明澈，她们步履轻盈，而且，她们意志坚定。她们是相识的，也许是不相识的，这无关紧要，但构图却表达了一种对称、一种和谐。据我目测，她们身高全在1米75上下，四位之间，相差不多，而且各有个性。左边那位发式是一把抓，而后由左肩披下，这就生出一种风流，她的体态展现出婀娜，长裤繁复有艺术感又展露出潮流，外套褪下扎在腰间，那是她有些热了吧，于是，就有些许美女的体香袭来。美女之美有许多，她的美是一种娇美。她的拎包斜出，因而显出动态，这是因她左腿前出时，碰着了那只包。正因为她在打手机，所以，她和另外三位有一个小小间距。余者三位成品字形走动。第二位白衣白鞋，服饰素净。但她颈上围有深色丝巾，这使我们的视觉最终停留在她的头部，而她这一围，就烘托出了她美丽的脸庞，这围巾又和她额上的刘海、左耳呼应，形成了一个完美的头像。她的面容，则呈微微思索状，这显示了她的素静和高雅。她右首的一位，即第三位，距离我们最近。她的外套敞得很开很开，衣角大幅后飘，内衫是白色的，裤子也是淡色的，下面是深色高筒靴，这使她身体的主要部分、她的胸，完美呈现。她含香的短发干净利索，使她在四人中显得更含自我特色。而且，她还有一个不易察觉的笑意。她有点像演员陶慧敏，但无论如何，"小白菜"总是娇弱，比不上她的健丽。最后一位长发披肩，嵌发帽，墨镜，比之那三位，她明显多了几分庄重，她还必定是大姐大。所以说，四美的文化品位，她们的素养，不只展现在不奢不俗的服饰上，还表露在她们的体态上，尤其更蕴含在她们的情态上。照我看，左边的那位是小妹妹，而且，就她事多，走路也要打电话，但她挂了电话，就会走到最前面的。

《80后》的题目也取得极是。因为仅从装束来看，"70后"要保守得多，而且也没钱买好衣服；也不是"90后"，她们太嫩，太活跃，而且，她们会迫不及待地展现她们的形体美，肚脐、小腿，还有大腿，也都忙不迭地出来了。

也不要怪我自作多情，来赞美这四位，而是画家刘瑶先生不画五女，不画三女，那明显的喻义，就是要人联想古典的"四大美人"。《文汇报》也真用心，早不发晚不发，就是赶在"五四"这天发稿，而"五四"是青年的节日，所以，虽然只是四位女性，我却想到她们身后有同龄的男性青年。这虽说只是几个人，却代表着一个时代，还可以说是代表了中国。画面没有背景，四处和脚下也无任何其他物体。因此，我可以说四女是走在繁华的南京路，也可以说她们是走在高雅的淮海路，还可以想象她们是漫步在幽静的乡村。不，我更断定她们是走在所有人面前，而且是无处不在。就是说，她们不仅走在她的国度，也是走在爱尔兰、走在美利坚、走在俄罗斯，而现在，她们正走在丹麦哥本哈根朗厄里尼海港，是去看海边的美人鱼的；而后，她们还要去法国卢浮宫看维纳斯……回来，她们还要去西施的故乡，因为，她们是同属一族的。

（2010年7月8日）

为了十九年前的嘱托
——有关导演汤晓丹大作《路边拾零》

汤晓丹先生作为著名电影工作者，作为有开创性的电影导演，他曾经出过唯一的一本书——《路边拾零》——汤晓丹回忆录。大作相当厚重，808页，652千字。是为"文化名人生涯丛书"之一，该丛书收有郭沫若、老舍、巴金、邓拓等人的传记。

我在上影厂影视部做过几年编剧，和汤老夫人蓝为洁老师多有交往，她是中国农工民主党党员，我是，凌云也是。我们曾办过一个"文姬公司"，旨在发展文化，凌老师是总经理，我是宣传部主任，蓝老师也是领导。1993年10月4日，我应蓝老师之邀到府上拜访。汤导赠我《路边拾零》，并与我合影。蓝老师希望我写一个书评，我欣然允诺。那天，汤老与我交谈不多，他谦虚地说："书比较庞杂。你的评介写得短些，长了没人看，两千字吧。"拜别二位，我写了篇7 000字的介绍。但编辑说太长了。我虽不甘心改短，唯一时无法，也就放下了。

2012年1月21日，汤老享年100又2，安然辞世。我忽然有种负债的愧疚，也许还是汤老说得对，短就短些吧。

《路边拾零》分为"跌跌撞撞四十年""鞠躬尽瘁十七年""浩劫沉浮又十年""重焕青春幸福年"及其文选24篇，照片40余帧，有他编写的《廖仲恺（电影完成台本）》可供参阅、学习。书中简介了他夫妇的爱子指挥家汤沐海、画家汤沐黎，还特别收录了汤沐黎的4幅油画。余为汤老导演的作品介绍、蓝老师的致读者、后记等。

汤老童年随父母自家乡福建下南洋，10岁自印尼回国后，学习美术。1931年从影，1934年任导演。

他执导的影片，大抵可以以1949年为分界。就其总量50余部而言，前期略多于后期。但前期片子投资少，放映的场次不多，影响当然也小，观众万人、几十万人而已。这是因为当时制片厂几乎全是私营，限于投资，所以对于片子的规模、质量，有所影响。彼时，一般市民劳碌于衣食，进影院几近于"高消费"了，玩不起的，这是更大原因。而且，汤老从影的前期，尤其是前期的前期，也正是中国电影的开创期，摸索之中，电影演员，不少才刚出道，所有从业人员，除了极少的外国电影，少有借鉴。

这个时期，汤老由少年进入青年，再进入壮年。正如许多苦难中的国人一样，汤老做过童工，当过布景师，又曾因参加进步活动，而被国民党抓进监狱，还尝过失业的痛苦。他也曾遭受日本侵略者"一·二八""四一二"两次战火的劫难而死里逃生。时代让他流连于香港、重庆、上海等地之间。可算是备受折磨，历尽艰辛。但他执着地追求电影事业，决心走电影之路，一往无前，不可逆转，而终成一代影人。他这一时期的作品，主要有《白金龙》《飘零》《金屋十二钗》《花开富贵》《再生缘》《民族的吼声》《再见吧，重庆》《天堂春梦》《失去的爱情》等。这些作品，既唱小家碧玉，也叹人生无奈，还咏唱爱情，更多的是挣扎，已至怒吼，直至高呼抗日。这一时期的作品，虽不能代表他的思想，但我们多少也能看出了一条搏动的脉络。其间，汤老接近了田汉、孟超、蔡楚生、司徒慧敏等共产党人和进步人士，以及大量的文化人、爱国知识分子和落难者，还受过周恩来的接见和鼓舞，对共产党有了越来越多的认识。凡此种种，使他深知中国人民的苦难。抗日救亡的爱国主义思想，也就激起他创作的热情。

所以，这个时期的人生经历，不但使他在电影导演艺术上渐趋成熟，而且，在思想上，也达到了一个高度，这就使他为新中国电影事业献身，准备了条件。

大显身手，大展宏图，一飞冲天的时机来到了。进入人民自己的电影事业单位上影厂的1950年，摄制《胜利重逢》，是他的开场锣鼓。这部电影的制作，让他初步接触了中国农民，也让他比较深刻地了解到国民党军和人民解放军。接着，这就开始导演《南征北战》了。这部作品，是典型的军事片，是新中国电影艺术，尤其是新中国军事片的开端。场景宏大而质朴，故事真实而感人，表现手法娴熟而高超，作品的观赏价值，适合于所有人群。艺术价值、政治意义，非同一般。片中有三段极简短的道白，为观众所传道。一是我们师长以四川口音说："多少年来，蒋介石的算盘，总是我们给他拨动的。"这段话深含哲理，而且，也就是对"多少年来"，蒋介石对共产党用兵的概括，真是妙不可言。二是我军一个小战士对炮兵说："大炮不能上刺刀，解决战斗，最后还要靠我们步兵。"这段话既说明了一个事实，也很调皮，但它并没有否定大炮的作用，只是表达了各自的分工。此语一出，就为残酷的战争，带来"革命的乐观主义"，可谓神来之笔。三是敌参谋长对敌军长说："不是我们无能，而是共军太狡猾了。"用这样的语言为自己的失败辩解，真是少有的"天才"，而且，对"自己人"，还真能说得过去。这三段道白，非常有趣，非常有意思，尤其是非常真实，而且符合人物身份。观众看到这里、听到这里，无不发出会意的笑声。而且看过《南征北战》的人，大多能记住。就我个人而言，也常用以和人开玩笑。就战争片而言，既要有千军万马，也要有这样的细节，因而有了真实感、生动感。这取决于编剧、演员，更取决于导演的手法。

汤老解放后的作品，是多彩的，主要有《胜利重逢》《南征北战》《渡江侦察记》《怒海轻骑》《沙漠里的战斗》《不夜城》《钢铁世家》《红日》《难忘的战斗》《祖国啊！母亲》《傲蕾·一兰》《南昌起义》《廖仲恺》《荒雪》等。每一部都感人，每一部都轰动，每一部都是独创，每一部都是杰作。可谓花开遍地，精彩纷呈。如果要比较的话，大家更喜欢他的军事片，所以有"军事片大师""银幕将军"之誉。和他合作的编剧有张骏祥、沈西蒙、沈默君、顾宝璋、柯灵、陈登科、鲁彦周、胡万春、瞿白音、叶楠、张贤亮等多位名家。和他合作的演员有凌云、冯喆、汤化达、张瑞芳、项堃、孙道临、陈述、齐衡、康泰、中叔皇、高正、卫禹平、温锡莹、顾也鲁、张伐、舒适、杨在葆、张桂兰、高博、仲星火、童芷苓、刘怀正、吕晓禾等高手（那时不叫"大腕"）。解放后，其中多数演员，对所谓工农兵的生活是陌生的，特别是要演解放军，相当生疏，汤老就带着他们学习，他们也曾去崇明岛驻军和南京军事学院等处深入生活，有时要住一个月，还请了军事顾问。

事实是，汤老每接一部戏，几乎都要使剧组人员，尤其是要演员，经过一个体验生活的阶段。他虽年长，仍和大家一起查报纸，找图片，寻回忆录和录音。到部队，下农村，去山区，他和大家一起拿枪，一起做操，一起种地，一起爬山。然后，一开机，他的高水平、高品格、高质量，就融入作品中去了。胡编乱造、低级趣味、敷衍了事为他一生所坚决抵制。"人类、命运、战争"是他长时期的思考。他还力荐"知识分子"气最浓的孙道临出演《渡江侦察记》中我军的李连长，而且获得极大成功。当然，在这部戏里，他还为我们奉献了一位敌"情报处长"。在我下级军官的形象中，并不全是五大三粗、行为鲁莽、动不动就拍桌子，比如，孙道临在军人的气质中，就透出了几分雅气和更多的细致。《南征北战》中，冯喆饰演的高营长，基本是个知识分子形象。他几乎从不大喊大叫，对战士做思想工作，更像个组织部部长或宣传部部长那样细致、耐心，那样文质彬彬地说事讲理（可惜，如此优秀的演员，竟在"文革"中被逼死了）。是的，人民解放军，本来就是由各行各业人士组成的——当然，农民是主体。

汤导为人厚道、虚心、诚恳。《南征北战》在导演上，分三个方面进行——我军、敌军、民兵和群众。第一方面由北影成荫负责，其余汤导负责。两个剧组同拍一部戏，合作的问题很关键，结果处理得非常好。剧本先由成荫修改，汤导再提出意见，而后一拍即合。这不但体现了二位对艺术见解如此相同，艺术造诣高度统一，还体现了风格、友谊和相互尊重。

至于《红日》的导演，这有两大难处。一是要真实地表现我军的失利。这要败得真，败得像，这个分寸要掌握得准确，以及其后干部战士反映的展开，即如何压抑，如何释放。其二，因为《红日》的故事，与已经拍过的《南征北战》基本相同，即都是从涟水之战开始，战役的最终目的，都是为了战胜不可一世的张灵甫，歼灭敌王牌军74师，故事最终都是"孟良崮"战役。当然，他1963年导的《红日》比较侧重于我军内部矛盾的展开和统一，角色有更多的个性、情绪的展示，也多了一些细节，而且还来了点"小爱情"。但最终，这部戏也处理得非常好，也更富震撼力。没有谁指出两部戏在表演上，叙述上，有什么雷同。

这两部戏都说到了涟水。我的家乡，距涟水30公里吧，那时，涟水之战的炮声，隆隆地传来，我和家乡的人，站在户外遥望着，静听着。敌军也曾在我村经过，美式配备，卡宾枪、钢盔、皮靴、走起路来"咔嚓、咔嚓"响，而且得意骄横的样子，真是有点怕人的。而我们的部队布帽、布鞋、三八步枪，装备的差距一望而知。我们面对涟水，老人祈求菩萨保佑我们的部队打胜仗！儿童团长的我，用石灰水，在墙上写出"蒋军必败，我军必胜"的大标语。我的伯父张全山和村上几位农民，出了涟水之战的担架，我的一个堂叔战死于涟水，我的一个远房堂兄作为民兵排长，奉命参加处理涟水之战敌我死亡者尸体。不久，传来捷报——敌74师被歼，我们欢呼不已。所以说，这两部戏表现了人民的意志和愿望，真实地反映了历史，所以才成了优秀作品。其观众当以百万千万计。汤老导演的军事片，仗虽然打得稀里哗啦、惊天动地，一塌糊涂，但又有一些富于生活气息的、情意浓郁的小插曲。比如《南征北战》中，仲星火饰演的战士向妻子告别；《渡江侦察记》中，李玲君饰演的女游击队长刘四姐，深情地向孙道临饰演的李连长说了三个字："我等你！"这就有了人情、亲情、爱情。这就是艺术品的完美之处。因为人不是神仙，人是有七情六欲的。还有，人民战士打仗为了什么？还不就是为了人人都能享有美好的爱情（及其他幸福）嘛。再说了，就是神仙吧，玉皇大帝不是还配个王母娘娘嘛。

　　美籍学者费正清有言："书比人长寿。"汤老的《路边拾零》，将永存着，对于当今和今后的影人，对于电影史，有一定价值；他这个人，也将被写进中国电影史；他优秀的电影作品，将会被珍藏、被传播，真正的艺术品是不朽的。

　　虽然汤老对人民的事业有奉献，虽然他是好人，是优秀共产党员，但是"文革"时期照样被长时间地奇奇怪怪地胡批乱斗。由头是《红日》《不夜城》是大毒草。本书"浩劫沉浮又十年"中有详尽叙述。然而，汤老如今已是在天之灵，还是让老人家安息吧，这些烦恼事，书中虽有，但这里就不再多说了。

（原载2012年8月号《联合时报》）

排　队

浦东新区浦电路与东方路交叉处,有多家精致和不很精致的饮食店和摊点,点心、饮料名目繁多、南北有货、中外齐备。东方路则有数不清的公司。早晨,相当多的白领上班,就顺路在这些店面前排队购早点。店前、摊旁,总会有五六七八个人,走了一个,又来一个。一个又一个的队伍,总是那样整齐井然,无声无息。站着时,"静如处女",一当他们购好点心,就"动如脱兔",急匆匆离去。

那个排队的"排"字,也极有意思。左边一个提手旁,好比是人手捏钞票在等待。右边的"非"字,两竖就是两条路了。两个三横,不就是排队的人群嘛,虽是三横,并不就是三个人,而是代表着一个人群。但间距相等,高矮有致,人人平等,先来后到,有序前移。

要是社会的一切都像排队这样,都像"排"字这样,要是人们的心态也都是这样,那该多美呀。

（原载2012年7月12日《新民晚报》）

打　结

我16岁前是农民。挑担子，扁担的两头得打结，将牛拴在木桩上、小树上，也要打结。系裤子没皮带，是用绳子，六七岁的孩子，裤带系不好，有时裤子就掉下来了，这时，大人就拿我们取乐，伸手来逮小雀雀。我们做游戏，游击队抓了还乡团长，一会儿就要审判了，先得拿绳子捆上，当然得打结，若是他逃了，游击队岂不是白辛苦。参加革命了，打背包，也得打结。城里人穿皮鞋，有一种是缚带子的，女人的鞋子上打个结，好比是插上一朵花，很好看的。工人装空调机，爬到窗外，保险带一头捆在身上，一头系在钢窗上，性命交关，这个结就必须打得牢之又牢。

但是，所有这些结，不管勒得多么紧，打得多么牢，最终都需要也能够很方便地解开，所以，这种结就叫"活结"。

相反的情形是，外科医生手术后，将创口缝合，羊肠线或其他什么线要打结，这些线最终被消融在体内或在体外剪断（行话叫"拆线"）。链条、项链是一环扣一环，也是一种结。头戴安全帽的工人扎钢筋，同样是在打结。这几种结，都要打得越紧越好，越牢越好，而且是永不解开也是解不开的。这就叫"死结"。

这样的两种结，都是物质的，有形的。与物质相对应的，是人的精神，那是无形的。可是，精神和物质一样，也会产生结，这种结，也就是人的自我矛盾和人与人之间的矛盾，而且，唯物主义认为，矛盾是普遍存在的，是所在都有的，也是任何人都无法逃遁的。但处理的方法有不同。比如，要是你对某事能想得开，解决得好，那就是活结，也就是退后一步海阔天空，你也就有了一种难以言说的愉快。如果阁下想不开，那就是打了死结，就是走进死胡同，那您就苦恼了。往外说，人际关系，搞好了，那就是活结，就皆大欢喜，就是好朋友。弄僵了，那就是死结，搞不好可能要"决一死战"。"天下本无事，庸人自扰之"，就是说，矛盾是人自身造成的。那么，要是我们只打活结，不打死结，这就是一种能力，一种智慧。这种能力和智慧可以排除烦恼，让人平安和谐地生活，潇洒走一回，岂不很酷，很爽，很美！

当然，还有一种结，是中性的，肯定是死结，又肯定是活结。这可以举两个例子。一是魔术师，你打个死结，任谁也解不开，但他的"魔手"一抖，或吹一口气，结就散了，来这个，上海张慧冲，台湾刘谦是高手，这点本事，在他俩手上是小把戏。再有一种结，那是"解铃还须系铃人"。这两种结的打开，可以让人乐得热烈鼓掌，前仰后合，开怀大笑。于是，我们的生活，也就平添了几分情趣，几分喜气，彼时，你真恨不得将所有人都拥抱一下。

（原载2012年8月12日《新民晚报》）

东方路谈变

一江之隔，浦东只是乡村，浦西才是上海。

1988年，我迁居浦东，工作却在浦西，乘车2小时，而且挤不胜挤；骑车距离虽缩短，但过江难，人到渡口，30分钟莫想上船。

我由南码头过江。不经意间，黄浦江中出现了一座座桥墩，渡船斜行着从桥墩间穿过。这里要造南浦大桥了。每经此处，我就兴奋地仰脸上看，仿佛大桥已横空出世。我驰骋着这种想象，写了一篇名为《在大桥下面》的散文，刊于《解放日报》。

相距我新居百米之遥的是长长的文登路。一天傍晚，我到文登路"观光"。这条水泥路倒也宽敞，但路旁茂密的蒿草比人高，这使我想起当年周璇所唱的"怎及青纱起高粱"。

我站在浦电路与文登路交叉的十字路口10分钟，除了扑面的清风，人影也无。倒是有一两只蛤蟆，绅士般不慌不忙从路这边向路那边挪动。

我沿文登路向北100米，路西有幢陈旧民居，大门开着，是否有人，不便细看，一旁有菜园，蔬菜长势不错。再向前走一段，远远地见路东也有几幢屋子，还传来几声犬吠，"鸟鸣山更幽"，吠声使这一路段更显冷落、空旷。路旁绿油油的庄稼长势喜人，还有寂寥连片的多层水泥住宅。这时，远远地从北面开来一辆半旧的大卡车，那"轰隆轰隆"的声音，也许能飞过黄浦江。不过，也真让人高兴啊，我今天终于在这里看到汽车了！而我却又心忧，这浦东，就永远是这样了吗？专家、领导和群众也不断发声，说过江是大问题。鉴于此，我对黄浦江22个轮渡站，走访了近半数，写了一篇名为《事关一百万》的报告文学，发于《劳动报》。

1990年4月18日，党中央、国务院宣布开发开放浦东。

1991年12月，连接文登路南端的南浦大桥终于建成通车。

不知是何时，文登路两旁，忽地有了鳞次栉比的一层二层或三层的房屋，形形色色的商店，开张营业，生意不温不火，也有的门可罗雀。但从业人员却淡定自若，应对裕如。店主成分多姿多彩，有浦西大公司的，有精明的粤、闽、浙人士和各地客商。为避沪语"文登"谐音"坟墩"之讳，1992年，文登路改为东方路。尊重历史，我们必须承认文登路是东方路的母体。何况，文而登之，内涵还挺高雅。"一改成名"，随着时间的推移，东方路生意见好，人气也旺盛了几成。我为之兴奋，写了一篇名为《东方路采风》的散文，仍由《解放日报》发表。

斗转星移，东方路两边的那些参差有致的房屋，几乎一夜间消失了。不知不觉中，也许是一处，也许是多处，也许是当时，也许是此前——不时传来打桩声，震得地在颤了，人心在动了，月亮也眯眯地笑了。

"时光容易将人抛"，也许是两年，也许是三年，人来车往，东方路中部的张家浜桥"不堪负宽"，成了瓶颈，于是拓宽一倍。同时，投资2.5亿元，西连黄浦江，东接世纪公园的张家浜清淤、造亲水平台、砌斜坡，建护栏、搞绿化。重新蓄水后，水清见底，我几次买螺蛳、泥鳅、鲫鱼放入，以添生机。清晨，岸边有人打拳、舞剑；傍晚，草木丛中有人散步、恋爱，还有悠扬的琴声。水上游艇，浪花拍岸，赛龙舟，锣鼓喧天。还有人平心静气垂钓。于是，张家浜焕然一新，一举成了东方路的一大景观，陡增了生活气息和文化品质。1993年，距东方路北端不远，更加雄伟、壮观的杨浦大桥通车。我兴奋难抑，"下笔如有神"，通宵达旦，写了篇5 000字名为《天下第一桥》的文章，《香港国际经贸导报》以多种文字发向世界。

日新月异，就在东方路潍坊路口，出现了多幢大楼，其中的一幢，名为"齐鲁大厦"，这四个大字竟是我四十年前的一位领导手迹，他叫武中奇，一旁有他的大名。"好风凭借力，送我上青云"，与整个浦东的发展相辅相成，东方路两边的楼宇和其他建筑物，也相继拔地而起，势如雨后春笋。

今天的东方路，传统意义上的商店寥若晨星。它不但穿过老资格的浦东大道、新兴的张杨路、宏大的世纪大道，更有栖霞路、孚山路、潍坊路、浦电路等近10条中型马路，这些路段的商店，应有尽有，生意兴隆。八车道的东方路，是切入浦东腹地的大动脉，主要功能是交通，而且，漂亮、精致、多功能为浦东所仅有。一旁有深藏地下的世纪大道地铁站，2、4、6、9号线四条地铁交会是上海的唯一。路旁有东方电视台、仁济医院、儿童医学中心。多处路段有林荫道，绿地，景观。车流何止像流水，简直就是海浪排空而来。物极必反，相比当年冷落的一车之过，如今何异天壤之别。在两旁楼宇里，活动着成千成万的青年才俊，那里是知识和功能的密集，是生命力和创造力的宝库，是青春勃发的家园。也是新时代的缩影，是世界的未来，是上海的一隅，是浦东的一角。是繁华的、是新兴的。

齐鲁大厦斜对面，有多幢超高层，内有一幢嘉兴大厦，1999年，在那里建立了全市（也许是全国）第一个两新组织联合党支部。据称，习近平、俞正声两位领导都有话，要求发展和总结。作为记载，浦东和市有关组织，就此历时3年，在建党90周年时，著文90篇，出了一本《楼宇党建别样红》，本人有幸参与编撰，而且着力甚多。现在，那里已经建立起党委，党员四五百。至此，大家应当明白，东方路的发展，是因为有了人，有了核心，有了灵魂。

（2012年7月20日）

小白鼠呀小白鼠

在十二生肖中，有的直接服务于人类，有的传承文化，都是好东西。其中的老鼠却是声名狼藉的坏家伙，更居"四害"之首。它危害农作物，破坏家具，损坏书籍，污染食物，尴尬的是"一粒老鼠屎，坏了一锅汤"。它要是窜上飞机，可以闹得机毁人亡，你至少也得紧急迫降。它传播鼠疫，可以给人类带来灭顶之灾……真可谓十恶不赦。《诗经·硕鼠》有言："硕鼠硕鼠，无食我黍""硕鼠硕鼠，无食我麦""硕鼠硕鼠，无食我苗"。可见其为害之早之甚，同时，也可以如闻其声如见其人地感受到彼时古人的无奈，而在哀求它。不公平的是，鼠的天敌，为维护人类利益、灭鼠功劳显赫的猫，在十二生肖中排不上号，而可恶的老鼠却洋洋自得，眉开眼笑地坐上第一把交椅。这真是"老鼠气死猫"了。

一

然而，我们也不能将老鼠看死，不能认为这东西真是不透了，绝对地坏，无一是处，因而非彻底消灭之，非使之断子绝孙而不央。任何事情都是在变化的。当然，变化是有条件的。

人类是万物之灵，而且，"万物皆备于我"。随着社会的进步，科学的昌明，人类不但可以逐步消除和防止鼠害，还可以将老鼠拿来为我所用。这里的"所用"，也并非只是花鸟市场有小白鼠，它会乘滑滑梯，会踏水车，可以让人观赏，还可以买回家给孩子玩。

20世纪以来，老鼠经培育之后，逐渐成了实验动物。被用来做药品功能、剂量、毒性鉴定,做生物制品,做肿瘤接种和做多种疾病的检测,食品的检验、进出口物品的检疫,还有航天、解剖、教学,乃至用于军工,等等。举一个简单的例子。比如安眠药,怎样的药量,才恰到好处?剂量不足无效,过头了又眠而不醒,岂不哀哉!至于避孕药,也不知经过多少次动物试验,才获得成功。何止于此,几乎所有的药物(尤其是内服药),都要经过这样的试验,才能用于临床。至于法西斯,他可以直接用人来试验,用人做活体解剖。比如侵华日军731细菌部队的骇人罪恶,就是他们在试验室里,杀害了数以万计的苏、蒙、朝和我国抗日军民。《北京青年报》报道:英国国防部在1956年试验核武器时,竟令300余士兵穿过放射性坠尘区,致其中100多人罹患癌症。这是一切人道的、正直的科学工作者,干不出来的事情。何以不用动物实验?至今没有明白交代。我国在60年代第一颗原子弹爆炸时,就在不同距离,放置了许多实验用鼠,以便在事后对它们所受的气浪袭击和核辐射,进行检测。那种痛苦,那种对生命的折磨、威胁,我们只有请老鼠来承受了。

上溯7 500万年到1.25亿年前,在恐龙的夹缝里,有一种善于奔跑的小动物,这就是人与鼠的共同祖先。后来,慢慢分道扬镳了。可见老鼠资格之老,与人关系之密切。所以,现代生物学家认定"人鼠原来是'兄弟'"。有意义的是,时至今日,老鼠的器官和人类仍大同小异,基因密码更为接近,其骨结构99%与人类相同。这些指标,除了猴子,没有任何一种动物能够达到。也就是说,就这几项指标而言,到目前为止,科学家还没有找到哪一种动物能比老鼠更接近人类。

我国现有的小白鼠,又名中国昆明小白鼠。这是因为抗日战争时,国民政府中央防疫处由南京迁西南的昆明,1946年,该处汤飞凡教授从印度某研究所引入一批小白鼠,在昆明培育繁殖成功,故名。说到它毛色的由灰变白,也是基因的突变,这是印度科学家的功劳。至于大白鼠,那是1948年,爱国知识分子蓝春霖教授从美国带回雌雄各6对,用于繁衍、发展。我在中央卫生部上海生物制品研究所工作时,有幸与老资格的生物制品专家蓝春霖先生同事。抗战胜利后,这两种鼠类传播全国。上海生物制品研究所因制品的需要,不但有马、兔子,更有数量相当可观的小白鼠。有的因实验需要,还使用猫、小型猪。就今日的上海而言,使用实验动物的科研、高校、医院、药厂、军工等单位,不下500家。上海有实验动物学家协会,本人曾是会员之一。学会还有杂志《上海实验动物科学》,历经多年后,现改为《实验动物与北较医学》。由上海实验动物学会与上海实验动物研究中心主办。

由此可见,实验动物,尤其是鼠类,对科研,对人类之必需和奉献之巨大。还可以这么说,没有实验动物,尤其是没有老鼠,不论是一般的还是尖端的科研工作,都将无比困难,甚至得停止,又谈何现代化!上海如此,全国如此,全世界如此。那么,站在这个角度,我们就可以不由得欣喜地这样说:世之有鼠,是为天赐!

改革开放以来,在向四个现代化的进军征途中,国家对实验动物事业非常重视,所以,在投资上是有求必应。30年来,至少有宋健等两位国家科委主任来上海视察过实验动物工作。上海市肿瘤研究所,已被定为"癌基因及相关基因重点实验室",该所实验动物室现有工作人员9名,其学历为:博士2人、硕士2人;本科4人、大专1人。现分为高端技术平台、动物实验、实验病理三个课题组。实验动物室主任姚明,为实验病理课题组组长。该室两个楼面,占地1 200平方米,拥有各类设备,价值3 000万元,其中一台分析仪,就是600万元。

二

在当今而言,不论是国内或在世界范围,实验动物存量最多、使用也最多的,就是机灵、活泼、敏感的小白鼠。用小白鼠做实验,还有两大特点:一是价格低廉。在国内,一般小白鼠5元左右一只;二是操作方便。就繁殖而言,小白鼠受孕18天即出生,60天性成熟。平均每窝产仔10只以上,每只雌鼠可怀孕8胎左右。子又生孙,孙又生子,繁衍迅速。为了使小鼠品系更纯,实验动物工作者还培育出了纯系小鼠(又名近交系),即以同胞交配方式繁殖20代以上,再经检验,始可确认。纯系小鼠的特点是个体差异小,实验数据不但可以重复,而且可以更趋一致,更准确,也更理想。万事皆有源。说句笑话,在当今青年中,如果你叫他试着去做一件没有把握或有危险性的事,尤其是那些女孩,她就会说:"哇!怎么,你把我当小白鼠呀？"出典就在这里。而且，这个出典不但科学，更富现代意义，也很有趣。

小鼠家族中还有一种裸鼠，外形无毛，T细胞缺损。这是一种基因突变型动物，它对各种实验更敏感，更适合作鼻咽癌、肝癌、肠癌等癌组织的接种。但裸鼠生存能力差，所以对饲养条件要求更高。其价格是普通小鼠的10倍以上或更高。上海市肿瘤研究所现在就有多种裸鼠肿瘤模型，而且在国内声誉颇著。再有一种裸大鼠，功能基本与裸小鼠同，但目前国内不多见。

我曾在上海市肿瘤研究所工作有年，并且是该所实验动物室负责人。当然，一开始，那也是"草台班子"，比较原始。该所当时除有鸡、兔、羊以外，还有仓鼠、豚鼠，大白鼠、小白鼠和裸鼠。数量最多的就是小白鼠。我曾和肿瘤医院院长曹世龙医学博士合作，接种一例人体鼻咽癌，历时18个月，10代相传，其间几经失败，最终获得成功，共同在国家权威肿瘤杂志《中国肿瘤》发表了长篇论文。

中科院上海中药现代化中心和中科院动物研究所生殖生物学国家重点实验室，在上海泰坤堂中医院院长俞瑾教授主持下，根据中医"肾主生殖"原理，给已丧失生育能力的大白鼠灌服中药。结果高剂量组8只有2只怀孕，产仔7只；低剂量组8只有1只怀孕产仔3只；与之对照的第3组8只虽注射了激素，却无一例有孕。此项实验仍在进行中。据称做完药理、毒理试验后，有望为不孕妇女带来喜讯。重庆西南医院肝胆外科实验室，用3只大白鼠做肝移植手术获得成功，且已存活3年。但是，这样的动物模型，我们国内还是稀有。比如，北京武警总医院普外科大夫张新周，为了研究对Ⅱ型糖尿病的治疗，要用Ⅱ型糖尿病小白鼠，可是国内却没有这种模型。只好到美国去买了80只，成本自然很高。他们用40只做实验，结果，其中的多数在一二天内血糖下降；又过几天，多数达到了正常值，不再需要用降糖药了。其余40只用于传代、保种，以便继续研究。当时全国只此一家，别无分处，足见此物之宝贵。

1840年之后的100余年间，世界科学突飞猛进。因为历史的原因，我国的科学却止步不前。所以，叶剑英同志有《忆秦娥》词云："追科学，西方世界鞭先着；鞭先着，宏观在宇，微观在握。"比如，所有这些鼠类的培育成功，不仅均来自国外，而且几乎都来自西方国家。裸大鼠1953年由英国Rowett发现，符号为rnu。裸小鼠1962年由苏格兰医生艾斯克松（Lssacson）发现，被命名为Nude mouse。1969年丹麦学者Pygaard，首次将人类恶性肿瘤移植于裸小鼠体内，并存活成长，开创了免疫缺陷动物研究和应用的新局面。本人因痛感我国科学事业之停滞不前，曾以裸鼠为题材，创作长篇小说《相思鸟》，前后历时30年，作为本人的系列小说"门的三部曲"（"门"者，人生之门也，科学之门也）之二，2008年由上海辞书出版社出版，还荣幸地被浦东新区评为优秀文学作品（因本人是浦东本土作家，写的又是浦东的故事），获奖20 000元。

三

武汉大学医学部，有个规模大，设备先进的实验动物室。2003年"非典"流行期间，他们用18只恒河猴，进行SARS病毒灭活疫苗的动物实验。这些猴子是从云南、广西等地购得，飞机空运而来。用于实验前的猴子，会得到很好的待遇，一日三餐营养丰富，搭配适宜。在观察期间，还要定时抽血、量体温、称体重。结果，实验取得了成功。但因恒河猴价格毕竟太高，所以后来还是用大量鼠类，对实验进行重复、证明。

就世界范围而言，有许多实验要用猴子来做。在美国，一只恒河猴最低价是1 000美元，最高是1万美元，而且来源稀缺，不是说要就有的。又何况，用猴做实验，当它们处于痛苦之中时，当它们嚎叫时，会使人们想到自身，甚至会使我们自己也感到痛苦、难受，样子就如同我们看到和听到病人在呻吟，在挣扎一样。而用鼠做试验，岂但价格便宜，我们一般也不会有那种难受的感觉，或者说，我们的感觉，没有达到那样的程度。可是，实验鼠所受的折磨、痛苦却不亚于猴子。当然，用实验鼠，效果是比不上用猴子的，那就要多次反复，周期当然也就更长。

我国目前拥有和使用实验动物较多的，是京沪两地，更以上海为最。全国最大的繁殖老鼠的基地，就在上海松江九亭镇，这就是中国科学院上海实验动物中心，又名国家啮齿类实验动物种子中心上海分中心，他们供应上海及全国以鼠为主的实验用动物。仅以小鼠而言，年供应量在200万只上下，其中上海本地要用100万。当然，各地实验动物部门，有的自己也在繁殖，但由于各种各样的原因，主要是条件的限制，他们的品种有的会混杂，这就对实验数据产生影响，以致最终不被检测部门认可。所以，就有这样一条规律——某研究单位，第一次用了九亭的小鼠，此后，他们会一直用九亭的，而且可以不远万里。在目前，该中心生产规模、供应数量、动物保种三项，均居全国之首。该中心原址在徐汇区漕溪路，原名中科院上海分院实验动物中心，因为要发展，所以2001年迁址九亭。这家中心现有专家及各类员工120余人。此外，也是在上海，2007年，浦东张江金科路，又建立了占地37.5亩的上海实验动物资源中心，他们主要面向张江高科园区。当然又是以各类鼠为主要部分，其设施更先进，动物的福利也更好。再说句笑话，该动物中心的房屋结构及外观，要比上海市政府漂亮许多许多，可见国家对实验动物的重视。而且，有的饲养室，规格不亚于总统套房（这句话不是我的杜撰，而是多位新闻工作者到现场采访后，屡予使用的），绝对不像花鸟市场那样，将小白鼠装在一个什么塑料盒子里，放上些垫料就可以了。以毛色区分，目前，小鼠又可分白、黑、灰、银灰色四种，功能略有不同。我国现有实验用兔4种：中国大白兔（即我们常见的那种）、日本大白兔（一耳竖起，一耳下垂，体型较大）、青紫蓝兔（法国一僧人培育，体重同中国大白兔），还有一种被毛为深咖啡色，据传来自澳大利亚。很特别的是，所有兔子都有食粪性，就是它们会在自己的肛门口吃自己状如黄豆的粪便，但一经落地，它就不吃了。

以上两大实验动物基地，虽然内部管理也很严密，但还是怕有混杂，同时也考虑到其基因的退变，所以，过些时，他们就会再换代。比如上海实验动物资源中心，年前就从英国引进大、小鼠1 000只，作为种子群，总价值人民币500万元。2月20日，即这批老鼠到达的当夜，这些宝贝从飞机上下来后，工作人员就从卫生和防污染角度出发，做了许多保护性工作，真是如迎贵宾。上海电视台新闻综合栏主持人何婕，现场对一位实验动物学专家，就此进行访谈。很巧，也很荣幸，何婕也曾访问过我一次。

实验动物饮水、饲料也另有讲究。按不同品种，有不同配方，有专门工厂生产。其笼具，苏州有两家公司，专门生产，有的则从国外进口，还有其他相应设施、设备，价格动辄几万、几十万元。人员进入动物室（特别是进入裸鼠室）操作，不仅要穿隔离衣，戴口罩，戴医用手套，还要洗澡。也就如同外科医生进了手术室，甚至更严。因为宝宝太娇嫩，还因为实验数据太重要。

四

对实验动物人道的使用，是每个实验动物使用者所必须遵守的。就是说，我们对动物，也要讲人道，对实验动物尤其必须。

在用动物实验时，应当尽量减轻其痛苦。因此，在可能时，要使之处于昏迷或半昏迷状态。取释放二氧化碳等方法或以更好的手法操作。比如对小白鼠、裸鼠灌胃，它如此娇小，体型比人的大拇指还小，稍不小心，它就要受到损伤，所以就特制了一种不锈钢针，针头是球形的，轻轻插入。但要由口腔直通到胃，又不使其受伤（受伤说是失败），就既要细心，又要有熟练的技能。

实验动物在被用作实验前或实验中或实验后，应当实施安乐死。这一点，现在我国大部分实验工作者都能做到，越是大型的，越是正规的实验单位，越是认真的研究者，做得越好。

为纪念老鼠和其他实验动物对人类做出的奉献，一些大型实验动物单位，立有类似"实验动物纪念碑"之类的纪念物。比如，九亭国家啮齿类实验动物种子中心，就有一高达三米许的巨型石碑，上镌"实验动物纪念碑"七个大字，该碑耗资5 000余元（2001年时。巨石从嘉兴购得。见附图）。湖北省实验动物研究中心门前有"慰灵碑"，上写"纪念为人类做出贡献的实验动物们"，每年的5月24日，他们还要开个小会，对为科学献身的实验动物进行哀悼。"524"的谐音就是——我为生命科学而死。一次，复旦大学同学在处理20只小白鼠尸体时，也默默献上了代表敬意的小花。就总体而言，知道实验动物这回事的人不多，知道或想到它们为人类健康付出生命的人更少。因此，立个纪念碑，向更多人宣传、昭示，使之对实验动物表达敬意，对生灵表示怀念、哀悼，这就很必要了。同时，这也是人类感情和良心的一种表现和对科学的尊重，更是人类和动物和谐的一种展示，是社会文明的一种象征。

复旦大学有一个实验动物伦理委员会，其职责是根据国际实验动物惯例，推行并依据动物保护、动物福利、动物伦理等原则，对拥有实验动物和做动物实验的单位，进行审查、监督。如同开公司、办工厂一样，你要取得执照，才能正式建立实验动物室。获取执照的主要条件，就是要看你是否有科学的、合适的饲养室，是否有足够的具备必需知识和技能的人员。从学术角度来说，你用实验动物做出的成果，其报道、论文，不论多么了不起，多么惊天动地，没有这家委员会的审查意见和认可证书，国际上的权威刊物，就不予发表。当然，这种委员会，也不是什么草台班子，也要有权威性，也是得到更权威部门的批准而设立。

随着我国现代化程度的进展，我国的实验动物事业将会越办越好，走在前面的，数量最多的，就是小鼠。

如此这般地一说，就足可证明，世间事，都是可以一分为二的（当然也有处于中间状态的，一般说，这是暂时的）。就是说，老鼠也是有好坏之分。它所以能变好，那是由于我们人类用心地、有目的地，对它们的改造或曰重新塑造。所以，比如一个女孩，她看到一只灰不溜秋、作恶多端的野老鼠，会吓一跳，还可能被吓得放声大哭；而看到一只红眼睛的小白鼠，她却会忍不住去摸一下。再一方面，当我们想起"老鼠迎亲"和"小老鼠上灯台"的故事时，那又是多么地有趣。又当我们想到"米老鼠"、当我们看到街头一个又一个鼠的艺术造型时、当我们看到一个又一个卡通老鼠时、当我们捧着鼠年邮票时，那我们也就有了这样一种感觉，那就是——我们有了一种鼠文化。鼠文化之一，就是老鼠为十二生肖之一，且为领军者。当年有愧，而今，它终于可以叹口气说："我有资格了。"同理，多少年之前，我们人类塑造这样一种又一种可爱的老鼠形象，实实在在的是没来由的，是莫名其妙的。而如今，我们也终于找到了老鼠可爱的理由，而且，真让人忍不住要说一声：小老鼠，小老鼠，可爱的小老鼠，我们人类离不开你！

（2012年9月1日）

第二辑　位卑未敢忘忧国

病骨支离纱帽宽，孤臣万里客江干；
位卑未敢忘忧国，事定犹须待阖棺。

——宋·陆游《病起书怀》

饿　　鬼

当那场"文革"进入"横扫四旧"的时候，本人正在某农场某分场某中队"改造"。身边的书籍除《毛选》之外，另有一套《红楼梦》。警察叫我们把"封、资、修"的书全都交出，要付之一炬。我难以吃准他们究竟会把《红楼梦》算作什么？但自忖它是不应划入消灭之列的，因为伟大领袖是喜欢此书的。我便寻机向一位警察试探："封、资、修的东西是要横扫，像《红楼梦》这样的小说还可以看看。"他当即极富"革命激情"地大吼："贾宝玉是什么？无产阶级革命派？他是才子佳人嘛。所以，《红楼梦》当然是封、资、修，也得烧！"我一听不妙，便偷空儿把《红楼梦》用汗衫包了，塞到一个稻草堆里去。三天后，分场召集九个中队的上千人开大会，在一个空地上、在令人心碎的锣鼓声中，开了一个焚书现场大会，全分场的书，堆得像座小山，一小时过去，纸书变作了黑蝴蝶，怨气冲天、依依不舍地在我们的头上盘旋。我们全都被彻底革命了一回，而后两手空空，头脑空空，无言地回了各自的中队。

我虽然亲眼看见在那消失的书山中，就有《红楼梦》。好像还不止一部，当然还有我最爱的《三国演义》。我的封、资、修思想果然严重，因为，面对那"火焰山"，我曾几度梦幻般地想冲过去抢几本书出来。面对那火焰山，有人狂欢，有人沉默，而我是一阵阵心疼，竟至于流出泪来，有人问我为什么，我说是烟熏的。不过，悲中有喜，我的《红楼梦》总算漏网了，所以，我既是心有余悸，又窃以为喜。

来得迅猛，去得快当。几天后，风头便过，我忍不住把《红楼梦》悄悄取出，继续兴致浓郁地阅读。此书当是"硕果仅存"了。没人再来"扫"

了。我的阅读也就更大胆了，反正毛泽东也读此书的嘛，你警察找我，我也可一辩。可他们又革别的命去了，没人来管你了。当然，有人向我借，我是一概拒绝的。

当时，农场饭还是有得吃的，蔬菜也丰盛。然则欧阳修有言："唯有吟哦殊不倦，始知文字乐无穷。"王有光也说："人一日无米则饥，一日无字则瞽。"在此条件下，多数人读书不是求学问，也不是寻找"黄金屋""颜如玉"，而是一种精神需要或者是一种消遣。可是，"一烧而光"，没有书看了。此间文化生活本来就枯燥，这一来，这饥荒就更难熬了。

与我一起被"改造"、卧床相邻的，是一位大名孙昌华的原中学语文教师，年近六旬，高度近视。此公背驼，头发也没几根，因为劳动，他眼镜的两只脚先后碰坏了，便用两根线权作镜脚套在两耳上。有一次，他挨"训"，慌乱间眼镜落地，一块镜片又跌成了碎玻璃。这样，大家便戏谑地送了他一个雅号，曰："单开间"。其实他是一个爱读书、有学问的人，《聊斋志异》他记得烂熟，劳动之余甚或劳动之间，他常给大家来一段，听者颇盛。为此，他挨过批，听众也受过"训"。但此辈均极顽固，说者照说，听者照听，奈何！

出鬼了！

出鬼了！

一天，我劳动归来，发觉我的《红楼梦》不翼而飞了。我察言观色，立即断定这是孙氏当了"上君"，何况他这天病假没上工，有"作案"时间。一位"炊事员"又为我提供了几条似有似无的"根据"。但任我如何询问，他就是拒不认账。当然，我也"技穷"，何况又不能报告领导，我真是有口难言。

我终于也有了机会。某次，室内无人，我急忙到"单开间"的床上翻寻，但一无所获。不过却在他的枕下发现了一本《字典》，我也曾见他不时翻阅。这种翻阅并非查字，而是阅读。也许太旧了，字典的前面少了几页，后面也少了几页。我忽然间产生了一种强烈的饥馑感，我的心也"咯噔咯噔"地乱跳了起来。我立即把那《字典》拿了，也塞到草堆里去。孙老先生虽也多次叽咕："出鬼了！出鬼了！我的《王云五小辞典》不见了。怪哉，怪哉！"我佯装没事人。其实，这字典也必是"漏网之鱼"，所以，他也不敢去报告，何况，报告了又怎样？

不久，农场大调动，他调到其他队和我分开"改造"了，我便把字典取出做了封面封底，当宝贝一样珍藏着，忍不住时明时暗地翻阅，不觉"陶陶然乐在其中"，自然也得益甚多，窃以为喜焉！

就事论事，我的灵魂并不比他美丽，因为我是道地的贼———一个偷书贼，我为之愧疚终生。而他孙老先生，只是一名查无实据的疑犯。法律规定："疑罪从无"呀。

如今，我已藏书千册，而那本《字典》仍在我手中。只那可怜的孙老夫子、那位只会念叨"怪哉、怪哉"的已经80多岁的老人，却不知现在何方？一当我想到、看到那本小书时，我的心就又"咯噔咯噔"乱跳了……

（原载1991年10月16日《解放日报》）

吃"无缝钢管"

有一点，可以证明我是爱国者。就是20世纪50年代，鞍山钢铁公司生产出了第一根无缝钢管，中国人民有志气呀，全国人民高兴，我也高兴，而且，我是一直自豪到今天。试问，同龄人中，有几位还记得这件事？怕是不多甚或是没有的。

我这里说的"吃'无缝钢管'"，不是生意场上所谓的"这批货我吃进"的"吃"，而是生理意义上的"我饿了，我要吃"的"吃"。

空心菜，学名蕹菜，又名蓊菜、通心菜，立夏前后上市，碧绿光青，娇嫩鲜挺，像翡翠，似美玉，生长泼辣，营养丰富，价廉物美，在叶菜中无与伦比。餐桌上的一碗空心菜，又何以不可称美味佳肴！荤菜多了，空心菜的身价也随之高了。这不只因为它一上市500克就能卖7元、8元，还因为它已上了酒席。在多数情况下，这道菜一上桌，食客们便连称好菜好菜！便争先下箸，眨眼间盆底朝天。所以，平民百姓吃得，有钱人对它也钟情。是能上能下的。

舍下喜食蔬菜，空心菜自不可少，一碗上桌，在下必啖其半，细嚼慢咽，味道好极了！可是每至此时，常使我想起当年吃"无缝钢管"的趣事，怪事，苦事，要命事……

所谓的"三年困难时期"，我在闽北上海农场坑塘分场第九中队"被改造"，彼时，主食品紧张，副食品奇缺，这是当今青年所无法想象的。在此所谓的"一片大好形势"下，唯农场蔬菜却长得极糟。长不好的原因是缺少农家肥，其中的人粪质量极差。试想，人吃不饱，野菜、树叶、树根充饥，一点可怜的养分，胃、小肠、大肠已悉数榨尽，体内排出的渣滓，全无"剩余价值"可言，哪里还有你蔬菜的份。所以，那蔬菜总是长得黄巴巴，稀拉拉，瘦刮刮。"饥不择食"，就是这种状若枯草、在今天只能喂牛的东西，那时同样是宝，因为总比野草、野菜好些（何况有的野菜有毒，食而死之者甚多）。所以，空心菜黄巴巴地可怜兮兮地刚在艰难地生长，就被割来下锅了。其实，让它长大一点，长多一点，多长几天才好。但是，我们等不得呀，生命等不得呀！也就那样长着长着，割着割着，一天一天地熬。空心菜泼辣，才能这样长着，其他蔬菜，比如青菜，那是长不起来的。到了初冬季节，空心菜就开花了，结果了，叶黄了，茎枯了，一切也就完了。

说到烹饪，因无食用油，所以，实际上这道菜不是炒出来的，而是放上盐巴，放上水，煮出来的。熟了，也就是一锅清汤浸着枯黄的茎叶罢了。因为时间煮得长了，叶子几乎全被煮得烂了，化了，剩下的只有茎，装在碗里，枝枝节节，桠桠杈杈，就像一碗散乱的铁钉。

最妙的是吃相。先是青草味扑鼻，紧接着就是用力咀嚼，发出的那种声音，也就和老牛吃草差不多。当然，咀嚼的时间长了，牙也酸了，但自己掌握，是可以闭嘴休息一下的。可是，那边的警察吹哨子了，要准备上工了。于是，双眼一闭，一狠心一歪脖就吞下去了。但凡事有利必有弊，相反，有弊必有利，碗里非但一叶不剩，而且因为无油水，所以洗碗的时候，只要用水一漂，就可以了，是不必用洗洁精的。

对于那又黄又硬的空心菜茎，一位曾是上海师范学院教师的右派王浩川对我说，这道菜有个很值钱、很有艺术性的名字，叫"无缝钢管"。我一想，还真像，于是，也就叫开了，结果，政府追查，也就揪出了王右派和我，说这是含沙射影、向无产阶级猖狂进攻、污蔑大好形势、攻击大跃进、妄图翻天。这就狠斗了几回，"死猪不怕滚水烫"，反正是已经如此了，斗就斗吧，批就批吧，虱多不痒，债多不愁。后来怎样也记不清了，但反正就这样，我也终于走到了今天，诸事模糊，唯这"吃'无缝钢管'"一事，记忆犹新。

（原载1995年10月20日《上海法制报》）

"鬼子进村了"

"鬼子进村了"这句话，其他文艺作品中抑或有之，但我印象较深的是出自抗日题材的电影《地道战》，这自是老话，但而今老话翻出了新花样，"鬼子进村了"的"妖雾又重来"。

前不久，在上海市郊，居然有"手持武士刀，嘴贴小胡子"的"皇军"出现。原来那里有家"影视乐园"，可以将服装出租给人照相留念也。本以为此事仅为罕见，孰料，郑州市有家"蓝梦艺术照相馆"，也有志于重塑鬼子的形象，且有样本悬于大街之上供人观瞻，教人仿效：一男童非但全副"日军"武装，且是"两眼恶狠狠地斜视着"，俨然"太君"再世！尤有独创者，惠州一迪斯科舞厅，门口竟有"日本鬼子"把门。

这三条新闻，分别见之于今年6月上海与深圳的几家报纸，前后相距仅10天，可见出现频率颇高。进入7月份，又有新消息，说厦门有人堂而皇之地生产"皇军帽"——中国人为日本鬼子开了"服装厂"！而且公然出售，公然有人戴着它在大街上招摇，而且有人怕买不到而奋勇抢购。所以我说，"鬼子进村了"这"情报"是确实可靠的。至于我们老百姓，是赶紧钻地道，打个伏击战，还是迅速撤离，上山打游击，或者是围而歼之，这是不能不有所准备的。

但是，说归说，笑归笑，我们还是要同那些经营者作一次严肃的"讨论"。经商要讲规矩，要讲商德，要讲良心。不顾影响，"三不讲"，误人子弟，唯利是图是不允许的。也请"老板"莫做你的"蓝梦""黄梦""黑梦"，应当问一下自己：我的道德价值、历史价值、文化价值究竟是什么？您的爱国主义到底还剩几分？

其次，我们要对我们的青少年朋友说：在八年抗日战争中，你们的祖辈大多吃过日本鬼子的苦头。说不定其中就有人死在日寇的枪炮或者是你正持着的那种"屠刀"之下。你今日这般的装束、打扮，而且洋洋然、狠狠然，将耻辱拿来炫耀，在丑类脚下膜拜，你对得起你健在的老人或是先辈的亡灵吗？你那样的无知，那样的投入，已不是在演戏，而是以"鬼子"自居了。也许你只是为了"过把瘾"，但你表现的却是历史，充当的乃是"坏人"。至少，你是把严肃演绎为滑稽，将恶魔变成了小丑。这怎能增加你对日寇的仇恨？你必须去读一读历史，你应当去听一听老人的诉说。至于用"日军"把门，请"鬼子"来应付中国人，我只有木然、茫然、愕然、愤然，因我要说的话没法讲出来！

再其次，我们有些地方的相关部门何以这般的富于"修养"而不去管他一管？是否认为只有黄色书刊，只有短斤缺两，只有寻衅肇事才是你们该管的工作范围、打击对象？对于如此明显的谬误，有关部门竟置若罔闻，百姓又岂奈他何？不过，厦门这次倒是管了一下，管的结果是在一家"帽业公司"一家伙收缴了"皇军帽"29 000顶，这大约已达到了"批量生产"的规模，好装备一师团的"鬼子"了吧！

应当强调：制止沉渣泛起，培养民族自尊精神，增强爱国主义教育，在改革开放时期有其特殊重要性。

屈辱的年代已经过去。但是，今日的某些中国人为何要将"烂膏药"往自己的脸上贴？日军的战舰模型先已"推出"，鬼子的"形象"又出现在我们的面前。鬼子的躯壳当然并未"进村"，但其幽灵却被以如此形式招摇。假如在中国的国土上竟然有"靖国神社"那样的东西，说不定也会有人去招揽游客的。

更值得注意的是，一些青少年乐于接受这种"鬼子进村"玩意儿，其麻木、无知、善恶不分竟到了这种程度，这实在是应当引起更深层次的思考的。

（原载1996年8月8日《劳动报》）

何 处 是 我 家

"文革"结束不久,1978年,我从改造农场平反回沪,在上海市肿瘤研究所实验动物室工作。也就在此前的难忘岁月里,我与一位上海姑娘有了婚姻,并且有了两个孩子。回沪是无房户,暂住岳母家。老人家还有三个子女插队在外地,岳父也在反右时被判刑而在农场劳改,家里就她一个人。

拨乱反正,喜事连连,岳父也平反回沪了,光荣插队的一个妻弟也回城了。于是,在那15平方米的斗室里,就放着两张大床一张小床,住了两对夫妻,七个人。转眼间,"人口众多的"斗室里,就起了摩擦,这也是一般的规律吧。事实也是大家生活都极不方便。

我找单位办公室主任,说就让我到动物室暂住吧?他样子很为难,没有表态。我就连夜突击,夫妻二人拖儿带女住进动物室。不料群众就议论纷纷了,有的说"我们住房也困难,我们也搬到所里来住好了"!办公室主任大怒:"无组织无纪律,谁让你搬进来的?"我夫妻无奈,一商量,只好由妻子出面恳求,重回岳家。可那个日子就更难过了。

闻得郊区一家农民有房可租,月租60元。但离我单位很远,又走又乘车,要两个多小时了,而且,租金也难于承担,但办公室主任同意每月补助我30元。我们遂即迁入。可才两个月,群众又有反映,说他们也有困难,也要补助。主任没法,只好撤销补助,那我就住不起了。妻子一个同学在街道工作,说日晖一村边上有一个工棚,油毛毡为顶,很破,大小天窗十几个,但买点油毛毡盖盖,马马虎虎能住人。于是,一家又"回城"。因我痴于写作,又要订报刊,要"通邮",没有门牌不行。因其位于零陵路边,我就自立门户为"零陵路独立201号",我做了个大大的40cm×20cm

的牌子，写上我家所在的路名和门牌号，于是，邮路畅通。忽一日，一位户籍警，找上门来训话："我管的零陵路只有100多号，哪来的201号，谁同意的？"我慌忙向他叹苦经，出示了工作证，他摇摇头，叹息一声，回身而去。但热天是蒸笼，冷天如卧冰，外面下大雨，里边雨不停。

但我的第一部长篇小说，就在这里完成了初稿，许多文章就在这里写成。一住两年。一日，忽然来了一个什么人，一手叉腰，庄严宣告："这是违章建筑，立即拆除！"不由分说，第二天就来掀了我的屋顶。在我全家露宿两夜后，也记不得是哪位做好事的指引，说日晖五村一边，有一间无人管理的油毛毡棚，8平方米，可以栖身。我急忙抢占，用竹床、木板，为孩子搭成阁楼。只有门，没有窗子，平时已经闷得慌，夏天的那种热，更是难以形容的。尤其是苦了两个孩子，他们住的"阁楼"其高不过几十厘米，真正是连腰都直不起的，什么空气，什么卫生，真不知其为何物。夏天的那个热、那种闷，作为人，真是难以忍受的，作为父亲，确实是苦了两个10岁上下的孩子了。但我们下面也只有1米7左右，作为一个家庭，还有一些必需的生活用品，塞得满而又满。烧饭，就在门旁搞了个小棚。现在说什么"蜗居"不"蜗居"的，我家那才叫真正的"蜗居"呢。两年后，住在一起的其他人家，是统一安排的拆迁户，新房子造好了，全喜迁新居了，而我是"散户""游击队"，"插队"者，无家可归的，而且，临时棚棚，又要拆除，我又无处安身了。

是时，我单位也造了新工房了，但尚未分配，我得以率先住进，在东安三村，一室半，煤卫齐全，真是太好了！太美了！光明终于来临，艰苦终于到头，以为就是这一套了。然而且慢。分房了，因我是无房户，领导说不能"一步登天"，得像一支歌里唱的那样，"蜗牛背着那重重的壳，一步一步地往上爬"，所以是没有资格拿这样的面积，只能另分一个单间，十几个平方米，但从长远看，我不能接受。于是，到人家都喜迁新居，我只能走人。组织也算照顾，就让我四口之家在所内一个堆杂物的石棉瓦棚中栖身。

第九次，时间也进入我回沪的第十个年头——1988年。市卫生局分给我单位陌生、遥远的浦东一套两大间住房。领导问了张三李四，个个摇头，看都不去看的。那是一幢高层，也是浦东最早的大楼。但路途遥远、交通不便、环境冷落、草比人高。而我，一方面受够了十年困苦，更估计浦东将来或有发展，交通或有改善。夫妻看了房，一齐下决心——"就是它了！"

入住后，交通的困顿果然要命，要乘三或四部车，两头要走，当中也要走，我到单位要两个小时。骑自行车非但路途遥远，而且过黄浦江之难难于当年解放军过长江，他们过长江是8分钟，我过黄浦江要40或50分钟（人多，上不了船）。但我们咬牙坚持着，肯定光明就在前头。

简直好像就是一眨眼的工夫吧，随着浦东的开发开放，交通、市容日新月异，敝处竟繁华了起来。看今朝，交通算什么问题，地铁站百米之遥，一上地铁，全上海就在脚下。

啊！回首那老鼠搬家似的十年，原来，我的家，我的归宿在浦东！

（2000年9月8日）

"冠名权"刍议

某市出台一项奖励：凡年创利税1 000万元以上的企业，可用其主要负责人的名字作该企业名。决定一出，这样的工厂和公司一下子就出现了80余家。在上海闵行某中心小学，还有以个体业主为教室名的"新鲜事"。这倒不是因为这些业主是人民英雄或有其他特殊荣誉，而是因为他们向学校捐了款。

以活人为马路、企业、地方名的事，大约在个人崇拜风行时的苏联最为盛行。比如什么斯大林格勒、斯大林工厂之类颇多。今日被称为"欧洲世界最落后的国家、世界最不发达国家之一"的阿尔巴尼亚，在和我们"友好""拥抱"时，为了表现"伟大的友谊"，他们那里也曾有以毛泽东命名的工厂。可惜得很，这样的好事，却是热于一朝而弃于一旦的，政治风云一变，也就立马取消了。而且，"英名"还成了"骂名"，你看好玩不好玩。

当然，命名之被取消，也有其他原因。比如，某地的二十多位"经济工作成绩突出的企业者"的大名作了路名之后，惜乎"没过多久"，其中就有三个犯了法，"进去"了。人已坏，名难留。于是，路名重又忙着"复旧"。其实，盖棺尚难论定，这些尚健在而且又"常在河边走"的先生们、女士们，谁又能保证他们人人过关、个个清正而到最终呢？这样，总是让大家捏着一把汗，烦不烦！

一个企业，是由一群人组成的；一个企业的经济成员，是由一个集体完成的。所以，一个企业能创利税1 000万元以上，"主要负责人"确实起了作用。但是，在整个生产活动中，财富的主要创造者、直接的生产者，仍然是广大劳动群众。而且，单位的"主要负责人"一般也不止一位。再者，因为仅以1 000万元为标准，而那些亮出大名来的"主要负责"人，其表现，就都能绝对出色而无一例外？倘是一个在生活上不怎么样或思想、情操低下因而不受群众欢迎者，他的大名也能拿来用上，任他享受那份荣耀？若此，群众服否，社会效果又如何？个体业主捐款给学校，倘以"挂名"为条件，这在孩子们的幼小心灵中将会产生何种印象？如其中的某人不幸出事后，是否要"除名"、摘牌？

在被命名者个人一方而言，你对社会有真奉献，人们是不会忘记你的。但是，我们中国人的优秀品质是谦虚谨慎，是不追逐个人名利。我们习惯于让人们将你的名字记在心中，而不是炫耀于外在。

当然，我们有以雷锋、邱少云命名的班级；我国的一些城市有中山路；上海有靖宇路、晋元路以及鲁班路、光启路；当然还有鲁迅公园。但是，他们的品德、他们的精神、他们的奉献，是人们所公认的，是经得起历史考验的。再如，我们老一辈无产阶级革命家的名字，也不曾被用作厂路名、地名，但他们的丰功伟绩和光辉形象却永在人民心中，并和山河共存，与日月同辉。更有无数的革命先烈，为了人民和民族的利益英勇牺牲了，有的连名字也不曾留下。我们个人的名字就真的那么了不起，真的那么光辉，真的那么伟大？比起来，我们是不是有点惭愧？所以，您在得意之时，是不是也应当抽一点时间，考虑一下这方面的问题？

（原载1997年5月5日《劳动报》）

汉字的乱象

世间万事万物有的繁复，有的简单，自有其内在规律可循。若自造繁杂、作茧自缚，当不可取。

去岁初冬，杨家渡路一摊头，大红纸上大书"良乡粟子"四字。笔者见之，好心言道："老板，您错了，粟字下面是'木'不是'米'。"他哂笑道："侬弗懂。侬讲格是简写，我迭个是繁写，现在行的。"他潇洒地一挥手，便把我给晾了。

在下孤陋寡闻，原本不知"傢俱"一词为何意，但见此词在市面上业已流行，经过"三次思维"以后，方知"傢俱者，家具也"。南车站路有家五开间的竹木家具店，高悬着的"俱"字，右边的"具"字却又少了一小横。意在求繁，又不善繁，悬之街头，"示众"有年。

《战国策·齐策二》：楚有祠者，赐其舍人卮酒，因酒少，所以几个舍人议定在地上画蛇，先成者饮。一位先画成了，但他却逞能："吾能为之足。"后人李商隐为诗诫人："劝君莫强安蛇足，一盏芳醪不得尝。"无奈"蛇足"之风至今仍炽。浦东一饭店叫什么"鹰"，这鹰字里头的那个单人旁，被写成一个双人旁。笔者指出之。店主郑地有声："我这头鹰同别的鹰不一样！"

由于历史的和现实的两种错误的结合，使得目下的汉字有了不少错别字。这不只出现在信件里、计划里、总结里，也出现在影视里、书报期刊里、招牌上、广告上、文件上……这种文字的紊乱，有碍工作，殃及成人，贻误后代，是一种真正的文化乱象。

由此可见，错别字的一个重要表现，就是当今的一些"朋友"，把国家公布了的一些简体字又恢复成繁体、异体然后再写错用错。由于海外华人世界多用繁体字，台湾也用繁体字，大陆人在与海外或台湾同胞、朋友进行经济、文化、感情交流时，在一定范围内使用繁体字，是可以理解的。然而，现在有些内地朋友，却怪异地以使用繁体字为新潮、为高贵、为有水平。偏爱繁体字，又不熟悉繁体字，更不肯稍微认真地琢磨一下，于是便引出上列种种笑话。

这种现象在一些像样的或比较严肃的单位亦不能免。浦东南路有家中外合资企业，新做的招牌漂亮极了，厂名里头有个繁体写法的达字，可惜羊字少写了一横。上海有家相当有名的刻字社（刻字社！）叫"索达"（经理原是一位我的同事），把广告做到了南浦大桥下面，结果两平方米大的繁体达字，同样也少写一横，马路对面一国家二级企业的广告牌则把"情系用户"的"系"加了"亻"，这个字的原意为"是"，这样，意思就不一样了，而且也并非"系"的繁写。瞧这两家子，隔路相望，意思好像是让人觉得——"你错我也错，要错大家错"。

这些"标本"似的乱象，展现人们在文化素养、工作作风和科学态度诸方面尚存的遗憾。错成这样，其始作俑者，并不知道是一种错误。其实，要注意这方面的问题也不太难，愚意以为，还是应当积极运用国家已公布的简体字，而且要从简如流。若为某种原因一定要写繁体字，非确有把握时，可请教于人，包括自己或他人的孩子，或者，关门考古，查字典，也不过举手之劳罢了。

因为店招、广告之类的错误，有碍市容，所以，政府有关部门责无旁贷。据传，上海的文化、教育和宣传等部门将组成"纯洁汉字小分队"，要在街头检查、纠正这方面的问题，这很好。但希望工作要尽快开展，还希望不是只刮一阵风，而要搞常态管理，因为，从客观上说，有些人、有些事，是非管不可的。一个好的社会秩序，开初或曰主要的成因，不是人们自觉形成，而是因为引导、管理才产生的。人们的自觉，也是因引导、管理、宣传而形成的。

（原载1992年7月7日《解放日报》）

关于自带酒水

那日我和友人在一酒家小酌，因二人均不善饮，只要了一瓶三得利啤酒，可价格竟比外卖贵了近一倍。因是待客，金额也不大，我也就认了。行将离去时，那边有几位客人在和店家纷争，也是酒价问题。客人说：一瓶500 ml石库门，超市是27.50元，你这里怎么是48.00元？一瓶750 ml王朝干白，超市是26.50元，你怎么贵到48.50元？

这样的高价酒，并非只此一家，从小打小闹的夜排档，到星级大酒店，几乎无不如此。而且又非止上海一地。据京津沪渝称，餐饮业提供的酒水，价格最高的是市场的四倍，轻而易举地牟取了暴利。你有话说，商家的理由有两点：一是"愿者上钩"，二是他有"解释权"。

店家的这种行为，是侵害性的，而且违犯了我国有关法律、法规。你的"解释权"又是谁给的？再说了，你有"解释权"，消费者就有"反驳权"。法律、法规还赋予消费者"自主选择商品"和"拒绝经营者强制交易"的权利。

关于不准自带酒水一节，已是霸道有年，法律、法规虽在却又形同虚设。比如《消费者权益保护法》《反不正当竞争法》《合同法》等都有规定，只不过没有具体到有"消费者可以自带酒水"这句话罢了。就这样，老实的中国消费者，就长时期地被侵犯着，被欺骗着，被强迫着。

作为一级组织，京津沪渝四地消协已于今年1月10日发表联合声明，强烈抵制商家这种非法行为。因而可以说，只要双方为此有争议，消费者必然会得到有关组织的支持。

年前，温州餐饮业竟有23家酒店搞了一个"谢绝自带酒水"同盟，但在当地物价、工商等管理部门干涉下,有的已退出"同盟",有的已撤去提示牌,有的已调低酒水价格了。人们希望有更多餐饮业能效法,消费者也应当理直气壮起来。

从法律意义上说,有一条,也是根本的一条,消费者要记住——你和商家是平等的。

(原载1999年3月3日《上海商报》)

今日"二诸葛"

我忽得某公司赠送之1996年挂历一本，翻过之后，傎我先是惊讶，后则木然，继而深思起来。

此挂历并不以美人取胜，绝对地戒色禁欲，它只向世人指点"迷津"，教人办事须注意某日之"宜""忌"。未来之某日可以干什么，不可以干什么，上天是早已注定。比如某日忌"出行"，则无论那天如何的风和日丽、诸事宜人也是不可出门的，否则，非但办事不成，且有大祸临头。若是宜"出行"，则不管暴雨倾盆、电闪雷鸣、天崩地裂，也只管出门无妨。你看，作家赵树理笔下那位讲究宜忌的二诸葛今日又粉墨登场了。

尤为令人不解的是，这本挂历今年有两天"诸事不宜"。大约是说这两天是"黑道"凶日，所以是任何事都不能干的。其中的一天竟是"十月一日"，真不知编印者是何意思。

试想，今日的一个家庭，如供上了财神，又有一位老太太的烧香拜佛，再有这样的一本挂历高悬以配套，这将是一种什么样的氛围，给予青年和儿童的又是什么？

今日的人类，不只早已遨游太空，且已登上了月球，而封建迷信却在一些人，包括厂长、经理乃至书记的头脑中泛滥了起来，搞什么求神问卜、烧香拜佛以及印出这样的挂历来赠人，这至少也是其自身落后而又将我们的生活环境倒退半个世纪。这样的一些怪事，真是让人哀叹不已的，我希望大家，尤其是年长者不要信它。

（原载1996年1月15日《劳动报》）

演戏和做人

丙子年元宵节，恰是程之先生谢世一周年。那天，在市政协举行了一个纪念活动，原定七八十人参加，却有不请自来者，于是，到场达120余位，走廊里也挤满了人。

一个人已经不在人世了，而且又是"此去经年"，因何还有人对他那样的不能忘怀？

程之是一位有成就的电影演员，他的相声、京剧表演也有极高水平，他还拉得一手好京胡，他的配音、书法艺术也极具功底。他有真本事，是名实相副的多才多艺。至于他的人品、他的道德修养也属上乘。他虽对塑造反面人物极有研究，但他在生活中却是非常的善良、敦厚、谦虚。他恪守"演戏要生活，生活不演戏"的行为准则。圈内人士、里委阿姨、他的朋友以及领导都这样肯定他。

再看现在的青年文艺工作者，不乏飘飘然、洋洋然者。比如，若为电影演员，又能上电视，不论水平怎样、效果如何，便自以为是"两栖"了。倘再能唱上一嗓子，那就是"三栖"了。若此，程之该算几"栖"？

程之绝不伟大，但是，似他这般德艺双佳的老艺术家，不论是谢世的、健在的，谁都能说出几位。所以，我在这里所说的，并非一个具体的人，而是一个闪光的、蕴含着优良传统的群体。

还得继续议论我们的青年或者已经不怎么"青年"的文艺工作者。某几位会两手了、有点能耐了、有点名气了，就自以为了不得，身价百倍、千倍、万倍了起来。这就是向"生我养我"的人民要价了。比如，有个上过电视的"女歌唱家"，到一贫困地区去演唱。说好七万元，不知因何，她忽地提出要再加五千大洋，否则就休想听"俺"这嗓子！还有的影视演员，拍戏时不守纪律，酗酒、胡闹，或者任意迟到，众人等一人，你急得满头大汗，他无事人一般。也有戏拍到一半不知因何故而"摜纱帽"的。此类事很有一些。

如今，群众切盼着有更好更多的精神食粮，希望能有一大批有艺术造诣的青年艺术工作者面世，更要求他们能有优秀的品德，而少一些假造的明星和不讲道德或擅长打架的"演员"。

可以欣慰的是，在我国的文艺界也真的出现了一批在艺术上有成就、有发展而且注意自己社会形象的青年文艺工作者。可以断言，他们将大有作为，还可以成为我国艺术界的重要力量。他们也有缺点，但却勇于改正。陈道明因假唱而公开作自我批评，就是一种进步的表现、负责的态度。所以，舆论在一个时期内给予了很好的评价，以致成为一个热点。但成为热点的主要原因，正好也说明了这是因其少，因其是凤毛麟角。

一位观众赠送程之先生一副对联，是很可以令许多人咀嚼、品味、深思的。联曰："演戏逼真原为假，做人不假全是真。"这也就是一位老艺术家，留给社会，留给人民的一个负责任的、难以忘怀的形象。

（原载1996年7月2日《上海经济报》）

食蟹不需钱

眼下，市场上的蟹价张口四五十元一斤，有点怕人。而从前，我吃蟹是不花钱的，每年秋收开镰直到霜降之后，更是我食蟹之时，说来，也是挺有趣的……

一天劳动结束了，就光着脚丫子，走在夕阳里，我去捉螃蟹。水沟旁、田埂下，常有蟹洞可见。但有洞未必就有蟹，须洞口有新鲜蟹脚印者。蟹洞都是直的，不转弯的，将手伸入洞内，十之八九可得一只。有的洞太深，手不可及，有的洞太小，手伸不进，这便要用工具了。这工具也极简单的：一根粗细如绒线针的铅丝，在其一端二厘米处拗成直角，便成一蟹钩。将这钩儿伸入洞中，触着蟹时轻轻搔动，搅得它不得安身。"横行公子竟无肠"，它不知是计，会忍不住自家爬出洞来，落入我手中，便充作了我家的盘中物。

曾记得，我当时捉得那些蟹，味道要比如今市上的蟹来得鲜美，堪称"螯持嫩玉双双满，壳凸红脂块块香"。有一次，我捉得一只软壳蟹，它个头虽大，但却显出十分无力和疲惫的情态。奶奶说："它刚蜕了壳，怪可怜的，放生了吧。"我听话地把它放入小河中。不料它入水后又爬到我身边，似有谢我不食之恩之意，这才复又入水而去。怪了，蟹也有灵性？

新中国成立初期，我调上海工作，每至"桂拂清风菊带霜"之时，那水果摊上、小菜场里以及菜馆、酒楼中，都有"大闸蟹"卖。但这对我来说，已非稀罕物。所以在沪多年，除非有人请客，我是从不自己掏钱买蟹吃的。嘿，巧着呢，想不到后来我又有了吃蟹不花钱的机会。

60年代中期，我在安徽"改造"，当地人在青弋江上、敬亭山下捉得一筐又一筐的螃蟹来上门叫卖，说是"贱卖了，贱卖了"！一般是五至八角一斤。事务长颇关心我们的生活，所以，我们每年大都能不花钱吃到一两次蟹。至时，我们到伙房窗口，空碗儿伸进去，即可领到一份煮熟了的大螃蟹了。那蟹的肥壮、鲜美，真是难以形容的。有时，还可有一二两黄酒可扳。"改造"令人凄苦，然则此刻却忽地"泼醋擂姜性欲狂"，不觉忘乎所以矣！

我在摘掉帽子，"留场继续改造期间"，于1967年10月获假回沪探亲。途中在宣城街头，以一件旧绒线马夹，作价八元，与卖蟹人换得十斤蟹，全都膘肥体壮，实实的爱坏了人。准备带回沪上，孝敬老人，馈赠亲友，不亦宜乎！

我提着这一篮蟹，兴冲冲跑到宣城汽车站。岂料天不从人愿，没有汽车，不能成行。无车的原因是彼时"文化大革命"正"革"得活来死去，安徽宣郎广和浙江杭嘉湖两地区武斗正酣，乃致交通中断。一等三天，还是无车，而蟹是不能久等的，死了，就不能吃了。万般无奈，没得办法，只好以每斤三角钱的宣城最低价，把蟹尽数卖给了一位极会杀价又十分贪婪的宣城老头儿。而后我提着空篮子，怀揣着那三元钱，迈着迈不开的步子，回农场继续改造。

"忽如一夜春风来，千树万树梨花开"，我终于获得平反而回沪工作了！但对而今农贸市场上的高价大闸蟹（其实，这种蟹比我以前吃过的小多了，但依习惯，仍称其为"大闸蟹"），我是感叹一声，只看不买的。或曰："你这是何意思？买不起？"那倒也不是。其实我今日之生活水平，比往日已提高了许多。一般说，生活水平的高下，是不能用是否能吃几十元一斤的大闸蟹来衡量的。我的原因，是在于对宣城买蟹卖蟹的感慨，是在于对少年时捉蟹的留恋。

敢问，这世上，对蟹怀有这种复杂感情的，又有几人？

（原载1992年5月4日《文汇报》）

你为谁服务

"西风东渐",中国的消费者当上了"上帝"。这大约是我们"与国际接轨"最早的一个"大项目"。说最早,是因为在我们未提"接轨"之前就在不知不觉中接上了;说最大,是因其事关乎十几亿人,还有比这再大的项目么?

匆匆几年过去,借问大家作"上帝"之感觉如何?孰料,所答竟少言"味道好极了"者,而说那味酸溜溜、辣豁豁、苦叽叽者却是多乎哉,多乎也!盖"上帝"已成通用而可以不负责任的广告语和商人表白自己的口号了。

从政治经济学的角度看,服务与被服务之间的活动,一般是等价交换、互有所求、相互依存的平等关系。你作为需方、作为消费者,没有供方,没有经营者,你无法生存;作为供方,作为经营者,倘无对方,同样活不了。

但是,一请来"上帝",事情就复杂了起来。

因为"上帝"是神,所以经营者必须对他绝对地服从,完全地忠诚,悉心地服务。却并不要求"上帝"对经营者仁慈,这就显得极不平等了。但现在也有将消费者称作"皇帝"的。抬出这个封建头子来,局面将更糟。因为"皇帝"是专制者、独裁者,中国老百姓吃够了他的苦头,对他恨之唯恐不及,还会有谁去尊敬他?故而被唤醒的,只能是对立的情感。

所以,不论是"上帝"还是"皇帝",都难为一般中国老百姓所接受。而且,这样的比喻,对经营者的人格,是一种贬低和损伤,少说也是不尊重的。虽然,比喻总是跛足的,但这回却委实"跛"得厉害——失去了常情常理常规,以致难免要"摔倒"在地了。

服务质量存在问题的原因，当非一端，但这种令经营者反感的尊崇，怕也是一原因。我就不信：顾客进门了，营业员真会从心底发出恭顺而虔诚的声音："啊，上帝来了！……"我倒是认为：这种强加的、迷惘的导向，将原本结构良好的中国经营者和消费者的关系打乱，并且推向了一个误区，以致双方均无所适从，不知其可。

我们在改革开放中，强调要"建设有中国特色的社会主义"，这是以中国人的文化传统、心理状况、精神因素、经济基础及政治制度亦即中国国情为依据的。

上棉一厂劳模杨富珍小组，几十年来一以贯之的原则是："心贴布，布贴心，织布为人民"，而不是说织布为"上帝"或织布为"皇帝"。上海所开展的"让人民高兴，使人民放心"的主题活动所提到的也不是"上帝"而是人民。毛泽东同志所倡导的"为人民服务"，所有中国人民都欣然接受了。而今，人民却为"上帝"所代替了。

为人民服务能最充分地表明服务和被服务的关系，它充溢着同志式的感情，蕴含着"我为人人，人人为我"的深意，是人和人关系的崇高而平凡的写照。为人民，我们可以上刀山下火海，即使献出生命也在所不惜，又遑论为你售一次货、看一次病、理一次发、开一回车、送一封信、端一杯水……倘要为"上帝""皇帝"去死，谁会愿意？

相逢是一份缘，奉献是一段情，服务是一种爱。能为人民做点什么，我们会感到满足，做得越多，满足越大。我们要的就是为人民服务。"上帝"和"皇帝"两位，还请一边歇着去吧。

"童叟无欺"，才是中国式的、传之久远的本色，才是一种合理的、平等的人与人之间的关系。想是这么想，说是这么说，一家之言，一孔之见，未可尽信也。

（原载1996年5月22日《劳动报》）

冷汗化作毛毛雨

一位香港医师和一位内地医师谈起了医疗行业中的"红包"现象。内地医师深为"红包"在医疗领域的蔓延而心忧。香港医师却说，他们那里的医师是不敢收"红包"的。北京一位五星级大酒店的法国"老总"，某次驾车外出，当被交警拦住检查驾驶执照时，他竟被吓得冒冷汗。因为他的执照已经过期。验证完毕罚款之后，这位"老总"忽然觉得出乎意料地轻松。

香港医师因何不敢收"红包"？因为，在他们那里，只要收一次"红包"，一经发现，将被终生取消从医资格。这样的处理，应当说是够严肃的。然而，这样的"严肃处理"在我们内地的一些同胞看来，简直就有点"不近情理""不让人活"，以致到了残酷的地步了。但是，这种"残酷"是对着那"腐朽"和"不道德"的行为的，也是颇有"力度"的。而且，不但必要而且有效。唯其如此，他们那里的医师才不敢收"红包"。倘是要收，你就先得考虑一下后果，或曰先算一笔极简单的"经济账"，也就是计算一下违法的"成本"。收与不收"红包"的利害两相权衡以后，想收的人大约也就不敢收了。另一方面，想送的人也必须考虑两个问题：一是送出去以后，人家要是不收那多尴尬；二是他要是收了，你也等于是拖人落水，于心何忍！这就形成了这样一个局面：送的一方不愿送；收的一方不敢收。两个"不"字一碰头，这事儿也就办不成了。

那位法国"老总"在接受检查时之所以被吓得冒冷汗，因为在法国过期驾驶，是要坐好几年牢的，而在敝国，只罚人民币5元，就可以过关了。这实在是一件有惊无险，而且又可以令人轻松、愉快、忍俊不禁的事儿。

我们当然有我们"既定"的政策。但是，时事是在变化的。所以，毛泽东同志有言："要从客观存在的事实出发，从分析这些事实中找出方针、政策、办法来。"我们现在对于某事的某办法，是否符合、是否仍具权威性或震慑性？这应当由实践来检验，不能刻舟求剑，只能因事制宜。

仍说医疗行业中的"红包"，现在大约已经成了一个问题。而此前是"不成问题"的。所以，今天，就应当有一个新的、可以起到杀灭作用的手段。要可以"相生相克"。倘生而无克，事物的平衡当然就要被打乱。我们现在对"红包"的处理，大约也就是扣点儿奖金而已。尚未闻得有某医师因收受"红包"而被开除的，更不曾听说有哪位医师因之而被"终生取消从医资格"的。所以，我们现在的情形便是不少病人入院后，首先考虑的问题就是怎样送"红包"和送多少；有的医师也可能大着胆子去考虑病家的"红包"可能是多少？我如何悄悄地接受。倘如此，"红包"，又如何禁得了？至于超期驾驶仅罚5元的处分，莫说对"大款"、对老总，就是对"小款"、对穷汉，也只是"毛毛雨"而已。所以，不超白不超，"超超"何妨！

教育和处罚好比是"两只手"，一手硬一手软是办不好事情的。我们在法纪方面出现的许多问题，其原因有多种，但惩前之不力，毖后之无功，就是重要的一条。这就令人想到孔夫子"政宽则民慢，民慢则纠之以猛"之论，还是很有道理的。

（原载1997年4月9日《解放日报》）

灭 蝗 记

我13岁那年，在离家三十余里的四姨妈家过夏天，因为她家房屋宽敞，还种了西瓜，可以吃瓜不用买，而且，她家的生活条件，也比我家好许多。

可不几日，忽从湖垛镇（今建湖）传来消息，说洪泽湖边生蝗虫了，而且已向东往我们这边飞来。蝗灾，老百姓此前是经历过的。所以，消息一来，村民们都紧张了，一时间议论纷纷。有的说国民党来打仗，又来蝗虫，老天要收人了；有的说，蝗有蝗神，要求菩萨多保佑。四姨犯愁道："真要来了，今年的麦子怕保不住了，还有那块玉米地……"四姨父说："怕，顶个屁用！来了就打！"

某日早晨，我们正在吃早饭，就听外面有人大呼："来了，来了，蝗虫来了！"我们是准备好了的，四姨父把碗一推，操起一把大扫帚冲出门去，四姨、三个孩子和我也都拿起扫帚、面盆紧跟着，奔向自家的田头，到那里一看，蝗虫已经落地了，但为数尚少。只是，天上的蝗虫真像乌云一般。铺天盖地而来。眨眼间，密扎扎，地里已经全是蝗虫了。并且，它们还肆无忌惮地在我们身上、脸上乱撞，撞得人的脸、手好疼。而且，因其足上有刺，我们的皮肤，都让它们划破了。随手一把，就能在身上抓住几只，一脚下去就可以踩死许多。而且，它们英勇顽强，不怕死。而且，它们个个膘肥体壮。

这时，田野发出一片蝗虫啃食庄稼的"嗦嗦"声。

我们驱赶着，扑打着，践踏着，怒骂着。田野里除了喊声、锣鼓声、敲击面盆的"当当"等声外，还有鞭炮声，也有的用烟熏……所有这一切都是为了驱蝗灭蝗，效果还是有的。可也有的人家只是立于田头焦急地观望,说是打不得;更有的非但不抵抗,还在田头摆下香案叩首如仪,口中念念有词,不住祈祷……

就这样,不过二三十分钟的时间,田野完全变了样,除极少数地块损失较小外,大部分庄稼已被啃光,尤其是刚刚吐出白色和红色细须的玉米,因为它的甜味和饱满的水分,而成了蝗虫集中啃噬的目标,姨妈家的一块玉米地,损失一半。有的人家几近被一扫而光。此时,蝗虫已化为乌云飘向别处,或如滚地龙一般,卷向另一边。

世界变得空寂、寥廓了,烟雾仍在袅袅上升,空气里弥漫着难闻的腥味,几个女人的号啕大哭,撩动着农民们破碎的心。我们几个孩子流着大汗,满脸满身污垢来到姨父身边。他不轻不重地把扫帚掼于一旁,坐到了田埂上。姨妈看着遍地被打死的蝗虫赔着笑对丈夫说:"倒是又多又好的上等肥料,下一季准丰收。"可怜那些求神者,既收获不到庄稼也失却了肥料。

其实,灭蝗还有一个好办法,就是鸭子。比如去年,我家就养了近100只鸭子(因为数量多,当地称为"趟鸭"),这些鸭子遇到蝗虫,那真是求之不得的,它们会十分快乐地吞食蝗虫。鸭子是边吃边向前,蝗虫是不怕人,但怕鸭子,所以赶紧"起飞"逃命。鸭子就是吃得饱了,它仍会追逐蝗虫,所以,它是边吃,边赶。养鸭人当然也省了饲料。

(原载2000年9月8日《上海老年报》)

两个变三个

我怎么也想不起他的名字了，而他的形象我却至今不忘：一位极富个性的山东大汉，一名户籍警，一位戴过大红花的爱民模范。我们叫他山东韩。我和他在一起"改造"过，我俩还是深交。

一位老太婆想死。她先用刀子把自己割得满身是血，但顽强的生命还是不愿和那枯瘦的躯体分离，她最后用悬梁之法为她的生命画上了句号。老太的儿子是国民党的一名营长，1949年去了台湾。这老太孤身一人，平时甚少外出，只在家里看书、练书法、吃斋念佛聊度残生。她不大和人多说话，而一见山东韩，便无话不说。有次，她患病卧床，是山东韩把她背到了医院……而那"肃反运动"一来，她自是在劫难逃。七斗八斗得吃不消了，才寻了短见。她死后的第二天，山东韩发现了。那惨状使他忍不住落下泪来。就在这天晚上，有人还发现山东韩独自一人在一家小饭店里喝闷酒，而他平时是不喝酒的，偏生他这次又喝得醉了，第二天竟误了上班。

派出所所长了解了情由，向他的上级报告了此情此事。于是，山东韩被决定调往一家酱油店站柜台。他只说了三个字："我不去！"

还在大跃进的年代，就曾批过他的"右倾"。这回又有"新问题"，便再次开他的会。这叫什么会？反正有个批字。先说是批评会，渐次成了批判会，后来有人上来动手了，这便是批斗会了……

几天之后，所长命他送两个人去劳动教养，并含笑交给他一份密封信。山东韩因感到领导还是这样信任他，因而紧握所长的手。

山东韩带着那两人到了上海横浜路劳教收容所。在一接待室里，自己人嘛，一位负责接待的警察和他亲切握手后，请他一旁坐了，还给了一杯水,而后打开信封,取出3张表格、一张信笺,仔细看罢,便不住地看他三个,最终把目光落在山东韩的身上……

身穿警服、头顶国徽的山东韩被看得莫名其妙了……

那人问他:"你送来几个人?"他答:"两个呀。"那人开始点名。那两人应了,接着,竟喊了他的名字,山东韩下意识地应了一声。就见那人忽地拍案而起,指着韩怒道:"谁说两个,一共三个,你是其中之一,这上头写着呢!"

山东韩呆了,一时间说不出话来:"不……我是……"

那人断喝:"你给我站起来,'你是','你是'什么东西?你是坏家伙!少啰唆,快把制服脱下来!"山东韩昂然立起:"不。胡闹!我得回去问问清楚。"那人笑道:"你回不去了!"

上来两个人,扒了他的制服,摘了他的帽子。那人指着山东韩冷笑道:"你思想一贯反动,你对共产党怀着刻骨仇恨,你包庇反革命家属,你投靠台属梦想蒋介石反攻大陆,你是阶级异己分子(注:即原为革命阶级成员,后叛变)……你问题多了,送你劳动教养是轻的!"山东韩半日无语,百口莫辩,猛然仰天大哭:"这……是真的吗?"那人挥手:"不准喧哗,不准吵闹,把他拉下去!"山东韩奋力高呼:"错了,错了,搞错了……"

后来,我们被押解农场改造,我和他分在一个中队。

说来也怪,经过学习、教育、当然还有繁重的超负荷的劳动,他很快认识和承认了自己的"罪行",而且是从内心出发,多次作了口头表述和书面检查,确认自己是丧失立场、包庇反革命、对抗无产阶级专政、是阶级异己分子……只是不承认要蒋介石反攻大陆,说情愿上前线和国民党反动派打仗,以一死抵偿自己的"罪孽"。

其实,说怪一点也不怪,我己和他一样,对自己"深重"的"罪孽"同样有了越来越深刻的认识,和越来越深刻的批判。何止于此,全队的劳教分子,全场的劳教分子,几乎全都认罪服法。于是,无产阶级专政,在这里,获得了伟大胜利。

(原载1995年2月15日《上海法制报》)

天堂里的眼泪

抚顺宝达娜化妆品公司董事长、韩国商人李在天，借故夜里一人住在大楼里怕鬼，而要人值班陪夜。陪也罢了，但要女性，而且要为他按摩，而且要关灯，而且要受其污辱，而且不得反抗。否则，就开除你。"有的女工忍气吞声，有的女工含恨自尽。"

如果我们只注意到女工的被辱，只留意于她们敢怒不敢言的痛苦，目光只在楼内而不及楼外，我们还以为那是发生在"万恶的旧社会"。然而，这活生生的事实却是发生在今天，而且自1995年10月至今一以贯之。对这一违背常情常理常规的事件，仅我所知，《上海侨报》以《韩国老板竟强令百名女工做"按摩女"》为题予以报道，《报刊文摘》则以《这样的韩国老板谁来管》为题予以转载。仅以标题而言，那愤怒，那谴责，那呼唤也已是如见其人、如闻其声的了。

我们推倒了三座大山，我们因此而狂欢过：解放了，解放了！"天堂"当然还是"天堂"，可是，我们同胞中的某一部分，在今天的某一个时候，却跌入了某种人设置的火坑或者泥坑，她们的人格、人身受到了侵犯，庄严的中国法律被人藐视。我们可以断言：那样的公司、工厂，已经不是工人的乐园，不是工人温暖的大家庭，甚至那里面也没有多少阳光，有的，则是资方的黑手。

这样的劳资关系不止一处，这样的老板不止一个，这样的事情也绝非一件。某公司的工人被灌以汽油、食以垃圾的惩罚；某制鞋厂的工人和狼狗一起被关在笼子里；某老板一声断喝，全厂工人必须齐刷刷跪下；某厂日夜用铁栅将工人锁住，以致失火时工人无法冲出"牢笼"而被烧得焦糊，焦煳……

中国维护劳动者利益、维护人身权益的法律、法规已经比较完备。举其大者，就有《宪法》《劳动法》《刑法》，是并不需要再专门制订什么《老板不得污辱女工法》《老板不得将工人和狗关在一起法》《老板不得将汽油灌入工人口中法》之类的法律的。

可是，一旦那种令人愤懑的事件发生以后，我们的那些执法者、那些基层组织、那些地方政府，是不是也该说点什么，干点什么呢？不是说要"为人民服务"么，在人民急需为之服务时，怎的都没了声音、没了踪影或者羞羞答答了起来！据称，那个灌工人以汽油和塞垃圾于工人口中者，"将要"受到严肃处理。可是，"将要"这个词，又是多么地遥远，多么地模糊，但也总算有了一个"将要"，有了一点指望。而多数的事件发生后是没有"将要"的，肇事者头儿抬得高高的，声儿放得恶恶的，十分地超然，十分地逍遥。我们立的规矩是"法律面前人人平等"，怎么有了特殊领域、特殊人物？最糟糕的事倒不在于有人犯法，而在于有人不执法。

中国蒸蒸日上的改革开放的步子还会更大，向纷至沓来共谋发展的先生们、女士们宣传中国的法律、规定是我们的责任；学习中国的法律、规定应是他们的第一课。"宣传""学习"之双方，均应认真、到位，其目的就是要将我们的改革开放工作，搞得更活更有序更兴旺。我们在授予优秀的外国企业家以"白玉兰"之类的奖励时，亦不可"剥夺"某些无视中国法律者以受"教育"的机会。

（原载1997年12月24日《劳动报》）

说 年 关

过年本是开心事,但过去杨白劳等穷人把年底呼作"年关"。过年如同过关,不仅是为了能否吃上一顿饺子而发愁,更是为了债务而担忧。所以,他老杨"难逃那腊月鬼门关",最终被逼而死。因此,《辞源》也称之为:"旧时农历年底,债务人应向债权人清偿债务,过年如过关,故称年底为'年关'。"

有趣的是,今天一切都已发生了根本性的变化。但对于那些并不贫穷却有权的官们,"年关"依然存在,但内涵却变换了。

在春节期间的人情风里,有一股恶浊的暗流,那就是行贿和受贿。某些人等了整整一年,才等到这个最佳时节,因放假时间长,这叫天时;此时官们大多在家或在单位值班,条件很好,相当方便,这叫地利;因是大过年的,气氛融洽而又轻松,"出手"错了、"伸手"错了,也有退却之余地,这叫人和。天时、地利、人和三者俱备,此时干此事,实在是机会难得!所以,许多不干净的交易,便在此时做出。这是官们全年犯罪的高峰期。

因受贿罪被判无期徒刑的江苏邳州市市委书记邢党婴,其犯罪行为多次发生在春节前后,有五六名行贿者在此时向他奉上大额现金,有的甚至每年都要在此时"送年礼"。彼时,送者的由头是:"给您过年置点年货""给孩子买点学习用品。"而邢党婴本人直到写交代材料和法庭调查时,他还这样认为:"每逢过年过节,往领导家中送钱送物,已成为当今社会的普遍现象,我认为收下来也没啥问题,不收反而会伤面子、伤感情、难做人。"过年受礼不能算受贿,这就是他的高论!

十分令人震惊的是，在一部名叫《反贪公告》的书中，所列74名市级领导的犯罪，直接写明是发生在"春节期间"的就有二十余人，占了三分之一。善良的人们怎能知道，历来的春节都有这样的罪恶发生。某局长在夜间忽然被人敲了门，有两人提着名酒名烟来"送年礼"；是否有现金不知道，因为一问方知走错了门。可见"送礼者"是多么的忙碌。

因此，对于我们不少官们来说，过年就是过关，而且是个大关、险关。年关对于他们来说是一个经受考验的严峻时刻，对其中一些人来说，不仅是一般意义上的危险，而是生死存亡的关键。祥和、安定、欢乐的春节中暗藏着杀机，潜伏着灾难，焉能不百倍清醒，焉能不在头脑中筑起钢铁长城，而仅有不堪一击的"豆腐渣"防线是无用的。愿我们的大官小官都是清官，千万不要在"年关"得了"外快"，作了"债务人"。历史的规律是——欠债总是要还的，到了那一天，就不能回过头来骂"年关"了。

也有的官们在平时就不在家中谈工作，春节期间则更是一律谢客，还有的不在家过年，这当然不失为是好办法。但决定性的是要有一个廉洁奉公的思想，要有极强的自卫意识，如此方可前门拒虎，后门拒狼，挡住金钱、美女的疯狂进攻，坚决守住一方空间，一方净土。

顺利过好"年关"以后，迎来的便是一个充满生机、蕴含希望和大有作为的春天，你也就可以写你的春天的故事了。

（原载1999年2月14日《劳动报》）

失 车 记

本大楼楼下有居委"安民告示"称,潍坊地区今年1到3月,已失窃自行车近50辆。一位高邻看罢告示惊诧道:"哇!这么多?"我说:"怎么不是?"

就以在下一家而言,自1988年到2000年的12年间,共失窃自行车7辆,平均每两年就是一辆多,而每次的情形也不尽相同。

1989年夏某日,我骑自行车在外办事,下车时不慎扭伤了左脚。我强挺着到就近的中山医院就医,一拍片子,已经是骨折了,当场上了石膏。待我艰难地出了医院大门,夜幕已经下垂,再仔细一看,我停在门外的自行车,已经不见。伤痛在身,我也没了心思寻找,只得一声叹息,摇头而去。

又一次,我因事急,骑车到隧道九线潍坊路站,停了车,匆匆上了九线。可当汽车进入隧道时,我才猛然想到,糟糕!我一串钥匙插在自行车上,没有拔下来。车到浦西福建中路站,我赶紧下车。时间就是金钱,时间就是自行车!我急急地要了出租车,赶回原地再三再四细看,一辆一辆十几辆,人家的自行车都平平安安整整齐齐地停在那里等候主人,只有我那辆不翼而飞。我气馁得蹲在地上摇头,脸色肯定也不好看。一位路过的女士低头问我:"先生,你肚子痛?"我起身摇头:"不!我心痛。丢了一辆车,还搭上人民币19元!"

还有一次,我去淮海路上的徐汇中心医院。当我骑着自行车从南昌路右拐进入陕西南路,驶往近在咫尺的淮海路时,忽然身后一声尖厉的哨音吓我一跳,停车回身看时,一位交警恼怒地向我做着后退的手势。我怕他有扣车罚款类的作为,就急忙点头致歉,又心慌意乱地下车推行,回到南昌路将车停了。可待我办完事，回来一看，车没了，交警先生也下岗了。我茫然地去问就近几家的店里人："你好！看到那边的一辆自行车吗？"有的根本就不理我，有的摇摇头，一位饭馆的小姐开头倒是对我笑的，当我迫不及待地对她说我的事的时候，她美丽的小脸，就立马"晴转多云"了。

又有一天下午，我骑自行车从别处回家，半道上，去离家只有200米的浦东新区文化艺术中心图书馆查资料，结果倒也如愿以偿，欣然而归。可我第二天清晨醒来，才想起自行车还在艺术中心门前呢！于是，脸也不洗，牙也不刷，迈大步过去一看，那里却是空空荡荡，了无一物。后来，我又几次去请问门卫和工作人员，一律地不是摇头就是说不知道。

更有最令我懊丧和心痛的一次。那年是我59岁生日，女儿和儿子要给我买自行车和手表。一家四口去了东方路，在一家车行挑了一辆凤凰牌自行车，为安全起见，当场买了锁。我愉快地推着，四人再去另一家手表店买表，锁好车，进店看货。不一会，我们出得店来，车子已归他人了也！前后也就10分钟罢了。女儿苦笑着说："别人买车，我们付钱。"

此外，我儿我女也各被窃一部。

就我而言，失车的主要原因是粗心、健忘和大意。盗窃犯不同于抢劫犯，他倒没来硬的，就是钻你的空子，手段就是一个"偷"字。于是，我就成了当然的对象。居委的安民告示，其意就是警示大家。

那么，我家的七辆车或者说潍坊的近50辆车、全市失窃的成千上万辆车，究竟到哪里去了？面对马路边瞄着路人和骑车的"装修游击队"，我是很有些想法的。因为他们几乎每人都有一辆自行车，去查查他们的执照、车牌、发票如何？

（原载1998年5月8日《劳动报》）

想起李林甫

财迷、色迷、官迷古已有之，今亦有之。只不过此一时也，彼一时也，时代不同，各具特色耳。其实，一旦得官，则何愁财、色。故善钻营者，总是以求官为先的。

既是官迷，他当然就殚精竭虑、上天入地搞官当，而且当了小官要当中官，当了中官要当大官。搞官之法亦多，当今之世，大抵有要官、跑官、买官、骗官几类。这里单道骗官，看他有何技法。

河南新野某单位团委书记刘家铭，总觉自己"地位不高，职权太小"，就苦思冥想往上爬，便伪造证件及领导人的推荐信等物，再剪剪贴贴，拼拼凑凑，送到了南阳市委，坐而等待加官。

许昌县某乡农民庞林鑫也想当官。他施以贿赂并利用某些人的马虎，摇身几变，便"成"了在职职工、"当"了干部、"入"了党，最后骗到许昌环发信用社主任之职。这两个应当说都是小矣哉。

但是，这类人的想当官，绝不是要去做人民公仆，要为老百姓办事，办大事，办好事，而是怀着野心往官场里挤，挤进之后，就一心一意为个人。这样的动机，又没经过组织部门严格的考核，因而，他就不具备领导一个单位或者一个部门的能力。而且，由于他们的骗官是花了代价的，所以一旦骗官得手，头等大事就是要捞回"成本"，进而考虑今后如何赚更高利润。比如那个庞林鑫，他当主任以后，就疯狂地进行犯罪活动，在不到一年的时间里，就受贿、贪污25万余元，而且放肆地嫖娼。所以他是官、财、色皆"所欲"也。其实，他们得官后的作恶，几乎是注定了的，大约不会有人会感到奇怪吧。

刘、庞两人的骗官，表现得迫不及待，活动猖狂，志在必得，这是一种。再一种，他们看似并不迫切，也不猖狂，有一种隐蔽、潜在的危险。驻马店市委对全市540名科技干部作了一次复查(请注意：复查者，再查也)，结果发现，其中有224人次谎报年龄、工龄，并有假文凭及入党手续不齐等许多问题。

某些人因何"年龄越报越小，工龄越报越早，学龄越报越高"？其中是否会有几个动机不良，或者将来会向不良而去？在那绰约之间，是否会有某几个为骗官而做手脚？如果此种"猜测"属多余，那么，一些人虚报政绩，即所谓"官出数字，数字出官"者之目的，不就是证明么？

对于他们的骗，各方对待亦不同。南阳市委就很有警惕，所以刘家铭的伎俩立马失败。庞林鑫则蒙蔽了42名党员干部的眼睛而一一过关，阴谋得逞，造成危害。

"匪今斯今，振古如兹。"阅览中国历史，贪官污吏大多老于骗官之道并因而得逞。但古时不似今日要文凭、党籍，所以无须费心去伪造什么证明，但必须的特技是溜须拍马。大拍、小拍、当众拍、私下拍者都不乏其人，只要拍得人舒服即为高手。唐玄宗时代的李林甫，"无学术，仅能秉笔"，就是说，他仅能写几个字而已。但他"口有蜜"，这就是"拍"了。而决定的是他"腹有剑"。他有本事由一名小吏而骗到宰相之职。他勾结杨国忠、牛仙客等奸佞小人，陷害张九龄、韦坚等忠良，制造冤案，剪除异己；在长安、洛阳大肆兼并土地，"侍姬盈房"。官、财、色俱得，将盛唐推向衰败，给黎民造成灾殃。并为后人留下一个成语，即"口蜜腹剑"。

鉴古思今，使我们不由得产生了这样一种联想：要是让那些骗而得官者作了我们的领导，结果如何？童叟皆知。

（原载1997年8月1日《宣传通讯》）

打架文章何其多

有高论云：一个普通的吻，可减少人两分钟寿命。原因是，人在接吻时，脉搏跳动加速，给心脏和血管造成压力而减寿。所以，谁若活得不耐烦，只管加油接吻、频繁接吻、拼命接吻便是。如欲延年益寿，则千万克制，莫要接吻。影视里的演员有吻戏，因有碍生命，那是不是应当要给予生命损失费？

但为时不久，另有大作称：不然。接吻大有利人之健康。因为，接吻产生的摩擦可以坚固牙齿，接吻产生的大量唾液，可以健脾益胃；接吻消耗热能，还可以减肥。总之，接吻实为健康长寿、苗条体态之首选良药也。

一个说天，一个说地；一个说死，一个说生，两种结论，既针锋相对，又背道而驰。那么，这个吻到底接还是不接？

类似这种"打架"文章、矛盾"科学"，近年来很出现了一些，而且每一面世，必定语出惊人。那论及的事，纵然未及"国计"，也必定关乎"民生"。再比如：有的说生命来自运动，有的却说生命来自休息；有的说饭后要百步走，有的却说饭后不可散步；有的说糖、盐有碍健康，有的却说多吃无妨；有的说蒸馏水是最佳饮用水，而有的却说千万不能喝；有的说矮子寿命长，而有的却说身高和寿命成正比……

这些说法的来源，有的是"进口"，是外国人之"高论"。其实，人家有的还只是在研究中，我们便匆忙报道了，而且是结论性的。有的则纯属道听途说，也不能排除有沽名钓誉者。

不论如何，这些高论都结成了"对子"，可以说，有其矛则必有其盾。

但我们却不能说这些"科学"的双方都错，可能有的"对子"的一方确有依据，有科学，有道理。但较普遍的问题是走向了极端，只讲其一，不讲其二；只讲其害，不讲其利。原子能可用于杀人，又可造福人类，你怎能简单地说这是好东西或者坏东西呢。什么是科学？科学的表述就是要严格，就是有限度，就是不走极端。不能说好就好得不得了，说坏就坏得不得了。垃圾也有用处，黄金也能夺命。

人们很需要科普文章，在新产品不断涌现，人们生活水平不断提高，而且日益讲究养生之道的今日，尤其如此。但是科普文章应当严肃认真，不能背离科学。比如"接吻减寿说"论者称：欧美等发达国家生活水平比我们高，医疗条件比我们好，而人均寿命却不比我们长，其原因就是接吻太多。这恐怕已近于无稽之谈了。反驳这样的奇谈按说并不难，不料却又走了"接吻增寿"的极端，这不是拿科学开玩笑吗？

（原载1997年10月17日《杂文报》）

"神医"的轮回

我在2000年1月8日《人民政协报》，发表了一篇题为《"神医"与"神笔"》的杂文。其中有一段是这样的：

> 胡万林的成华佗、成大师、成神医、一锅药汤治百病，是捧出来的，抬出来的，越说越神，越吹越玄。对此，我们的媒体，我们的舆论，很有几位"功不可没"。其中有一位，也是"著名"也是"大师"的柯云路，有神来之笔，笔上生花，花上结果，果然了得，炮制了旷世巨著《发现黄帝内经》和《重组生命世界》，为之举例、论证、推演、鼓噪……

而现在又跳出一个张悟本来。

胡万林的一锅药汤治百病的那一套，已弄得穿帮了，人们也有了些常识，有了警惕性，张悟本也就不再玩那个了。老谱若要继续，内容必须翻新。所以，张悟本就来绿豆、萝卜、茄子。中国人都知道绿豆可清热解毒、消暑利水，萝卜可通气（这两样有药的功能）。茄子是一种多数人喜爱的蔬菜，又何况年来专家提倡多吃蔬菜少吃肉。所以，绿豆、萝卜、茄子在人们的心理上，就很能被接受。他姓张的在电视上所说的"最好的医生是自己，最好的医院是厨房，最好的药物是饮食"，最终就是落实到他的绿豆、萝卜、茄子上去。乍一听像是有道理，而且颇有亲切感，还可给人以自信。细一品，便知其实质是完全错误的。因为它断然地堵截了科学，绝对地排斥了医药。

到"悟本堂"求张某人者，极少数是为了保健，多数是为了治病，甚至是病急乱投医。否则，有几人愿花几百元、上千元挂号，有的还要出几万元进他的"康复营"。就因为他"能治"百病，尤其在于能治近视、糖尿病、心血管病和肿瘤等多发病，人们就趋之若鹜，他也就可以牟取暴利了。然而，我们必须记得一个常识——不论中医还是西医，也不论养生保健还是治疗疾病，虽基本原则相同，但还是要因人因病有时还要因时而异的。请看，一家现代医院，就有那么多科别，那么多医生，那么多药剂。古今中外，一人一药治百病，没那回事！

张悟本成为神医，有一个成功链，就是北京电视台《民以食为天》、湖南卫视《百科全说》用力地宣传，吹捧。电视台是国家单位，不是民营小商小贩，岂能不信！再有《把吃出来的病吃回去》的大作加以配合，还有那么好的场地由他张狂活动，满城争说，遍地开花，这就搞得不少人头晕了。

胡兴张继，10年再现，这大约是中国社会的一种潜在的生活规律，一种事物的轮回。据称，悟本堂的绿豆种植基地正在筹建，张悟本的《把吃出来的病吃回去》的续集不久也将面世。即令这次绿豆不种了，续集不出了，过一个时期，是不是会死灰复燃？或者说，10年后又会借尸还魂？又来一个李万林、王悟本？

不过，一如当年毛泽东同志和黄炎培先生，在延安窑洞所作的关于周期律的论说那样，这种规律、轮回，同样是可以被打破的。那就是在医疗水平的改善；在全民科学理念的提高；尤其是在于我们新闻工作者、电视台、出版界等方面能恪尽职守，对于那种伪科学、冒牌大师、神医，不是吹捧，而是拒绝、揭露。那么，张悟本之类，就是喊破嗓子，跑断腿子，不要面子，大家也只会嗤之以鼻，而绝不会当作大师去膜拜，更不会成千成万地掏钱给他。否则，那就难说了。

（原载2011年1月号《浦江纵横》）

恶语伤人六月寒

青年赵强和女友小兰相恋两年余且租房同居。这天，二人为小事争吵，互骂、互殴，赵捡起一块玻璃砸向对方，致其头破血流，在她惊呼不已时，他将她掐死。

当时赵强将玻璃砸去也不是真的要她受伤，最后的行为更不是要致对方于死地。现在赵强虽后悔不迭，但已于事无补了。这是一幕令人感叹不已的悲剧。

这虽是一个极端的案例，但并非独一无二。今年国庆前，本市检察机关集中将21件故意杀人、故意伤害致人重伤或死亡案件提起公诉。其中就有17件是因琐事引起口角而升级，最终成为刑事案件的。此时的当事人，无不悔恨交加，痛哭流涕。

这当然是一些比较严重的事件。但也有一些是"不严重"的，比如，情人之间，一语不合，即行分手；夫妻间几句话不对劲就板脸，就几天不说话；朋友间话不投机就拂袖而去，从此断交；邻里间为几句话不开心，就几月甚至几年不叫应；同事间为几句话，就视同陌路；营业员与对方间也能为几句话争吵不休，甚至将顾客气死……这里所论及的一句话或几句话，都是很厉害很有分量很挖苦以致是很刻薄的，有的还狠挖了对方的痛处。这也就常常由此引起对方猛烈反击，顷刻间双方就成了仇敌而势不两立了。这样一些事，纵然仅止于此，又被当作小事，但却是两败俱伤，也坏了许多好事，比如爱情，比如和睦。

从心理学角度来说，喜怒哀乐是人所固有的感情；同理，人又是可以控制自己感情的。谚云:"好话一句三九暖,恶语伤人六月寒。"为了他人,也为了自己,冷静、理智又是多么珍贵,多么必须!

(2011年5月8日)

血染的航程

黄浦江一泻114公里，像一条飘动的绸带，弯曲着流淌于上海市境内。是淀山湖给了她生命，是万里长江接纳了她的热情。

在很古很古的年代，浦江两岸靠何种工具来往？我想那木筏和竹排必定立过奇功。也不知到了何年何月，江上才有了小舢板。1910年，上海总算有了像样的黄浦江轮渡，有了一条从东沟经庆宁寺到南京路外滩的航线。渡轮在20公里的江面上作纵向游弋，给浦江两岸百姓带来了较多的方便。此外，尚有私人舢板作横向航渡，也可解人之难。

时间飞度到了上海解放的这一年，此时在这几十里长长的江面上，也只有对江客渡4条。但到了1956年，黄浦江上的航线就发展为18条，这是上海市轮渡史上的一个根本性发展和奠基式的突变，也就是80多年后今天上海市轮渡线的格局。当时，乘客无拥挤感，也绝无今日我们所感觉的"过江难"的困惑，堪称"昨夜星辰"。本人年迈的姑妈娘家在浦西小南门，夫家在浦东香花桥，她经常乘船来往于两岸，所以她对昨日怎样、今时如何感受特深。

本来，事业蓬勃，"形势大好"，岂料十年动乱给轮渡公司以沉重打击，再加上人口的增长，这就使轮渡虽有发展，但近十几年来却一直和实际需要存在着非常大，而且是越来越大的差距。

今天从"淞三"到"塘米"这80.40公里的航线上已有上百艘客渡轮和交通艇在紧张工作，航线也发展到22条，新建的客轮载客量早已不是400、500，而是1 000和1 400。紧靠市区部分的轮渡站间距平均不超过1.5公里，对江航距均在0.5公里左右，如果无人"吊船"，在一般情况下，船可以在25分钟内打来回，全线每天航行的艘次也早已超过5 000。就是说，轮渡公司的服务能力已经跨上了一个很高的台阶。

可是当今时代，人们的活动时间是以分秒计算的，所以，乘客一抵码头便希望能尽快过江，倘是连等两三艘船还上不去，那他就急了。而且还因为人车相挤，动弹不得，更有恼人的倾盆大雨、烈日热浪、刺骨寒风，你都得咬牙挺着。栅门一开，乘客则几乎人人可封"拥挤大将军"。你要把栅门再关上非硬着头皮，来他个"不管三七二十一"而不行。比如6月11日晨，本人作为乘客，赶到南码头，扶着自行车，作为一滴水或一朵浪花，被淹没在人和车的河流之中。苦等30分钟以后，我终于挨近栅门了。栅门一开，人们跌跌撞撞，推推搡搡，如浪如潮地向前冲……两三分钟以后，就听喇叭中发出指挥者强有力的声音："阿康，下辣手，快关门，不下辣手不来三！"碰着的，磕着的，谁也不怪谁，反正是"轻伤不下火线"，能闯过栅门就是伟大胜利！能上船就算成功。

应当注意到，混乱中，也有个别乘客不要命地抢渡，甚至船已启动他也会往船上跳。肿瘤医院就有一位翁姓女职工因此跌入江中（我和她很熟）。又有一位女同胞，当渡轮的铁门已经关上，船已离岸时，她居然还敢猛跃上去……她在众人的惊诧声中，在自己的胆战心惊之中，死抱住铁门框、斜立在船舷外侧，一直惊险地航行到对岸。女子尚且如此，男子的表演就更出色、更够人瞧的了。再有，对于因碰撞而引起的乘客间的争吵、打架，轮站一概不来管你，纵然头破血流，亦与轮渡公司无涉，他能将你送过黄浦江，就算完成任务，你也得谢天谢地。

南码头出口处有一绊脚石，危及乘客，妨碍客流，许多人建议搬掉，轮站则认为无所谓。复兴路轮站入口处本来就小，一进门又是一个急转弯，只要一辆自行车调不过头来，门便堵塞，成了"肠梗阻"。笔者曾再三向工作人员建议改一改，这些也并非大工程，全属小打小闹。工人的回答是："阿拉也呒没办法。"

轮渡公司规定：浦西上船买票，浦东上船则不买票。这样，在公司可以减少工作量，提高工作效率；在乘客可少麻烦、快上船。但也有人就钻这个空子——浦东到浦西乘船，浦西到浦东乘车，"单程"车票。但这也不划算，因为有时要多走路。有的轮渡职工建议成立"越江交通托拉斯"，统一管理。是否有道理？是否可行？要研究。

杨家渡轮站将一旁新建而未用的验筹间拆了，这对客流的畅通有利，乘客无不欢迎。有些轮站职工却不以为然，认为留着这样的小屋可以截流、便于控制。孰是孰非？

其实，轮渡公司何尝不想把轮站搞得宽敞一些，把码头都建成双线。可是黄浦江已被称作"水上南京路"了，两岸土地同样"寸土寸金"。各单位是你挤我，我挤你，实在是无插足之地了，你还想放宽码头？要么倒过来：你给他一块地。比如塘董线，虽然西岸的董家渡已建成双线码头，而东岸的塘桥仍是单线，而且码头狭小，又被紧紧夹在上海港煤炭装卸公司之间。要是一艘1 400客位的渡轮靠站，则必造成"超国界行动"，必然产生纠纷，所以只能用小船。确实，煤炭对于上海来说太重要了，黑色金子嘛。不过，人更加重要！此一矛盾，又当如何破解？

有人说："搞自行车和人分流。"试过，说不行。

又有人说："搞一条自行车专用隧道。"可行性如何？搞得成吗？

虽则如此，公司还是动过脑子的，千方百计挖潜，比如南码头车辆渡早高峰渡人，让车辆进打浦路隧道；塘董线由三条船增为四条等。

1987年12月10日，这是个悲惨的日子。

这天凌晨，浓雾笼罩着即将苏醒的上海城。4时30分，黄浦江的能见度仅为40多米，此时正值各轮站应先后开航之际，但却全线封航。陆延线陆家嘴一侧的乘客特别多，他们焦急地等待着，多数人一声不响，咬牙坚持着，少数人和并不相识的乘客议论着，个别的自言自语地骂娘、发牢骚。后来，除极少数人因看到人太多，要上船太困难，就调头向东东、杨复、塘董、泰公等线寻找出路，希望那里乘客能少一些。绝大多数人仍留在原地。9时，估计乘客已达3万。

终于，在9时10分开航了。但刚一启航，陆家嘴站一号码头近栅门处，一批人被后面人冲得失去平衡而跌倒了，而且越倒越多，何况引桥是下倾的，这时，人不就是多米诺骨牌嘛……有些人应变能力较强，不顾一切地翻身跃入江中，捡得性命。更多的人则在倾斜的引桥上推搡、践踏、挣扎、呼喊……后面的人又被身不由己的再后面的人推着向前压。更后面不知情由的人却在大呼："开船了，开船了！动起来，动起来，不要死样怪气！"

悲剧终于发生……当场死亡17人（一说66人），重伤2人，轻伤70人。

物极必反。"12·10惨案"是"过江难"这一矛盾的激化，也可以说是这一矛盾的"大暴露"，是客观规律对人们的一次惩罚。"不知戒，后必有"，在此后的一个时期内，市人大代表、政协委员及广大市民特别是休戚相关的乘客们，不断大声疾呼：

"再也不能让陆家嘴惨案重演了！"

可是，就目前而言，在22条轨线中，紧挨市区的10条线仍然拥挤，其中的周家渡、其昌栈两处又最紧张、最玄乎也最令人担忧。

这两个轮站都有两个共同点：一是通道和引桥狭窄而深长，二是附近新村特别多，有大量的乘客要在较集中的一个多小时内过江。所以乘客们不得不挤，不得不争，天天都在"抢渡大渡河"。近几月，在这两处险地诸如碰撞、跌倒等险情仍时有所见。其实岂止这两处！杨复、塘董、南南等线也大同小异。笔者5月17日在董家渡过江时，因后面人的猛撞，致我自行车脱手倒地，人也随之失控从栅门中冲出，连跨几大步踉跄中行将扑地时，被一水手抢先接住。他笑问我："你怎么咬人？"原来是我的手表链条划破了他的手……

或曰："黄浦江上两桥飞架，轮渡现状将会彻底改观。"

据公布，"12·10惨案"那年，轮渡的日客流量平均为97.5万，而三年以后的今天，却增加到了100多万。今后浦东人口势必大量增加。去年的统计说新区人口是110万（含活动较少的农民50万），按计划要发展到170万，如再实现我们计划中的"万商云集"，"浦东开发"则日越江人次还要增加。轮站东侧均为居民"稠密区"而且越来越"稠"，夹在其中要过江的自行车，就有几十万辆。每四五名乘客，就有一个是骑车的，当然还有少量吐着浓烟的庞大的摩托车。隧道、大桥都不通自行车，剩下的只有这"华山一条路"了。

于是，我们所见的轮渡，还是车碰人、人碰车；又见由跌跌撞撞的人组成的巨流在奔涌着、奔涌着……当我某次勇猛抢渡，尚未登船时，忽地一声惊雷，大雨倾盆，电光闪处好像从空落下三个大字——

怎么办？

（原载1991年8月4日《劳动报》）

婚 姻 三 题

夫妻的定义是什么？古时候，或曰过去，虽说是封建，但据社会风俗，也得有媒妁之言，父母之命，方为合法。更早更严格的，是要"三媒六证"。所谓"三媒"，就是男女双方的媒人和中间搭桥人，以此表示光明正大，明媒正娶；"六证"，就是在举行婚礼时，桌上必须摆放尺、斗、秤、剪刀、镜子、算盘，意思就是说会过日子。延安时期，男女结婚，有无介绍人倒不一定，就是必须要到区政府登记。当时，作家赵树理就写了小说《登记》，后来改成歌剧叫《小二黑结婚》，其他剧种也演，再后来还拍成电影，疯得很。解放了，1951年5月1日，我国颁布第一部《婚姻法》，主要内容就是必须要到民政部门登记，认可后，始成合法夫妻。所有这一切，都说明国人由古及今，对婚姻的慎重及其法理的价值。

当今的我国，有一种男女关系，叫作"试婚"，少数公然宣布："我俩从某年某月某日开始试婚"；多数不声不响或秘而不宣，租个房间，就开始"试婚"了。这种结合，是"非法同居"，所谓"非法"，也不一定就是违法，但至少是不合法，也不受法律保护，有的试到后头，问题、纠纷无数，法院也头痛。还有的搞"试离婚"，主要特点就是分居。这一分，男女都可以和其他异性接触，甚至同居。这样对待婚姻，问题更复杂，也已触到法律的底线了。

再有一种，更是不得不议。就是有篇报道称——沪上出现"周末夫妻"。得此消息，我初时疑惑，细读之，方知是说某些夫妻平时各在一处，"周末一齐回到爱巢，享受爱情的愉悦"，云云。这样的事实确实存在，但以"周末夫妻"名之，值得一议。

其实,"周末夫妻"之说,在习惯、在法理上均不合适。因为,既然有"周末夫妻",便有"春节夫妻""国庆夫妻";当然已可以有"国内夫妻""国外夫妻"……我的故乡还有一种"露水夫妻"。这种"夫妻"并无正式夫妻关系,而是一种"相好",是见不得人的,是一时的、偶然的、夜间的事,"太阳一出",关系结束,昨夜还是卿卿我我,如胶似漆,天一亮,"眼一翻,不认得小张三"。

以人们之间的关系和法理而言,夫妻就是夫妻,不是夫妻就不是夫妻。夫妻是不受时间空间限制的,不论天南海北、离别十年八载乃至更久。只要这种关系没被解除,保持联系,两人就永远是夫妻,这是我国法律所特别强调的。而冠之以"周末""春节""国内""国外"的时间和空间……则否定了其他时段和地点的夫妻关系,这是不恰当的。那篇报道开宗明义的篇首语是:"平时算是朋友,周末做夫妻。"怎么?一周7天,只有两天是夫妻?那5天只是朋友?如果是这样,则小张小王虽是夫妻,只因一个在昆山上班,一个在上海工作,周一至周五有人问小张:"你和小王是什么关系?"小张答:"朋友。"可以这样回答吗?如果回答是"夫妻",又何以说明是"朋友"呢?所以,这种舆论,非但失之于偏颇,而且是游戏。岂但如此,由于这种说法制造紊乱,所以简直就是胡说八道了。而且,"周末夫妻"之论一出,某些第三者、不逞之徒、婚外恋者,是否会喜不自胜地接过这块遮羞布,"名正言顺"地"周末"了起来?那也是说不准的。

有意思的是,该报同一版面的另一篇文章却是——《千万不要找情妇》,却在讨论"用钱换性满足""找情妇"及采"路边野花"等问题。

所以,窃以为,"周末夫妻"之论不宜宣扬,而须抑制。倘一定要给这一现象命名,不如称作"夫妻周末",不也挺浪漫?因为,"周末夫妻"是时间段的夫妻,而"夫妻周末"则是夫妻的不同时间段,此种浪漫,才是真正的浪漫,道地的甜蜜。

(原载1996年8月7日《上海法制报》)

冲动是魔鬼

周文成是本市漕溪路一家"桂林米粉店"收银员。那天，谢和席两位顾客光临就餐，每位11元。餐毕，席付了餐费，谢无意间又付了。当谢要收回多付款时，周否认曾重复收款。

也很难说周文成就是有意赖账，最大可能是他忙中有错，记不清了。不过，从道理上说，这时他应当相信两位顾客，因二人连档来赖账基本不可能。还有，在手续上，是否有找零及开票等事情发生？也是可以回忆的。当然，也不排除周有私心。再说了，也不过就22元嘛。

可是，几乎就在一瞬间，就发生了激烈争吵和肢体冲突，混战中，周文成用随身所带水果刀，向谢连捅六下，致其大出血死亡。

这是一件典型的因情绪失控而致人死亡的案件。回过头来还可以说，周文成最初也不一定就要和对方"干仗"，就是打起来了，他也并不一定要置对方于死地。可一旦动武以后，情绪失控，后果就严重了。

环顾我们社会，因为情绪失控而造成伤亡悲剧，是时或有之的。邻里乃至兄弟姐妹之间自相残杀之事也有。这种事，更多更普遍的，是存在于恋爱纠葛或婚姻冲突之中。一对恋人，也曾缠缠绵绵，也曾山盟海誓，而立马翻脸，拔拳头、动刀子的，不乏其例。

可是，人最大的特征在于理智，最大的本事在于冷静，最大的缺点就是对情绪的失控。作为一个人来说，既可以激动，也可以控制自己。他在理亏之时，情绪处于萎缩状态，多数能以理智，还可以接受他人劝导；而一当理直气壮之时，人就每每激动，这是所有人都应注意的！当然，也有吃了小亏，而要对方加倍偿还的，可海阔天空的是要坐下来慢慢说。人生在世，就是吃点小亏，又能怎样。回首往事，吃亏的事多了去了，你不还是你嘛。几年前，有人说，中美关系都变好了，可以坐下来说话了，我们个人之间，还有什么大不了的事解决不了，非要搞个头破血流、你死我活！近时又有人说，国共都拉手了，我们还有什么势不两立的！是呀，于我们个人而言，又有什么事不能坐下来谈呢？一个"和"字于人于我，又是多么地宝贵！冷处理，又是多么地理智，多么地必须，甚至是多么地了不起！

（2011年8月15日）

胡编警匪片

请看电视剧《绿色较量》最后一集。

室内，女主角尚小叶落入犯罪嫌疑人汪克恩之手。刑警、男主角方舟率七人突入抓捕汪克恩。汪克恩左手挟持尚小叶，右手持枪顽抗。双方先是对峙、叫板，继则枪战，室内虽打得稀里哗啦，但敌我毫发无损。

汪克恩挟持人质至户外。八人将其团团围住，八支枪瞄准了他，但就是奈何汪不得！

接着，在众刑警包围中，汪居然能按他的意图，将人质挟持至海边的岩石丛中。

可是，据当时的镜头来看，从那个屋子到此处，就距离而言，没有三里二里，至少也有几百米；就时间而言，几分钟也决然无法到达。而汪一直面对众多"神勇"刑警，夹着人质倒走，怎么说，也有机会解决他。

请再往下看。在乱石丛中，方舟放下枪，主动向汪克恩提出让他顶替人质。汪同意，放开叶。而当叶向一侧奔跑、方走向汪时，其他刑警，就是傻瓜也该向汪开枪了。但一字儿排开、居高临下的七名刑警仍是一弹不发。汪则背向众刑警向沙滩逃去。这时，就更可以开枪将其击毙或击伤了，再蠢的人，也会下意识地动手了。而且，莫说是开一枪，就是开一百枪，在时间和空间上也都是来得及的；莫说是一个罪犯，就是十个、百个，也会通统完蛋。

然而，众刑警还是只瞄准不射击。就算是要搞徒手格斗吧，"大智大勇"的方舟也可以从背后扑上去了，然而，他却束手以待。不过，编导另有安排，下面还有好戏。

海边竟莫名其妙地有一汽艇，汪轻易地解开缆绳，而后背向九人，用两手费力地将汽艇由浅处向深处推移。此时，不但近距离的方舟被置于镜头之外，七名刑警更是既不上前，也不开枪。尚小叶还算机灵，她回过身，抓起缆绳缠绕到一根树桩上去，意思是阻止汪克恩从海上逃跑——这真是急中生智，果是好戏。可人家汪克恩就是神，只见他飞身跃上汽艇，更在摇晃的汽艇上连开两枪，将叶击倒；再甩手一枪，准确无误地将摆动的缆绳打断（请看，这个神枪手神到何种程度）！接下来的镜头，是汽艇破浪出海。这时，我神勇刑警方舟乃跃入海中，而且还能追上飞驰的汽艇（当知，人在水中行走是缓慢的），他更能爬上艇去，与汪在艇上展开"生死搏斗"（当知，敌人在艇上，他在水中，想要爬上去是困难的）。

下一个镜头是远远的海岛旁冲起一道火光，意即汽艇撞岛爆炸了（怎么会爆炸的）。但方舟却毫发无损地被浪花送回海岸。不知是死是活的尚小叶躺在海滩上。更为怪异的是，那七名刑警丢下战友不顾，放着尚小叶不管，竟然全都不见了。这样，方舟就来演戏了，只见他沉痛地捧起尚小叶向观众走来。于是，"较量"结束，全剧终。

某些电视艺术需要惊险、需要奇特，这并没有错。但更需要真实。如此一望而知的不合情理、不合逻辑、漏洞百出、胡编乱造的"大作"，不但违背了最一般的生活规律，也糟蹋了艺术，更欺骗了观众。这样的东西，也能出品，还能在电视台放映，岂不怪哉！

而且，更有趣的是，此类片子的此类情节不仅大同小异，甚至完全相同。比如说，将以上的这几场戏，放到许多警匪片子里无一不可，如果一定要说有什么不同的话，那只要将角色的姓名改一下就可以了。

（2011年8月31日）

和美国人比"阔"

就个体而言，一如美国有不少穷人那样，中国也有富人；同理，美国有富人，中国有更多的穷人。就整体而言，美国人的富，既是咱中国人今天比不上，也是近期难以达到的。就国家而言，美国是"不差钱"，我们是不富裕。这是事实，确认这些，是一种聪明，一种智慧，一种诚实。

可有意思的是，如今许多美国人，倒变得抠门了。不少人已钟情于简单、朴素了。比如，他们的衣料大多是棉布或化纤，而少有皮毛的。这主要倒不在于宰多了动物，"动物保护协会"要抗议，要游行；而是出于一种宗教式的仁慈。他们服装的式样也是所谓的休闲，随便。这不但在其国内，到国外也一样，比如在我们上海，那些美国人在家和逛街，穿着都是那样地随意、自然而简朴，和我们上海普通市民是一模一样的。就是说，你从装束来看，中美已经融为一体了。不过也有一点，就是美国女人大多喜欢抹唇膏，就那一点点，精神就出来了。他们吃得也简单，不讲排场，但注意搭配，而且渐趋清淡。这样的饮食，也就是他们在现代研究复研究后所得的结论，而且，这还是我们中国古人早就提倡我们现在却有所遗忘的一种科学。

在私人交通工具方面，现在美国人渐渐放弃小汽车，而爱上自行车了。就是在上海，我们也能看到那些骑着自行车的得意、潇洒的美国男女。美国前总统小布什就是骑车积极分子，老布什也一样。美国人体会到了骑车的三大优点：省钱、环保、有利健康身材好。而且，国家鼓励大家骑车，骑车上班，可以享受一定的税费减免，还搞"全国骑车上班周"。英国也在培养"骑自行车一代"；法国也如此，其骑车者有言："地铁罢工我不怕，我是行动的主人。"就是说,美英法走了一段弯路之后,反思了,回头了,想到自身和他人,也想到了后代。

然而,现在的中国人却有些异样。改革开放以来,兜里有几文了,就振衣作响了,就难耐寂寞了。大块肉,大碗酒,开怀痛饮,好不快活!城里男人,没有两三套西服,那是很没面子的。我们女人的打扮,比美国女人讲究多了,不唯衣着,有的还珠光宝气,金银环佩。

不管需要不需要,不论钱多还是钱少,买汽车人争先恐后、越来越多。你就看小学和幼儿园门前吧,接孩子的小车挤得满满当当。如果你骑车接孩子,那也快到丢人的地步了,头一个就是孩子觉得脸上无光。又比如在中国的许多城市,制度规定,自行车这里不好骑,那里也不好骑。特别令人不解的是,上海浦东世纪大道,路宽100米;人行道六七米、八九米,行人寥落,但就是不给你自行车路。江苏省政协开会,委员朱晓东骑自行车到场,硬是不让进,纵然进了,车也没处停。中国有些地方的厕所,也越盖越豪华,越造越玄乎。南京夫子庙秦淮风光带造了"四星级豪华公厕";重庆南岸区造的厕所更是了不得,状如城堡,四层小楼,装潢华丽,五彩炫目,说那是世界最大厕所,正忙着申报"吉尼斯世界纪录"。

其实,厕所不就是去排泄一下嘛,要的还不就是轻松嘛,又不是风景线,又不是旅游点,又不在那里搞什么演出大奖赛,又不在那里过日子,不就是解决问题后洗手走人嘛。谁愿意在那里逗留、欣赏、聊天?再请看看公园等处吧,女人如厕,一字长蛇阵,45分钟打底,急得香汗流淌,腹痛难支。你有钱,何不做做好事,再多造一两个普通厕所。再看看无数乡村的无数"茅房"吧,蛆虫满地,一群一群的苍蝇飞来又飞去,嗡嗡复嗡嗡。

细一想,历史就是如此令人感喟,我们今天走的路,就是许多欧美人比如美国人以前走过的。

当然也有醒过来的国人,比如说,如今已有女士想到该减肥了,不吃肉了,进美容院了。但多数是从美观、从漂亮出发,而不在健康;求苗条,而不在强体质。这样做事,毕竟不根本。不过,总算是开头了,要做大,要做好,早得很。至于该不该买小车,当然不可一刀切。坐小车,一定是很舒服的。但舒服于己于人,并不全是好事。而且现在还是方兴未艾、甘之如饴、情趣盎然之时，要想让他换自行车，也还没到觉悟的时候。又何况，其中的某些人，是浮躁，是摆阔。再者，现在有的女子嫁夫，房子、车子是两大要件，无车则免谈。这种心态，这种风气，也是让人买小车的一大原因，但却深含着某种勉强。

不过，中国人是聪明人，儒学是我们的一大法宝，"由此及彼""举一反三"是我们的辩证法。看看外国，研究研究外国人的昨天，这种方法，按革命老前辈叶剑英同志的说法，叫"照镜子"。所以在我看来，我们能够"照"出美国人曾经进入的误区，我们会"择其善者而从之，其不善者而改之"。但是，我们有13亿人，要在同一时间，一起"照镜子"，一起华丽转身，也不可能，得慢慢来，得一批一批来，得由少到多，得由浅而深，而后由量变到质变。但早醒总比晚醒好。

不过，再怎么说，我们也要先弄清一个道理——比阔那是误区，就是比富也要看怎么比。而且，我们这样比难免失之于外表，趋之于偏颇。唯有比强，比盛，比内功，比实在，那才是眼光，那才是根本，那才是志气，那才是本事，也才是正道。

（原载2010年3月号《浦江纵横》）

软柴捆得住硬柴

5月13日，本市116路公交车女司机周卫琴遭人殴打。连日来，舆论一片地抱怨、怒斥车上40余名乘客没有大吼一声，未取强硬态度。然而，局外人应当想到，事情是突发的，社会是复杂的，人是有特点的。

某次，南京一公交车上，三名男子行动鬼祟，其中一个，已将手搭在一妇女的背包上……一老者见状大喝："想干啥？"男子的手虽缩回，但三人却骂开了："老不死的，关你屁事！"老人家真有引火烧身之胆量，大吼道："她是我女儿。"那三个家伙当即动手推搡老人。另一处忽传来愤怒的男子汉的呼喊："干什么？敢打我爸？"随即，众人纷纷声援……

其实，那妇女、那老者、那认父的男子，相互间是谁也不认识谁的。但彼时因已有人领头，其他人也大多奋起。团结就是力量，那三个家伙慌忙夺路，灰溜溜，逃之夭夭。

无意间，大家配合得如此默契，这是一个特例，一个典型，还可以算是一次合格的"大吼"和"强硬"。但于当今社会，难得难得。那么，不"大吼"、不"强硬"行不行？

2010年8月5日清晨，我和几位乘客在浦电路公交车站候车。当我们翘首向左前方远望时，见一女子左肩挎包，骑车而来。在她左侧，一年轻男子弓着腰，伸着右手，紧跟着车快跑。二人经过我们身边时，我们看得真切，那男子手持闪亮利刃，试图将女子包带割断。一文弱的老年乘客见状率先大喝："干什么！"这一声坏了那家伙的"好事"也。他当即止步回身，跑过来凶神恶煞般蛮横地揪住老先生衣领，挥刃欲刺。当时的关键，是不让他动刀。我急忙过来伸手拦住，假装局外人不偏不倚笑问："什么事呀？

什么事呀?"但那身强力壮的家伙,还是举刀过头,边揪住老人,边破口大骂。这时,其他几位乘客也绵里藏针,过来作"和事佬"式劝说,并不断喝。那家伙才悻悻然扬长而去。大家也惊魂甫定,议论纷纷。

如果说,上例车厢里是热处理,这次车外就是冷处理,就是软着陆。这从形式上看,我们是示弱,是让步,是失败。其实不然,我们制止了贼子的图谋,更避免了伤人事件,事态没有扩大。或问,何不报警?但当场不一定有人带手机,而且,纵然警察来了,也不能抓他,因他作案未遂。而且,连"未遂"的证据也没有。再者,据当时情势看,你报警,那小子很可能捅人,而后逃逸,那才叫不得了呢,那我们才叫失败呢。而且,我们当时那样处理,也更适合精神病人、醉汉和狂暴者。

春秋后期的齐景公,既壮怀激烈,又贪图享乐。一次,他饮酒七天七夜不止,众臣忧虑,却又无奈。大夫弦章就来劝谏:君主再这样喝下去,那就赐臣一死吧。两位发生了争执。老资格的三朝相国晏婴来了。景公恼怒地说:"你看弦章这个人,我要是听了他的,那他的话不就成法典了吗?我要是不听他的,他就要死了。"晏婴也是反对齐景公这般饮酒无度的,但他却不直说,而是拐弯抹角道:"唉!弦章真是太幸运了,因为他遇上了你这圣明君主,要是遇上桀纣那样的昏君,那他就死定了。"戴上高帽子的景公,听着挺舒服,也就停杯了。

你看,晏婴不是直接进谏,不猛打猛冲,不寻死觅活,不投河上吊,而是从容不迫,先捧景公一下,将他推到一个高度,给他一个面子,还递上一架梯子,让他下台。结果是三全其美,大家都过得去。一场你死我活的事,瞬间变成皆大欢喜。晏婴先生处理如此尖锐矛盾的手法,更有智慧,更富文化内涵,更有个性。齐国宰相,非君莫属。

一个生活的规律,一个普遍的真理是——此类事之发生有其突发性,在场人个性不同,精神又无准备。而且,从心理上看,无论他是何等的英雄,此时首先意识到的应是自身安全,同时考虑他人安全。在方法上,我们要提倡以冷静对不冷静,以理智对不理智,以正确对不正确。不必一律怒气冲冲,不必全是大吼一声,不必都来气盖云天,最好的处理是智斗。软柴捆得住硬柴,多数情况下,轻声慢语倒是显得手段高超,功效卓著的。

(原载1996年4月16日《劳动报》)

陪嫁新闻

安徽来沪打工的钱阿姨,在刘女士家当保姆5年了,勤劳、细心。这回,刘女士女儿过门,就将钱阿姨陪嫁了去。上海市家庭服务行业协会会长陈锡珠说:"现在已经有一些家庭在女儿出嫁时,将保姆作为陪嫁了。"并进一步证实,说她的一位朋友在嫁女时,就送了保姆。这是上海婚庆市场渐次出现的一件时髦事。

女儿出嫁,或多或少给些妆奁,古已有之,是文化的传承,亲情的维系,父母的心意。在一定意义上,物质上帮一把,有助于小夫妻建立美满家庭,也就尽了为人父母最后义务,至少在物质上是如此。妆奁还有纪念意义,可以让女儿睹物思人,不忘老妈老爸养育之恩。可是,如将保姆也作了陪嫁,那就要斟酌了。某报报道这新闻的肩题就是《父母唯恐"千金"过门没法活》,刘女士陪嫁保姆的意思,正在于此。这是不是也太娇惯了些?

"嫁出女儿泼出水",那也太绝对,太狠心了。但出嫁就是成家,就是年轻人步入了另一种生活状态,就是人生进入了一个新阶段。新婚夫妻有了自己的家庭了,就该撑起一片天,应当"自立"。而且,要找"两人世界"的感觉,此其时也。

人人都追求幸福,那么,什么是幸福呢?幸福当然包含生活享受,但享受也并不就是衣来伸手,饭来张口。做点家务,干点琐事,这也是人生幸福之一种,也是一种享受,还是一种调节。而且,按照中国传统,对于家务,妻子应该多承担些,至少,该是"家有千斤担,妻挑500斤",不能总是宝宝养不大的。那位刘女士还对人言:女儿"带上钱阿姨,自己就什么心事也不用担了"。只怕事实和想象有出入。家务既可使夫妻产生矛盾,更可以增添夫妻间感情，全看如何对待了。再者，既是陪嫁保姆，保姆薪水，自是娘家来的。如此，则父母对女儿除养育、（物质）陪嫁之外，在经济上还要作如此无休止负担，做女儿的又于心何忍！再看，新结婚，又有多少"家政"可言？必得设专人侍候？是否浪费资源？

不错，按传统，古人也有陪嫁丫鬟的，比如大家熟知的"薛宝钗出闺成大礼"，就是将丫鬟莺儿带进贾宝玉房中的。但那是金粉世家、纨绔子弟、封建社会。他们要做的事，就是怄气吵架、哭哭啼啼、无事生非；再不就来高雅的，吟诗饮酒、品梅赏月、弹琴看戏。横直是不"上班"，却也不愁吃喝。当今青年，那是不可学习的。

也许，有的父母经济实力强大，不在乎保姆工钱。可是，国人有跟风习惯，一旦有越来越多的女儿学样，也要"陪嫁保姆"，这对那些没有意向的父母，岂不是强人所难；尤其是那些经济不宽裕的老人，既给了妆奁，再陪嫁保姆，你女儿得了享受，双亲却落下苦恼！如果不能满足，她就说"很没面子的。女儿不嫁"！可是，这时接新娘的"宝马"已到楼下了，鞭炮也放过了，新郎也上楼了，乖乖女却粉黛不施，掩面而泣，稳坐楼台不动身。一旁囊中羞涩的老妈老爸，只叫得"这便如何是好？这便如何是好"？

（原载2009年7月12日《劳动报》）

"开庭"和"开房"

7月25日，某大报刊发一位名教授的大作，将"既生瑜，何生亮"六个字中的"瑜"错成了"喻"。估计这是错在教授那里，而编辑先生审稿时，出于对教授的信任，马虎了些，未能发现。如果说，二位或其中一位，认为"三国"周郎周公瑾即周喻，好像不太可能。如真是那样的低水平，那就让人吃惊了。这种错，因别人一望而知，所以，一般说"无严重后果"，但却是一种遗憾。而有的错，就不对了，甚至要误导了。

浦东新区某里委在一块黑板报上谈到毒品时，竟然是："毒瘾发作，最终还是要去介毒所。""介毒所"者，即介绍毒品之处也。就是说，这时你需要毒品，那就请去"介毒所"，那里可以供应！昏了头的吸毒者，是否真的会打听地址，去找介毒所呢？难说。当然，多数人明白，"介"是"戒"之误，但一件极严肃的事，这里却搞成了笑话。黑板报是一种宣传品，是一个阵地，是大众化的读物，必须认真对待才好。

电视剧《人间情缘》在家属到劳改农场探监时，为显示监狱场景，背景三次出现"认罪伏法"字样。何谓"伏法"？《法学词典》和《辞海》作出同样解释："因犯法而被执行死刑。"而这些犯人，只是被判了有期徒刑，甚至还不是重刑，更不是死缓。而且，死刑犯也不会放在农场改造。当时，被接待的一名罪犯，也只是三年徒刑，他们在不久的将来就要成为新人。就是说，这里所出现的所有罪犯，都处于改造过程中，而不是要处决。而且，向死刑犯个人贴标语，说什么"认罪伏法"已无意义，改造对这种人已经无效。所以说，这里的"伏"应是"服"之误。这件事显示了该剧制景、导演、场记、演员、摄像等相关人员乃至审片者的无所谓或无知。以此昭示观众，这是很遗憾的！

还有更现实的事。重庆市审判一批罪犯，那个大名鼎鼎的人物文强，在庭审时表态："无论最后判决如何，我都会认罪伏法。"这话刊登在《文汇报》上。按照这15个字所表述的意思，那就是"不管法院怎样判决，我都等待死刑"。

这话诉诸文字，语法不通，逻辑紊乱，前言不搭后语。而且，此人并非法盲，不是一般老百姓，而是30年的政法干部，曾经还是省级市重庆市公安局副局长、司法局局长，他肯定不会如此表述。作为犯罪嫌疑人和据历次庭审的态度看，他只求生而没有求死——肯定不会不论你怎么判，他都请求处极刑的。又有确切报道称，由于律师的辩护，文强的受贿金额由原来起诉的1 625万元，定案为1 211万元；一幅受贿名画又验证为赝品；他"保护伞"下的六人也改为五人。而且，他已准备写回忆录了。所以，他就更认为自己不会被判死刑了。而当2010年4月14日下午，重庆市第五中级人民法院以受贿罪等数罪并罚，宣判他死刑时，他还感到非常突然和意外，当天就忙着写申诉呢。所以，这其实是因"服"和"伏"同音，他的所说，只能是"服法"，即服从法律的判决，而非"伏法"。

因此又可以断定，这是错在我们相关的"报人"，是他们搞错了一个字。而这种错，很可能不是无意，而是先生们以为认罪而服从判决，就是"伏法"，而不及其他。

目前有相当一部分国人，对汉字已经到了无所谓、不认真的程度，无论什么刊物，也不论在什么地方，有错别字，已经见怪不怪、搞错的人也无所谓。要绝对没有错别字，当然不现实。但也要在一定的比例之内。比如写一条几个字的标语，也有错别字，而且有的性命攸关的字也搞错，那是不能原谅的！因为，由于姓名搞错，抓错人、杀错人的事，不是时或有之的吗？这样一想，岂不是很可怕吗！

再有一例，南京某区法院，在发出相关一宗离婚案的通知时，原告和被告收到的通知竟是兹定于某月某日"开房"，其实是"开庭"之误。你看看、你看看！

（原载2011年4月号《浦江纵横》）

何以要学狼

深圳一小学在校园内设立了一组狼群雕塑,群狼张牙舞爪,争先恐后地扑向猎物。这组雕塑不但形象逼真,有极强的动态感,而且,群狼凶恶残忍,令人毛发耸然。

校方的解释是,狼的"个性张扬,敢于挑战,不断超越",是西方的传统。而我们孩子的个性属羊,"温文尔雅,逆来顺受,安于现状"。所以,他们说,只要我们的孩子学到了狼的本性,那就可以"有合作精神,能成为有思维、有智慧、能解决问题,体格强壮的人"。

西方是否有此传统?姑妄听之。事实是,一个民族有一个民族的特点,一个孩子有一个孩子的个性。中国孩子并不缺少合作、勇敢、智慧和挑战精神,电影《闪闪的红星》中的潘冬子、《小兵张嘎》中的嘎子、《鸡毛信》中的海娃都是典型;现实中勇扑山火而献身的刘文学,是当然的一位,共产党员、15岁的烈士刘胡兰更令人崇敬。而且应当说,中外青少年的基本点大抵相同,无根本差异,你中有我,我中有你。就是说,中外孩子,共同点很多,比如想象力、创造性、冒险精神。差异当然存在,比如西方孩子比较外向,中国孩子比较内向。西方孩子较易激动,中国孩子善于思考。但这并不会影响两类孩子的成长和将来为社会、为人类做奉献。这样,两类孩子相互学习,当是题中应有之意。

记得某电视台放过一部关于狼的习性的片子,突出展现群狼捕到食物后,让老迈和孱弱的狼先吃。有人即据以发表高论,说这种孝道精神应为我们人类所学习,云云。

当知,中国人的生活经验、文化背景、历史传承,认为狼是恶的,是凶狠的，是残忍的，是嗜血成性的，是令人厌恶的，也是可怕的。多少年来，中国人已积聚了狼子野心、狼狈为奸、狼心狗肺、豺狼当道，等等的心理状态、思维定式，而没有一句成语、名句是肯定狼的，也没有任何一个传说、故事是赞美狼的。就是说，狼在中国人当中，名声很糟，口碑不好。何况在中国孩子和成人心中，还有一个"狼外婆"和"披着羊皮的狼"，伊索寓言有《狼和小羊》，将狼的恶劣，暴露得很深。近年又有一个充斥荧屏的"灰太狼"。而现在，你忽然要中国的孩子学狼的精神，如此提倡，只怕说不通，也做不到。

（2010年7月5日）

一直向前，战胜敌人

我站在上海外滩陈毅同志像前，肃然而立，浮想联翩。

他是英雄，是大英雄，是人民英雄！

今年是陈毅同志逝世40周年。人民怀念他。

陈毅同志是上海解放后的第一任市长，上海人民每每引以为荣。上海刚解放时，有一个培养革命干部的华东人民革命大学，我是该校学员，陈老总到校作过三次报告，其中一场，讲了五个多小时。想起当年的情景，总是让人激动、难忘和自豪。

十大元帅中，陈毅同志比他人经受了更多的困苦、艰辛。他在赣南三年游击战争中，隐蔽深山野地，后期又身负重伤，流脓流血。他曾这样写道："一九三六年冬，梅山被困，余伤病伏丛莽间二十余日，虑不得脱。"这时，他已准备牺牲了，这就有了"此去泉台招旧部，旌旗十万斩阎罗"的豪迈诗章。

陈老总耿直、大度、能文能武、敢作敢为、热爱人民、忠贞于党。他为收拾十里洋场旧上海，为建设人民的新上海功勋卓著。一次，上海大"资本家"荣毅仁（"文革"后任国家副主席）请他吃饭。有些同志犹豫，他笑道："我看可以去，吃饭也是做工作嘛！"于是，他带着潘汉年、刘晓、夏衍等同志，还有夫人张茜和两个儿子，盍兴乎往之！席间，他谈笑风生，亲切坦诚，主宾作了很好的沟通。这小小一桌饭，影响却巨大而深远，不但传遍上海、香港，而且远涉重洋，终成美谈。共产党人的友好、真诚，感动了许多海外的中华游子。但却有几个人背后叽叽喳喳，说陈毅右倾。他一笑置之。

果然,"文革"一开始,他就被造反派、四人帮诬为"老右"。1966年10月中旬的一个晚上,陈毅请在京的陈丕显、叶飞、李葆华、魏文伯、谭启龙等几位华东的领导相聚。忧心忡忡的他们,也希望能向老首长说说心里话。议论一阵之后,陈毅同志忧虑而无奈,愠怒而悲怆地说:"你们各自回去过关吧。如果过得了关,我们再见;如若过不了关,这是最后一次聚会。"不幸的是,所有人回去全被打倒;而他们能见到的陈老总,只有报纸上披着黑纱的遗像。

此后的1967年2月16日下午,周总理在怀仁堂召开会议,研究"抓革命,促生产"问题。会议桌的一边坐着陈毅、叶剑英、徐向前、聂荣臻、李富春、谭震林等老同志;另一边则坐着风头正劲、权倾一时、恣意疯狂、甚嚣尘上的康生、张春桥、姚文元、陈伯达等"文革派"。可谓壁垒分明。谭震林同志开头后,陈毅同志激愤而正气凛然地揭示对方迫害老同志、扰乱社会,为害国家的罪孽。叶帅也指着对方,无情痛斥。老同志们理直气壮,声势恢宏,说其所要说,讲其所当讲。这就是所谓的"大闹怀仁堂"的"二月逆流",全国大批特批几个月。其实是老同志们的奋然呐喊,是真理对荒谬的抨击,是"文革"中难得的一次壮烈抗争,是中国人民的希望所在,是火山必将爆发的一次预演。

非常遗憾,在"大快人心事,粉碎四人帮"之前的1972年1月4日,陈毅同志去世了。他留给妻子、孩子的遗言是:"一直向前,战胜敌人!"

黄浦江水随着时代节奏,滔滔向前,陈毅巨像威严挺立。元帅的人格,如日月经天;元帅坚定而富于诗意的豪情,永远铭刻在我们心头,激励我们一直向前!

(2012年8月)

一切皆有可能

　　世界体育健儿齐集北京，这是友谊的盛会，更是体育竞技的巅峰对决。
　　在第27届悉尼奥运会上，中国队名列金牌榜第三，在第28届雅典奥运会上，名列金牌榜第二，那么，在第29届北京奥运会上，就金牌而言，中国队能否实现再突破？
　　当知，现在许多中国王牌运动员，已成世界目标，我国不少运动项目水平的提高，和其他国家是交替上升的。比如110米跨栏，古巴小将罗伯斯，就打破了刘翔的纪录，近一年来的成绩，两位不相上下。从年龄上说，他比刘翔小三岁，看上去，他也要比刘翔壮实一些。跨栏时，罗伯斯是七步上栏，而刘翔是八步，这是他的优势，他也一再宣称，刘翔是他的榜样。但刘翔的跨栏节奏好，情绪稳定。再比如刚刚结束的世界女排大奖赛总决赛，中国女排发挥不甚理想，主要是新老队员配合失误，通过此次大赛，或有改进。
　　中国的乒乓、跳水已是传统的金牌大项了，但是，一切都是过去，赛场上的事，真是说不准的，什么情况都会发生。比赛比赛，要比过之后才见分晓。来的都是有真本事的，就是要拿奖牌的。盼了四年了，谁都是憋着一股劲的。从总体上说，中国、美国、俄国、德国是在同一水平上的。所以说，奖牌来者有份，有时差距只在毫厘之间。成绩的提高是互动的，精彩是比出来的。有了这样的认识之后，当我国运动员获胜时，我们会欢呼雀跃；当别人占先时，我们也会掌声雷动。但总的说，我国的竞技体育，是处于上升时期，但是，如果能将群众体育搞得更普及些，这不但可提高国民体质，对竞技体育，也就有了强大的基础。

（2012年4月8日）

声张还是不声张

为什么要声张？为什么不声张？

吕正操同志2009年10月13日谢世，享年105岁。他是离开我们的最后一位开国上将，也是最长寿的一位革命老前辈。他对自己革命的一生，只用九个字概括："打日本、管铁路、打网球。"可谓轻松、幽默而又意味深长。

这样的老同志活到105岁，是绝无仅有，回顾自己漫长的革命生涯，怎能不感慨万千！又怎能不高兴！所以，真是应该好好热闹一下的。然而，在这位老人家看来，自己高兴归自己高兴，又何必为了自己高兴，而去找别人麻烦，要别人放下手头事前来祝寿。更重要的还有一个党风问题，社会影响问题。所以，在他谢世前不久，儿女问他105岁生日怎么过？他只写了3个字："不声张"。这就是律己，严格地律己，也是快乐地律己。

还有德高望重的朱老总，60岁在延安，大家敬重他，一高兴，就热情地为他做了一次生日，还贴出了朱总司令万岁的标语。那是小范围，小打小闹。当然，彼时还有向敌人、向全国人民宣传朱总司令的意思，有宣传延安的意思。而解放后，那个影响就大了，所以，他的70和80诞辰，很少有人知道是哪一天，他不声张的。

这就是榜样，这就是规矩，这就是革命的传家宝。

然而，当今有的领导，他们却不是这样的。比如河南省荥阳市人大常委会主任武今明，父亲和岳母生日，他大发请帖，盛邀市机关和生意场中人为二位老人做寿。而且，他将二老的生日都改为1月1日，其用意不言自明——平时你上班，不来有借口，这天放假，你不来那就是不给大爷我面子了！而且这里还有一个手腕、一个挡箭牌——不是我过生日，是老人家过生日，这就更可以放胆收钱了。广东廉江公安局副局长陈锡照乔迁，不但发请柬、打电话请人到酒店"聚一聚"，其张扬手法更绝——他还在签到处放上十沓空壳红包，你敢不掏钱！

打开一部当代中国贪官敛财史，"悄悄干"的也有，大势声张的也有，兼而有之的也有。大势声张的这一支，他们的违法乱纪，是迫不及待，是利令智昏，是明目张胆。也有的老人过世，也要声张一下，为的就是敛财，就是光宗耀祖，至少也是为了抖威风。一个叫李兴民的人，忽然当上了安徽亳州市市委书记，他竟搞起了升官大检阅。全城戒严，交通中断。公检法司、土地、工商、税务等执法人员统一着装，中小学生高举鲜花、红旗、彩球。李老爷乘敞篷小车，高高在上，高抬贵手，高呼"同志们辛苦了"！群众应之以"首长辛苦了"！这个"首长"的声张就更大了，就不可一世了。那排场，乍一看，也就是天安门检阅了。

此类事看上去似乎也不是贪污受贿，也不是营私舞弊。但和强行索讨也差不多。而且，拿人家的手短，吃人家的嘴软，下一步，人家"有事"找你，你就得"帮忙"了，"公权"也就用上了，虽不如此，影响也极坏。至于搞全市大检阅一节，那是骄傲自大，招摇显贵，官瘾膨胀。其张扬的程度，已经是忘乎所以，不知天高地厚了。威风是他摆，风头是他出，官瘾是他享，而党和政府的形象，却因之遭到严重损害。凡此种种，信马由缰，再往前一步，就是万丈深渊了。那种触目惊心、悔不当初、没世难忘的事实，就不要一一列举了吧。

（2009年12月8日）

人生胡不尽童年

4岁小孙孙阳阳从幼儿园回家告状,班上的小朋友明明打了他,我问打了哪里?他用手指着他那两边长着耳朵的圆圆的家伙,说"打了我聪明的地方"。他不说头,不说脑袋,也不说头颅。这就是幼儿的感觉,这就是他们的语言。来源于他们幼小、纯洁的心灵。是人类的一种本质,一种天性。生动,真实,原生态,童趣盎然。

然而,也有人不让孩子这样表达。一电视台少儿节目主持人问小朋友:"大雁为什么排成队?""小猫咪为什么总爱舔爪子?""吃饭时为什么不能把书看?""气球为什么飞上天?"很好,这是一种启发式的提问,旨在让孩子们的想象自由飞翔。那些五六岁的孩子举起小手,快乐地抢着回答:"大雁排队是为了去吃蛋糕""小猫咪捉不到老鼠害羞了""吃饭看书会把书吃掉""气球飞上天是为了捉小鸟"。这样的回答,大抵也如同阳阳的"聪明的地方"一样,天真、活泼、快乐。而且,这时是在游戏,而不是严格意义上的考试,也无关生物学、生理学、物理学、气象学等等的学问。然而,是因为原先设定的标准答案,抑或是主持人的固执,她说:"哎呀呀,回答得不好,回答得不妙。"于是,她就作了复杂的、成人式的更正。谆谆教导倒也客观而富真理性,是呀,谁见过大雁吃蛋糕?谁见过气球捉小鸟?……然而,任她说了半日,孩子们根本就没听懂。同时,想象、天真、快乐也就荡然无存了。

"道可道,非常道。"陈规难锁活跃的思维,石头压不住勃发的嫩芽。这样的故事,在生活中常常出现。比如,在某次婚礼上,司仪请几位小朋友上台回答"结婚是什么意思"?一男孩说:"结婚了,两个人就在一起吃饭。"回答得真真切切，实实在在。结婚了，有荤吃荤，有素吃素，有饭吃饭，有粥喝粥，同甘共苦，生死相依。语言本色、质朴、天真。他说得全场寂然，鸦雀无声。回味一下这孩子的意思，有可能使我们成人滚落几滴泪珠，至少也会发一声长叹。但这却是任何一个成年人不会想到，当然也不会这样表达的。第二个是女孩，她说："结婚了，就是一家人了。"就她的语言来看，没有重复第一个，但却包含了他的意思，内容却又更多，指向也更到位，而且，显得亲爱、和睦。新郎新娘听罢幸福地相视微笑。第三个是手里捏着喜糖的5岁男孩，他说："结婚会带给大家快乐。"是呀，结婚了，大家吃喜糖、喝喜酒，新郎新娘高兴，大家也高兴。他描摹了一个圣洁的童话般的、天堂般的、油画般的世界。一语未了，掌声一片。就这样，三个孩子天真地、天才地、天然地，道出了爱情、婚姻的真谛、本源，而且纯洁、美丽、善良。只有真情，没有势利。更不涉及什么有房有车、夫妻赚大钱。

有一篇童心闪烁的美文。作者是浙江诸暨初小三年级郦思哲，题目是《妈妈回来了》，荣获"首届冰心作文奖"一等奖。全文照录：

> 前段时间，妈妈去杭州学习，去了好长时间，可能有一个月吧。今天，妈妈终于从杭州回来了，我非常高兴！因为妈妈的怀抱很暖和，因为妈妈回来了，爸爸的生日就能过得更好，因为妈妈在家里会给我读书……
>
> 妈妈不在家的时候，我很想她，想妈妈的感觉，是一种想哭的感觉。

文章写得如此从容，如此真实，如此纯真；如闻其声，如见其人，如临其境。增一字则多，减一字则少。绝不雕琢，更不做作。真善美由最后8字集中展现，亮点又得力于"想哭"二字。令人感慨的是，只有冰心作文奖，才专注、提倡这样的作品，才让孩子们讲孩子们的话，说孩子们的事。

"人之初，性本善。"本来如此，一概如此。人成年了，道理懂得多了，照理，就该变得更善，多数人也确实"善始善终"；而有的人却不对了，变得"善始恶终"了。人一旦变恶，岂止如孔子所言："灾必逮夫身"，还祸及他人，殃及社会。

  当此之时，又怎能不令人忆及那花一般的、玉一般的、水一般的，难忘的童年。

（原载2011年10月15日《文汇报》）

伯乐和伯牙

2008年7月27日文汇报笔会大作《戏词戏装谈屑》，内有此一段——"其实京剧音乐重在内质。传统乐理向来着眼在精神气质方面，伯乐操琴，子期听出'志在高山，志在流水'，即在此意。"

这一段话，据作者称，是全文引自大学问家王元化先生《清园谈戏录》的。

此《谈屑》本来就是谈古论今之大作，而且，引文又出自人所敬重的元化先生，所以就更使人刮目相看了。然而，联系上下文，再看"伯乐操琴，子期听出"句，就觉得其中有错。错就错在将"伯牙"错成"伯乐"了，而且肯定与元化先生无涉。

这种错误，有可能对一般青年、一般读者，产生误导，以为那位操琴者就是伯乐，或者以为伯乐既能相马，又能操琴。尤其是在中国文化正走向世界之时，就更有可能使外国朋友产生这样的误解。即以普及文化知识而言，似应稍稍说上一些。

伯乐是春秋中期秦穆公臣子。相传为古之善相马者，曾荐九方堙为秦穆公相马。据《淮南子·道应训》称，他认为相马必须"得其精而忘其粗，在其内而忘其外"。可见其不唯精通相马，而且所论切中肯綮。又据《通志·氏族略四》云，伯乐即孙阳伯乐。再据《韩非子·说林下》载，伯乐为春秋末赵简子臣，即邮无恤，又作邮无正，字子良，号伯乐，善御马，又善相马，曾教两人到简子厩中相马。

此处提供了三个出典，而所说均为一人，不同的是，最后一个出典说伯乐还善御马。御者即驾驭也，就是说，伯乐还会骑马、用马，而且相当熟练。一个善于相马者，能御马，这也是情理中事，只有能御马，熟悉马，经常和马相处，"多见则识之"，才能相马。

伯牙则为春秋时琴师。《荀子·劝学篇》有"伯牙鼓琴，而六马仰秣"之记载，并认为其高操琴艺乃"积学"而成。比如据《乐府解题》载：伯牙学琴于成连先生，三年不成。后来，他随成连至东海蓬莱山，闻海水澎湃、群鸟悲号之声，得到启发，有了灵感，"乃授琴而歌，从此琴艺大进"。琴曲《水仙操》即为伯牙所作。又相传《高山流水》也是他的作品。

至于"高山流水"一词，内容及曲名据《列子·汤问》所载伯牙与钟子期故事云："伯牙善鼓琴，钟子期善听。伯牙鼓琴，志在高山，钟子期曰：'善哉，峨峨兮若泰山！'志在流水，曰：'善哉，洋洋兮若江河！'"后因以"高山流水"或"流水高山"为得遇知音或知己之典。上世纪80年代，著名电影演员王心刚和张瑜，分别扮演讨袁护国将军蔡锷和名妓小凤仙，二人相知相爱，拍成电影，名即《知音》，并有李谷一演唱主题歌《知音》，至今流传不衰。《高山流水》一曲，现存传谱初见于《神奇秘谱》，其题解称："高山流水……本只一曲。……至唐，分为两曲。不分段数。至宋，分《高山》为四段，《流水》为八段。"《天闻阁琴谱》所载《流水》，为清代四川琴人张孔山先生传谱，以七十二滚拂描写流水奔腾澎湃之状，故又名《七十二滚拂流水》，流传较广。

上述《天闻阁琴谱》为琴曲集。清末唐彝铭主编于1876年，张孔山、曹稚云等琴家参加编订，21卷。前五卷杂录诸家琴论，记述历代琴式、琴人事迹、弹琴指法及制琴法等。后16卷选收各派琴曲145首，均载明出处。所收张孔山传谱的《流水》《醉渔唱晚》等曲，为川派重要琴曲，经此谱采录后流传。

因此我们可以知道，此伯非那伯——伯乐是相马大师；伯牙是操琴大家；钟子期则是音乐鉴赏家，是知音，否则，伯牙弹了半天，对牛弹琴，那也是白辛苦。钻个牛角尖，伯牙是否也会相马，伯乐是否也会操琴，那也不是没有可能。但史无记载，而且各有专攻，品牌有异，2600年到于今，是不能混淆的。

（2008年7月30日）

地有无妄敢问天

天崩地裂、举世震惊的四川省汶川大地震，有多少孩子被埋？有多少孩子致残？又有多少孩子走进天堂？一时谁也说不清。但我们也不必去读那些抽象的数字，许多历历在目的形象，就可以对我们诉说得更多更好也更令人震撼。比如什邡市红白镇中心小学的操场上，整齐地放着40几只花花绿绿的书包，而且不断增多，这就是一个揪心的展览，这能叫人想得很多，很苦，很痛。

令人感到惊诧和赞叹的是，当苦难降临，孩子们身受其苦时，我们几乎没有看到他们号啕大哭，惊慌失措。他们的表现并不比成人差。

北川3岁女孩宋馨懿，虽于5月14日获救，但她遭受的痛苦，足够惊人。她的父母不幸遇难了。她因肺部感染，以致神志不清，呼吸困难，预示她将要窒息。医生就狠心地在她身上动刀，切开她嫩嫩的气管，用上了呼吸机。她的右腿因长时间被压迫而严重坏疽，医生又不得不准备截肢。一个小天使，一个美好的生灵，一个完整的躯体，就要被严重损坏，眨眼间，她就要变成残缺了。无论如何，女孩的一条腿要比男孩更重要。看着她圆圆的稚嫩的小脸，医护人员都哭了。可当她清醒以后，见到男人就叫"爸爸"，见到女人就叫"妈妈"。她还懂事地说："爸爸走了，妈妈走了，我知道！"她的每一句话，都可以让人滚滚泪流。

小馨懿的美丽、天真、懂事、可爱、可怜，可以使我们所有人一世不忘！

这就是苦难，这就是天灾。天者，即老天是也，这样，我们终于找到了"元凶"，找到了始作俑者。您老天爷是否也残忍了些！您对和平劳动的芸芸众生，降此无妄之灾，已属糊涂，又对许多涉世不深的孩子，甚至对襁褓中的婴儿肆虐，算什么本事？是何道理？比如对馨懿这样一个孩子，她善良，美丽，天真，才踏上人间之路。她人见人爱，与世无争。她有做人的尊严，她有生的权利。您既然给她生命，又何以出尔反尔？您何以要如此伤害于她，几致夺去她的生命，您的作为，岂不有违天理！当她说出上述那些话语时，我们全伤心不止，涕泪横流，而您又怎能无动于衷！

天地不仁，以万物为刍狗，万千苍生，又何言哉！

12日下午地震发生时，什邡县蓥华中学有300多名学生正在上课。此处距震中汶川仅20公里，自是"在劫难逃"。经抢险部队60多个小时大胆细心，紧张艰难营救，有16名孩子获救。也就是说，大约还有300名学生——300个鲜活的生命，300张充满青春活力的脸庞，300朵鲜花，他们在哪里？他们还有生的希望吗？——严酷的事实，令人心忧，令人焦虑，令人坐立不安！

那16个孩子在脱离危险前，不吵也不哭，镇定等待。当救援队在寻找时，他们发出了"叔叔阿姨，救命！"的呼唤。抢救最后一个初二女孩廖友瑶，用了35个小时。当他们被告知要少说话，保持体力，等待营救时，他们真乖，真听话，有几个孩子就开始翻看课本。一个叫郑清清的女孩，任凭上面叮叮咚咚敲敲打打，她竟在废墟中打起手电筒，认真地静静地看书。那种坚韧、冷静，不能不令人敬佩，这不能不说是一种智慧，也不能不使人动容。

地震的十几个小时之后，北川小男孩郎铮被救出。此时的他，左臂骨折而无知觉，面部挫伤，身体虚弱，但他举起右手，向施救的武警官兵，敬了一个标准的少先队礼。这一举动，已成了永留的历史画面。

都江堰有个名叫许中政的男孩，当他在废墟中时，不知从哪里飘来或者是从他的心头，响起了国歌声，于是，他就放开嗓门，一遍一遍地高唱。埋在地下的其他同学，也闻声唱了起来。这歌声是庄严的，是神圣的，它是中华民族的生命线，它带给人们的力量是无穷的。

映秀镇11岁女孩康洁，被困72小时。她先是勇敢而艰难地从乱堆中爬出，因无路可通，就从高处跳下，跌在了农田里。后来，她就招呼其他生还的同学，一起救出几位老师。其实，她已是右脚骨折，身有伤痕。当5名医生来到她身边时，她说："请你们去救其他人吧！"

这些孩子懂礼貌，守规矩，讲团结，先人后己，甚至还能舍己救人。这些优秀品质，是人类的一种传统，更是教育的结果，是我们民族之希望。愿这些孩子茁壮成长。当"六一"来临之前，愿进入天堂的孩子，在烛光之下，也唱歌，也跳舞。天上地下，一起过一个快乐的儿童节。

（原载2008年11月《上海作家》）

不死不知道

河北盐山审计局审计员张洪涛，参加对盐山县县城电网建设与改造工程竣工决算审计时，接受被审计单位宴请，猝死在酒店门前，而在整个审计期间，几乎是天天宴会。这不但违犯了所有不准公款吃喝的文件，而且更直接对抗了国家审计署《关于加强审计纪律的规定》中的"八不准"，即不准审计人员接受被审计单位安排的宴请、旅游和娱乐等活动。因为只有在心理和行动上保持必须的警惕，严格遵守《规定》，才能秉公办事。国家审计署审计长李金华曾提出："审计就是国家财产的'看门狗'。"因为张洪涛猝死，而且死在酒店门前，接受吃喝事才得以暴露。

一部现代中国反腐史告诉我们，在全国一些地方，出现了豆腐渣工程。这似乎并不奇怪。奇怪的是，问题发现了，却没有追查责任者，更多的是没有找出验收者和审计者。可以断定，此类工程得以过关，肯定和验收或审计者有关，或二者兼而有之。他们或得了钱财或赚了吃喝。验收是对工程的现场检验，审计则是对财务的检查。你说工程有问题，那要验收者说话；你说账目有问题，那要审计者提出。这两关放过，那还有何证据可凭，又有何话可说！

正如某些贪官被小偷败露一样，这回因吃请者猝死而败露了审计者的问题。如果张洪涛吃请而不死，按当前一般规律说，这事也就过去了。

此次审计是沧州市审计局抽调人员，组成审计组进行工作的，那么，其他吃请而不死者又将作何处理？张死后的第二天，审计组其他成员和供电公司领导，照样按原计划赴扬州游玩者又当怎样？再者，他们所进行的"审计"是否合格？所以，看上去已处理了五名官员，看上去，似乎

"本案"已结束,实际上,问题并未彻底解决,至少,没有向纳税人交代清楚。

相比较而言,这种偶然败露的事,也实在是不多。那么,在当今的具体环境下,又如何对监督者进行再监督,也就是一个大问题了!

(2011年8月6日)

形式和内容之辨

一部关于钱学森的电视专题片说：他1955年回国后，"脱下西服，换上了中山装。从此，他再也没有穿过西装"。如此强调，是为赞誉他的"爱国主义"、他知识分子的"气节和操守"。尤其是1979年之后，他任国防科委副主任，部队编制，穿军装，"一颗红星头上戴，革命红旗挂两边"。只是，近时钱学森之子钱永刚，向作家叶永烈出示了一些钱学森回国后的照片，其中竟有多张是领带、西服。

我们了解一个人，重要的不在于他是穿什么衣服，因为衣着不能如实地反映一个人的本质，所以，衣服那种身外之物，并不值得多所强调。也不在于其人的长相，因为人不可貌相。重要的是其人的工作，他的品行，他的奉献。我们应当知道的是——钱学森是大科学家，是"两弹一星"元勋。我们还应当知道，1955年，美国阻挠他回国，还扬言要毙了他，美国海军将领金布尔说钱能顶5个师，不能让他回共产党中国。而且，这位科学家，是实实在在的存在，不必你去"拔高"。要说"高"，那你也无法拔得比火箭高。再说了，穿西服又如何？香港歌手张明敏唱得好："洋装虽然穿在身，我心依然是中国心。"

我们现在有许多东西出口，我们会得意地将这些东西打上"中国制造"字样，这当然没错，但是，打字样不应当是我们的目标。因为，这只是一个形式，一块招牌，一张名片。别国也能做到，还可以搞得比我们好。世界需要我们亮出的是内在，是内容，是我们几千年的民族优秀传统，是新中国成立以来，特别是改革开放以来所形成的经验、品质。这就是我们所要构建的中华主流文化。文化是一种观念，是一种精神，是一种具有震撼力的永久性的东西。以此走向世界，可以发扬自我，奉献人类。

中国网球手李娜参加法网冠军赛，半决赛对阵人高马大的捷克姑娘科维托娃，一开场，二十几分钟，即以1比6输了首盘。她当即召唤教练、她的丈夫姜山进场。姜山一路小跑奔到她身边，李娜凶猛地大吼："看不下去就滚出去！"动粗骂人，而且一直囔囔，全世界都看清了这一幕。这哪里是老婆，分明是一头"雌老虎"嘛，或者，优雅、浪漫地说，就是一朵"带刺玫瑰"吧。多少年来，李娜球风不顺就气恼，就火冒三丈。这时的李娜是要发泄，这就需要一个出气筒，而且，她也是以她的方式撒娇，这已经是她的习惯了。知妻者老公也，姜山不责备，不生气、不顶嘴，而是平静地接受她，稳定她，指导她。果然，接下来，李娜就以7比5、6比2逆转。

李娜的个性、脾气很不一般，所以，她的战绩也不一般。脾气不好是外在的，但人家有功夫，球打得好。连年来，李娜败少胜多，就是这样走过来的。换一个教练，换一个丈夫，很可能李娜就不会如此辉煌，中国也就没有这样一个李娜。世界上有些奇迹，就是在这样的矛盾中产生的。但是，此一时，彼一时，以后事情将发生在以后的时间和地点，也是不能一成不变的。

近时的足坛反腐，抓了几个人，其中的一个，是原中国足协专职副主席谢亚龙。到案后，他有话："不是说没有抓进来的人就没有问题，实际上各自都有一些事情。"这话颇可玩味。试看，2008年1月到2011年7月，中国就有9 335名县处级官员落马。比后如何，可想而知。谁都清楚，这近万县处级，平时无不一本正经，冠冕堂皇，样子比清官还要清三分。然而，有的在台上刚做完反腐报告，就被"带走了"，更多的是做完反腐报告，回去继续腐败。所以，这些人全是两面人。这是官场中形式和内容的一种巨大反差，也是当事人自身的一种矛盾，直到他狐狸尾巴被揪住了，"进去了"，他的这种矛盾才能解决。从这个意义上说，反腐就是要撕破假面具，还其本来面貌，使矛盾归于统一。

（2012年3月4日）

天上不会掉汽车

46岁的杭州李女士,收到"三星公司"来信,说她中了别克车大奖。兑奖条件是必须购买该公司两件产品,几万元罢了。这可以显示该公司不是随便送的,而是有条件的。虽说要付几万元,那也赚大了,有这等好事,不领情岂非天下第一傻瓜。

"三星公司"也不是莫名其妙乱送奖品的,该信笺说:"三星公司特举办此次产品宣传刮奖大赠送活动,为中国加油!为亚运会加油!"这可以使你想到许多单位和个人,对公益事业的赞助,捧场,还有彩票中大奖之类,让你觉得不突然,很自然,随之飘飘然,继之昏昏然!

然而,知道的人不少——"三星公司大奖"是个老掉牙的骗局。可这位李女士却心动不已,兴奋难抑。

首先对她提出警示的,是她取款时银行营业员小王。但由于李女士不听劝告,机不可失,抓紧时间,坚持取款"兑奖",并理直气壮地道明缘由。这就更惊动了银行支行行长、公安局经文保大队、110报警台、地区民警、社区干部,还有她的丈夫、儿子等20多人。众人前堵后追、车轮大战,好言相劝,还当着她的面,打电话到三星公司、公证处核对,对方均否认此事。然而,李女士却执迷不悟,20几张嘴,就是不能动摇她的一颗心。次日,她还是趁人不备,汇出8万多元,等待令人神往的别克车。但因久无下文,李女士这才大梦初醒,慌忙去派出所报案。

真也巧,本人也在7月7日收到了一封信。信封落款是"高新技术开发区156号",但无邮编,无地址(这不就是漏洞嘛)。一张信笺印制精美,开篇是颂扬北京奥运,盛赞2010年16届广州亚运,歌唱体育精神,弘扬爱国主义。名正言顺，庄严郑重，以示其"正宗"。该件又以黑体字标出："本活动经市政府批准，由北京市正阳公证处监督公证"，说明是合法的。又有男女两名"公证员"半身照。二位绝对端庄、严肃，又充满书生气，就像真的一样（然而当知，要造出这样的"公证员"来，演员多的是）。又盖有"北京市正阳公证处""国家彩票管理中心"和"韩国三星集团北京有限公司"三颗大印，以显其有名有姓有根有据（其实，搞出这样的图章来，花几个小钱，马路边即可解决，为的是进一步迷惑你）。还有"北京市正阳公证处"大门前照片，有"三星品牌商务调查活动新闻发布会"会议照片。可谓样样齐全，步步为营，天衣无缝。奖品是：特等奖奥迪A6轿车一辆，价值68万元；一等奖丰田凯美瑞轿车一辆，价值42.6万元；二等奖本田奥德赛轿车一辆，价值29.8万元……共六个奖项。本人依示刮卡，显示3颗星，相对应的是二等奖，哈哈！我可得一辆"本田奥德赛"了！……然而，我只能是哑然失笑，嗤之以鼻。

其实全是披合法之外衣，以重大奖励以售其奸。

生活经验早已告诉我们——说好话者未必就是好人。最要警惕的，正是那种"口似蜜糖罐，心似毒蛇窝"者。而要挡得住的，就是那具强大引诱力的奖金或奖品。

行骗也是一种"专业"，即必须有骗术。既是骗术，就是假的，假的就可戳穿。但我们必须有最起码的警惕，面对此类事要作最一般的思考，想一想是否有可能？有一个简单的道理——既然有如此丰厚之奖励，因何他自己不拿，也不给亲朋好友，偏偏要给你？像这样要汇出几万元的大事，应当慎之又慎，钱是万不能在一念之中出手的。可惜，就是有善良的人，就是有头脑简单的人，就是有想发财的人上当。

必须明白——伪三星仍在行动，骗子还在行骗，忽悠忽悠复忽悠——赵本山已几次向全国警示！我们在吁请相关部门给予打击之外，自己又当如何呢？

（2012年1月5日）

国石·国树·国鸟

我曾发表过关于国花相关的文章，呼吁尽快评定国花，这里再说说国石、国树和国鸟。

所谓的"石"，当然是宝石，也包含了玉。

中国玉石繁多，评其最佳者为国石，理所当然，是为盛事。评定动议，始于1997年。1999年，中国宝玉石协会在京举行首届"中国国石定名研讨会"。为了推动国石的评定，2002年10月22日至25日，北京国际展览中心，展出六个候选品种——辽宁岫岩玉、福建寿山石、新疆和田玉、浙江昌化鸡血石、内蒙古巴林石和浙江青田石。展台上，玉石琳琅，璀璨夺目，美不胜收，浏览其间，如入宝藏。动议者及上述六种玉石产地代表，除了展出精品之外，还做出了精美画册，又请专家到场讲解，为玉石的推广、国石的评定，造了一回声势。

国人对玉石的情结普遍，深厚，悠久。我国玉石文化有万年历史，世所罕见。出土文物证实，我国从周代乃至史前文化时期，就有了玉石雕刻。古人用玉陪葬者，非止一端。也有古尸以玉片为衣的。"完璧归赵"的故事，国人皆知。近年来，福建寿山的寿山石交易火爆，店面、摊位逾千，从业者凡十万人。辽宁岫岩更有十余个玉雕专业村和三千余玉雕企业。上海也有一家规模大、技艺高、出产多的玉石雕刻厂。玉石品雕刻的造型生动，气息浓郁，千姿百态，精巧绝伦。贵重的玉石价值连城。

华夏民族文化，一开始就与玉结缘，一个玉字更被广泛应用。比如：以玉为地名的有玉门、玉田、玉泉、玉溪、玉泉山；以玉为物名的有玉玺、玉屏箫、玉米；而中华民族更是将玉石人格化了的民族：对美女的敬称是玉人、玉体、玉音、玉容、玉指；请人帮忙叫玉成其事，为正义捐躯叫玉碎；文学作品有《玉台新咏》《玉簪记》《玉堂春》《玉观音》；由古及今，人名里有玉字的无法计算；就连神仙也爱玉字，如玉皇、玉兔、玉液琼浆；曹雪芹大师巨著《红楼梦》，就是以一个玉字为由头，又说之不尽的。林黛玉就被誉为"花精神，玉模样"。玉戒、玉镯、玉佩人所钟爱，少女、少妇或是银发老太，腕有玉镯或指上有玉戒，不唯自己精气神倍增，人亦刮目相看也。可见玉是华夏文化的重要载体，当然也是出口物。可以说，宣扬国石，不唯继承、弘扬文化传统，展示民俗、民情、民意；同时更有促进玉石事业发展、繁荣经济、拓展世界市场之深意。

其次是国树。候选树主要是民间钟情的香樟、银杏两种。香樟挺拔壮美，材质坚韧，全树散发樟脑香气。不喜樟木家具者，必无其人。银杏又名白果树、公孙树，树龄千年。确定国树对于发展生产，推进绿化，美化城乡，改进生活质量，振奋和彰显民族精神，其意深远。浦东新区的世纪大道，就是以香樟和银杏为行道树的，看去整洁壮丽，生机勃勃，又似一只只即欲飞升的绿色气球，人遂心旷神怡也。

第三是国鸟。候选鸟为丹顶鹤。国家保护动物。羽洁白，腿长盈尺，立姿美极。鹤顶上的那一点鲜红，吉庆而醒目。"松鹤延年"是人无我有的中国画。鹤也是被神化了的，故名仙鹤。老人鹤发童颜，人皆称羡，一旦百年，曰"驾鹤西去"。

盛世发展文化、科学和经济，是必由之路。2009年是新中国60周年华诞，彼时倘有国石、国树、国鸟，岂不是五彩缤纷，锦上添花，花上结果，果然繁荣昌盛！哪怕只有一件，也能让人欢欣雀跃。至于2010年世博会，对这三件"国宝"的期盼，却是尤见迫切的。

（2008年5月5日）

过于天真的女孩

无锡女孩赵飞燕大学毕业后，在英国读国际市场管理硕士学位，闲来网上聊天，结识一名"让人一生忘不了"的网友，真名纪亮，自称在上海人事局工作。视频上那个帅气的小伙，使她激动了。

我们不能说，凡网上相识者都不是好人，也不能说，网上朋友绝不能交。但是，无论如何，网上交友是不能个个当真的，不能一概视为知己的，是必须慎之又慎的。

半个月后，纪亮发来求救信息，说钱包被偷，要求"帮忙"。其实，你还没见过真人，连一般朋友都谈不上，是不应当借钱给他的。又何况，一个在中国，一个在英国。可是，这位赵小姐，竟将5 000元打到纪亮卡上了。

赵飞燕暑期回国，将纪亮带回家中见父母。客观地说，纪某其人，果是英俊、潇洒，双亲也是欢喜。这样，两个年轻人就走到一起了。当然，我们可以说，英俊是一个好的皮囊，潇洒是一种不错的举止。但人的长相、风度，是并不会和他的内在品德一致的！这是非常一般的常识。看人的外表，用眼睛，而看人的心，得用脑子。

此后，纪亮又不断要赵飞燕"帮忙"，一帮就帮了几万元。更奇的是，凡他到她家一次，家里总有值钱的东西不翼而飞。尤其不可理解的是，这个人事干部从未像模像样上过一天班。暗地里，他还同时和别的女孩频繁交往，大谈其"恋爱"。终于，有一个上当的叫彩云的女孩，首先戳穿了他的鬼把戏，并联络多个女孩将这个骗财骗色的骗子扭获。惊人的是，这个"人事局干部"竟然在一年的时间里骗了近50名女大学生。

竟然有如此众多的女大学生在一个极短的时间里栽在同一个骗子手里，

这说明她们的生存能力是多么脆弱，生活经验如此贫乏，交友、恋爱如此盲目、随便；英俊、潇洒之魔力竟然是如此之大——这是我们应当深思的，也是可以令我们女大学生"一生忘不了的"！

（2011年12月12日）

台上和台下

会场都是有主席台的,高的八九十厘米,低的三四十厘米。这样一个台,其历史,我想是古时的戏台,因为演员在台上演戏,没有这样一个落差,观众就看不到演员全身功夫。

如今,这样一个台,我们用来开大会,开中会。领导在台上洋洋洒洒地讲,群众在台下引颈聆听。领导比群众,高了几十厘米,远了好几米,这就叫泾渭分明,俗称距离。

某日,新疆维吾尔自治区领导在乌鲁木齐召开"奉献基层、造福群众"报告会。虽说凡会都重要,但就会论会,这个会在多数人看来,也就一般性吧。可是,自治区党委书记张春贤、自治区主席努尔·白克力等四套班子主要领导全部到会。这倒罢了,更令人耳目一新的是,这几位高级领导全都坐台下,到会者凡三百余,他们是法院、检察院主要领导、省级老同志代表、自治区各部门各单位主要领导。就是说,台下全是领导。个个聚精会神,人人洗耳恭听,当然,还有人做笔记。这表现了一种虚心,怀着的是一种谦卑感。

那么,主席台是空的吗?那倒不是,上面坐着8位优秀基层党员代表,他们向在座的领导做报告。群众坐主席台,高级的、中级的、一般的领导坐台下,而且不是一位两位,而是几百位。级别高在台下,而不是高在台上。如此场景,新鲜而朝气,如此会议,务实而罕见。新疆领导这样开会,是搞一次改革,是破除一种旧规;因事因地因人制宜,开了风气之先。"小楼一夜听春雨,深巷明朝卖杏花",新疆的这次会议,必将对全区产生影响,或有全国性意义。

我们常见这样的会议,比如表彰先进、介绍经验,领导坐主席台,工作人员还不时提壶续水，发言人则坐台下，该你了，你上台，讲完了，就下台，浮光掠影。这样的会议，要突出的主角不是报告人，也不是会议主题，而是长久地占据着大家目光的台上几位，还是"终身制"。这不能不说是对会议精神的淡化，也有对群众不敬之嫌。这和某些影视演员在表演时抢镜头是一个意思。不是说群众是主人吗，为什么他就不可以在必要时当一回主角？你公仆又何以不能在没必要时屈尊不坐主席台、而当一回配角呢？干部是"从群众中来，到群众中去"，在这样的时候，你融入群众一下，不也是下基层、接地气一回嘛。至于你原来是什么长，你坐到台下，当然还是什么长；但又是一名听众，所以，也可以这么说——你此时就不是什么长，而是一名群众、一个学生，你现在是受教育，而后再去教育他人。一如合肥的詹云超，骑车送女儿上学是普通父亲，坐到办公室是芜湖市副市长，当然，他坐到台下就是听众。

  关于共产党人的讲台，事之初，或曰本色，是这样的：延安时期，室内也罢，室外也罢，一张旧饭桌，一只搪瓷杯，顶多桌上再铺一块白布，就开会了；1946年12月20日，进攻苏北解放区的国民党军打到了盐城，区长到我们开沙乡演讲，他站在一张八仙桌上，激烈而又沉着地讲"蒋军必败，我军必胜"，第二天，一股美式配备的敌人，就嚣张地经我乡向涟水方向推进了；1949年底，我在盐城中学读书，校长江重言做关于抗美援朝报告，他站在台前，响亮的带磁性的国语，我永生难忘；1951年，我在治淮指挥部工作，一位名叫邹云龙的政治部主任做报告，他拿着一个本子，在台上有时走着，有时站着抑扬顿挫，引经据典，听得我们都入了神，而且，他还不时和大家交流，问好不好？是不是？大家还不时鼓掌。这几次大会，并无扩音设备，会场却鸦雀无声；而且台上也没有排排坐的领导，大家的注意力，就是盯着报告人，就是听他讲话。报告人也紧紧地挨着我们，大家有一种团结感、亲密感。设若彼时有几位领导坐在台上，他们是否会感到不自在？觉得尴尬？显得多余？而当下这样规模的会议，主席台上总是要坐着几位领导，这已成一种思维定式，他们有的不时交头接耳，有的在低头写着什么，那岂非心不在焉？

  内容决定形式，具体地处理具体问题，坐主席台，不要一刀切，大抵应分四种模式：一是领导坐，二是群众坐，三是领导和群众同坐，四是谁也不坐。这样好不好？

第三辑　留得枯荷听雨声

竹坞无尘水槛清，相思迢递隔重城；
秋阴不散霜飞晚，留得枯荷听雨声。

——唐·李商隐《宿骆氏亭寄怀崔雍崔衮》

上海不是巴黎

上海旧称十里洋场，所谓"冒险家的乐园"是也。也就在那同时，上海被称作了"东方巴黎"。为上海争得此一"雅号"者谁人？我以为，黄包车夫、码头苦力和机器旁的工人，因只知足踏在地上劳动，只为填肚子而拼命，至于上海有无雅号，得何美名，非所问也。所以，此名之得，若非远道而来的洋人的"赠予"，便是那些有闲阶层怀仰慕之情的"杰作"。

这已是殖民时代的老话了，不提也罢。怪就怪在几十年后之今日，却又旧说沿用，老谱重续；昔人情怀，却又侵袭今人之脑际、笔端；甚而有人引以为荣，直抒胸臆，常有名言曰："我们一定要将上海建成'东方巴黎'……"当我们要将上海陆家嘴建成金融中心时，又有人匆忙称之为"中国华尔街"，也一并归入洋人名下。

毋庸置疑，巴黎有举世闻名的埃菲尔铁塔、凯旋门和巴黎圣母院，是世界顶级文化。但某些人仰慕的，怕不是这些，肯定也不是巴黎公社；而多半是钟情于那畸形繁荣、那奢侈、那妖冶和那令先生们闻之可醉的香水……

说到美国的那个华尔街，它本是美国私人金融机构的集中地，是资本主义世界投机市场的中心，亦为美国垄断资本之代名词。

观今日之上海，我们自有其自身的人文景观、光荣历史和人无我有的充满生机之未来。这里有排名世界前列的双塔双索悬浮式斜拉桥，有东方明珠电视塔，而且更有浦东新区这块宝地——这不只是我们自己所引以为自豪，就是世界上许多专家乃至政府要员，也看好和赞叹了的。按照这些外国朋友们的说法，浦东这块热土，不只巴黎不具备，也是世界任何城市和地区所无。而且谁个不知，上海本来就是排名于世界前列的大都市，是中国人的创造，是华夏的宝地。

所以，巴黎一城也，上海一城也。中国人之建设上海，亦不以巴黎为样板（不是绝对的，不排除应学、可学之处）。我们不需那妖冶，虽也生产香水但并不以此物去迷人。时至今日，倘还要将上海说成是"东方巴黎"，这非但不是美誉，只怕已有几分毁誉了。所以，切盼我们自己人再行文至此时，且停笔三思可乎？

当然，此类事还有，譬如大约在伪"满洲国"期间，哈尔滨也得"高攀"，得名"东方莫斯科"或"小莫斯科"；苏州也不知何时变成"东方威尼斯"；近几年，则冒出了不少洋品名、洋店名，什么"克力架"、什么"芝加哥娱乐厅""圣保罗精品屋"；小孩子名字也有叫什么"王日美枝子"的……

地名、店名、品名、人名、应当体现一个民族的文化及其精神，还要有点儿志气。现在出来的这些东西，并非修辞学上的比喻、形容，而是表现了一种观念上的崇拜，或多或少散发着殖民文化之遗味。这对我们所倡导的爱国主义是一种干扰、冲击。这种文化一旦泛滥，必将造成我们民族自暴自弃的心理；对后代的精神，也将是创伤。所谓的"东方巴黎"又是对我们浦东的开发开放伟业之贬低、伤害——你浦东搞得再好，充其量、美其名，你上海也不过是"东方巴黎"而已，总归是要比巴黎矮三分的。这是否长他人志气，灭自己威风？

（原载1996年3月2日《劳动报》）

为什么要磨针

老师教语文《铁棒磨成针》，学生提问："为什么非磨不可呢？不能想想用别的办法，又好又快地造出针来吗？"大胆而又富于个性的诘难，是许多为人师表者和在原有轨道上运行惯了的我辈所预想不到和大为惊叹的。

你认真一想，就会觉得这样的问题不唯提得现实，尤其提得科学。"铁棒"不论长大如扁担（含孙悟空的金箍棒），细小如竹筷，要把它磨成针，确是荒唐又滑稽。所以学生说："这是在浪费时间。"这与"十年磨一剑"不同，花那十年是精益求精，是为了锋利，而且成功有望；而磨针则是得不偿失，是耗费生命，而且毫无必要。"持之以恒，锲而不舍"的精神永远要发扬，问题在于是否必要。有的故事富于启迪，也有的则将人引入死胡同。

孩子们活跃的思维是要在一分钟里生产出许多许多针，而不是用许多许多年去磨出一枚针，那是最古老最原始最折磨人的方法。可是我们的课文及其教学目的，都是预先设定了的，是要求学生赞美、效法那种磨针的精神和方法，而决不让学生设想用机械化、现代化的方法生产针。教师当然得照讲，而且得讲得头头是道，天经地义。否则，这课又怎么上？

我们正致力于启发学生的智慧，发挥他们的想象力和各自的个性，推行素质教育；而我们（教育管理部门、老师、家长）自己的素质却提高缓慢，也甚少在磨针之类的问题上稍作反思，倒是孩子们首先作了突破。其实，据我看，当今的"磨针"一说，并不特指磨针一事，而是形象生动地概括了应试教育之弊端，似乎还可以认定"铁棒磨成针"是应试教育的代名词。现代的教育者，一是自身要突破这种旧观念的禁锢，二是要启发受教育者展开想象的翅膀作海阔天空的思考，以求事半功倍，而不是相反。

（原载1999年8月15日《新民晚报》）

乳房的功能

从解剖学观点看，女子的乳房，一如她的眼、耳、口、鼻、舌、手、足……也不过是人体一器官，是无须"谈乳色变"的。当然，诗人、艺术家的目光又有了浓郁的感情色彩、美学情怀。

可是，封建社会，女人是玩物，天足被缠成"三寸金莲"，充作玩物，是真正的削足适履。而且"缠风"遍流，延及后人。时至今日，云南通海县九街乡还有个"金莲村"，那里仍有小脚老太150余位。更不知是何方卫道士，觉着女人乳峰高挑，就"发明"了"束胸之法"。这就有了"配套"设施，上面一道，下面两道，百年千年，中国女人就这样被紧紧地捆住了。她们痛苦着，呻吟着。她们身体和精神所受的折磨，实非今日袒胸裸背露腿跣足的靓女所能想象。

物极必反，到了现时，女子乳房的文章就要另做了。据说，一个标致女人，她的"三围"必须"达标"，而上头的这"一围"更是绝对重要。对演员巩俐的脸蛋儿，倒未见评说，而对她的三围却是有专文评论又大加赞美了的。

你看那有丰盈乳房的女子，她走路、看人大多要扬起半个脸儿来，好不得意！而此物不如人意者，有的便犯愁。于是，那眼珠儿的溜溜转的生意人就瞅着了财源，送上"为你解忧"的蜜语，发出"女人没有大不了的"豪言。随之也就有了百种千种丰乳之宝。不少女子走进了药房……药效之差虽有口难言，商家却来不及数钱。

且说某诊所有个身怀"丰乳绝技"的胡博士，他能将女子腹部多余脂肪抽出注射到乳房里去。王小姐去手术了，讵奈术后乳房不长肉却流脓。

这也不打紧,快刀还是有的。就在她乳房之上,手术七次,开洞十个,施排脓之术,顾客成了病人。因为胡博士丰乳不成而住院者凡七人,有的已造成形态和功能上的后遗症。胡博士端的胡闹——好事让他办坏了,真正的整容家让他们坏了名声,美容学已被人鱼目混珠!这种假专家多的是。另一位于姓女士因胸部如"飞机场"一样平坦,便花几十万元遍访名医,然而所用却是公款。哀哉,乳房虽已挺出,镣铐也随之加身!

宋代刘斧《青琐高议》载:"一日,贵妃浴出……微露一乳。"这是杨贵妃对李隆基的一个媚态,是调情。但她这个小动作,分明是在展示魅力,恣意挑逗。此法却已被今日的某些下流、丑恶的女人所袭用,她们将灵魂和肉体一起向贪官、嫖客标价。但其中有的女子是另有苦衷,另当别论。

按物的本意,乳房的功能一在哺乳,二在性爱。为延续人类,哺乳又是主要的。从这个意义上说,它的定位是乳房,而不是性房或其他什么房。可是世风所及,如今某些城镇妇女却已不为婴儿哺乳了,理由据说是为了乳房的美观。这就多少有点本末倒置了,所以医生正在苦苦劝阻之中,婴儿也在哇哇啼哭之时。

令人伤心的是,男人并不都真爱此圣物。鲁迅《忧"天乳"》称:"有一处是鼓吹剪发的,后来别一军攻入了,遇到剪发女子,即慢慢拔去头发。还割去两乳。"南京大屠杀,日寇大肆奸淫我女同胞,有的还被割去乳房。

女性的乳房是生命的源泉,也是无与伦比的艺术品。可它有时又是诱饵或迷魂袋,这是我的发现;它存在的社会价值,很能折射一个社会的文明程度,这是我的结论。

(原载1997年8月号《语丝》)

雪化了变成什么

有一道语文填空题，"雪化了变成（　　）。"多数学生填变成"水"、变成"泥"。这当然对，也都拿了满分；有一位学生填变成"春天"，可惜，这一令人叫绝的答案却得了个大叉。

这位学生能想象到雪化了变成春天，表明他有几分诗情，几分才气，还在一定程度上显示了他的创造性思维。这样，我们又怎能狠心送他一个大叉呢？打叉的根据，是因为有"标准答案"在。但是，只怕批卷的老师，也有几分"八股"，是照章办事，是死人不管。

其实，语文教学的目的之一，就在于启迪学生的智慧，向他们提供驰骋想象的空间，锻炼他们思维的能力。它不同于数学，1+1只能等于2；又不同于地理，世界最高峰只能是珠穆朗玛峰；也不同于历史，汉高祖只能是刘邦。这些，就都得死记。

在语文教学上，墨守成规，狠心打叉的事非此一宗。又如根据一则寓言作文，说一只猴子拿着桃子，它看到了西瓜就丢了桃子去抱西瓜，后来，它又看见了兔子，就又丢了西瓜追兔子，结果一无所得。学生据此所写的议论文中，批评猴子见异思迁，劳而无功者，得满分；另有一位学生赞美猴子永不满足之精神却不及格。"齐心协力"就对，"同心协力"就不对……所有这些，都是驱使学生死记硬背，都是扼杀他们的灵性、聪明、才智和丰富的想象力，阻断他们活跃的思维。只能循规蹈矩、唯唯诺诺，似此，我们的下一代还有多少生气可言？

在呼唤教育改革的今天，用什么样的教育内容和方式培养我们的下一代，是很值得我们教育工作者认真思考的。

（原载1998年7月6日《解放日报》，《新民晚报》当日转载）

性别失衡后患无穷

我在1999年6月20日的《文汇报》上，发表过一篇题为《另一种生态失衡》的文章。提出我国婴儿出生男性偏高的问题。随之，在全国范围内，引起很大反响。一种意见认为的确如此，问题严重，应引起警惕；多数意见则认为没有问题，还有人讥笑我"大惊小怪"、杞人忧天。但六七年过去，问题越来越严重，也越来越清楚，说话的专家，也越来越多了，笑话我的大作已"一篇难求"了。

世界公认而又合理的男女正常比例应是103～107：100。

据1995年我国第四次全国人口普查得知，男性比女性多3 680万，2000年第五次人口普查时则达到了4 127万，即当时全国出生婴儿性别比达到了119.92：100。这在世界范围内是罕见的。更为令人忧虑的是，最近几年来，这种情形不但没有被扼制，相反日益加剧，某些地区甚至达到突飞猛进的程度。比如，有数据显示，自第四次全国人口普查以来：广东出生婴儿男女性别比已是137.76：100，其中粤西信宜市则高达143.23：100；北京是108：100，在京流动人口出生的性别比则是128：100；在我国西部个别省市则高达140：100。就是一直对性别出生控制较好的上海，"也出现小幅攀升"，而处于"临界线"了。全国只有内蒙古、黑龙江、西藏、新疆等七个省、自治区的人口性别比在110：100以下，但这七个省、自治区的人口只占全国人口的10%。

形成这种形势的原因是多方面的。其中最根本的是国人根深蒂固的封建思想在起作用，就是要传宗接代，就是不孝有三、无后为大。在某些地方，家里没有男孩，简直就有点抬不起头来。虽然，我们的意识形态在许多方面都已进步了,唯独在这方面,改变甚难。当然,在客观上也有原因,比如在农村,劳动力是一个大问题,男孩是家里的顶梁柱,而且,男孩可以讨老婆,可以再赚一个回来;女孩当然就相反了。在城市,甚至是在一些相当现代化、文明程度相当高的大城市里,女青年的就业,也时时遭遇形形色色的歧视,此类事,媒体时有报道。再者,我们国家的某些制度本身,也在助长这种风气。比如,男性是60岁退休,而你女性55岁就得回家,一下子就相差五年。这就明白地向人们表示:还是男人好,你得生男孩!否则,你要吃亏!

这里所论及的男多女少,完全不是自然形成,而是人为的干扰。主要手段是做B超或羊水化验,有的农村也有土法测定,是女孩就人流。甚至还有溺婴、弃婴,等等。

二十多年来,我们对于人口总量是控制住了。但是,对性别问题,全社会还没有给予必要和足够的重视。比如,有的政策没跟上;有的基层计生干部说:"超生我们都管不过来,哪还管得了他们生男生女。"也有一些干部,甚至是有相当地位的领导干部,男尊女卑思想严重。比如,陕西礼泉县副县长寇随谦千方百计要生男孩,生了五个女孩不罢休,继续"奋斗",生了一个男孩才打住。广东电白县一个叫潘以忠的书记,为了生男孩,也超生了五胎。一般干部为了生男孩,故事就更多了。他们在群众中的影响相当不好。也有一些大老板不惧罚款,奋力追求男孩,可以一直生下去。还有一些大明星,也有办法。为了生男孩,反正是各有各的招数。

男多女少的后果,将是相当严重的,这种严重性的出现,也将是必然的,以后将会慢慢显示。首先是"婚姻挤压",将有成群的光棍出现,即以现在的情形而言,若干年后,很可能有3 000万男人讨不到老婆。买卖婚姻、拐卖妇女、卖淫嫖娼、非婚性需求等违法行为也将会出现。比如在四川,现在就有36.27万男性未婚,而未婚女性只有2.68万。多少年以后,我们的生活是越来越好了,越来越幸福了,但是,对于一大群讨不到老婆的男人而言,他们的幸福就不完全了。

去年,广东省搞了一个"关爱女孩行动"。去年7月11日是第15个"世界人口日",上海也召开大会,搞"关爱女孩行动"。这无疑都是必须的。但可惜,其力度微不足道,也有点走过场的样子。所以,宣传力度必须加大，必须深入，必须持之以恒。在法制上必须予以保证，比如，要对非法鉴定胎儿性别和选择性别人工终止妊娠者，予严处。必须十分用心地彻底破除重男轻女的陈旧观念，真正做到男女平等和保护妇女儿童合法权益。

（原载2005年12月号《广东农工》）

附原文：

另一种生态失衡

滥捕蛇、蛙，可致为害庄稼的田鼠、害虫横行；破坏植被、滥伐森林、胡乱开发能使水土流失。这些就是生态失衡，是关于自然界的事，也是一个老话题了。但就一个国家而言，或于人类而言，最大最严重的生态失衡，莫过于人的性别比例的严重失调了。

湖北省近三年每年出生婴儿80万左右，其中女婴只有35万左右。又据1995年全国部分省市人口普查表明，我国男性已经比女性多680万人，而且年龄越小男性所占比例越大，这就表明，这种失衡的状态，正在不断发展，不断加大。据有关方面预测，到本世纪末，我国男性将有可能多出3 000万人，那么，下世纪初呢？

时代虽已扣响知识大门，文明也已深入人心，而封建思想仍在某些人头脑里根深蒂固，所谓"不孝有三，无后为大"，其本质就是不承认女性是"后"。尤为可悲的是，这种落后的观念却得到了现代化设施的配合，有些人B超一测，见是女孩，就心态失衡，就人工流产。这在农村是时有发生的，在城镇也不乏其例。

现在看来，尊重女性，男女平等，仍然是我们面临的重要课题。这大约有三方面工作要做：首要的是以各种方式进行广泛而深入而且是持久耐心的思想教育，其次是要切实地管好计划生育，之三是要有强有力的管理法规。

维持性别平衡的重要性，不亚于控制人口增长，不能等到积重难返了，再来采取措施。

（原载1999年6月20日《文汇报》）

妈妈的吻

有件事极揪人心：我国每年有15万未成年人因违法犯罪被公安机关查处，其中又有3万余被判定为少年犯。

何以如此？据中科院心理研究所对北京1 800名家长3年跟踪调查得知：我国有三分之二家庭教育不当，以致孩子小学毕业不会剥鸡蛋，中学毕业不会削苹果；不友爱同学，不尊敬长辈；厌恶劳动，享受第一；受不得挫折，经不起打击；会哭能闹，蛮不讲理。吉林省梅河口某户一孩，自6岁始，饭前必须奶奶向他磕3个头，否则"小祖宗"绝食。几年来，磕者不悔，受者无愧。或曰，这孩子还小，奶奶年纪也大了，可能有点糊涂。那就请看另一例：山东一在校高中生，稍不称心，就喝令父母双双在他面前跪下磕头，而且要磕出声音来。他还敢打父母，可怜这对夫妻竟然"骂不还口，打不还手""严于律己"，恭顺如仪。望子成龙，竟至于此，悲乎！痛乎！

这里所说，仅为典型。然而典型即代表，有过之而无不及者、类似者，既见于报端，也现于我们的身旁。对于这样的孩子，家长如不迅速转变观念，改变教育方法，则可断言：将来的所有，必定是不孝的子孙；而其本人，今天不会是品学兼优的好学生，将来也甚少可能是好的人民公仆、好的公民，多半会成为花花公子，还有成为腐败分子之可能。分析一下，那就可以极清楚地看出，这些孩子发展的过程，起主导作用的，正是他们的亲人。

从社会学来看，孩子不但是属于家庭的，尤其是属于社会的，属于国家的。为了祖国的强盛，为了使我们能自立于世界民族之林，我们的孩子不但要有一流的科学技术知识，还要有正直高尚的人格、勤劳朴素的品德、百折不挠的意志和奉献人类的精神。高尔基有言："仅仅是爱孩子，那是母鸡也能办到的事情。"所以，如何爱孩子，怎样培育孩子，这是一门既普通又高深的学问，不讲究、不选择、不以理智而仅凭我们的感情去做，那是不科学的。

马路上，一个身高足有一米八、满面红光的儿子昂首而立，他的母亲却在俯身低头给他系鞋带。还有一例，也足可令人目瞪口呆、心灵震颤：公共汽车上，一身强力壮的小伙子俨然端坐着，身边一白发婆婆跌跌撞撞。有人看不过去，示意小伙子让座，老人急忙笑逐颜开地摆手摇头说："俺们是一家人，不必学雷锋，他是俺孙子。"

中华民族有许多传统美德，但是，世上没有纯而又纯的事物，代有所出的长辈对子孙的这种溺爱和无原则迁就、顺从的遗传，就绝非良种而是劣物，更有违现代文明。

关于我们应当如何爱孩子，苏联作家阿扎耶夫所著小说《远离莫斯科的地方》中，一位党委书记说："有的母亲对孩子吻呀拍呀无所不至地纵容他们。而有的母亲对她们的孩子却很严厉，该罚就罚，很少吻他们，多半是在他们睡着了的时候才吻他们。"他说得多精彩、多有意思！

（原载2000年12月23日《新民晚报》）

与 人 说 正

汉字是我们祖先历经千年万年的创造，是全世界最古老最辉煌最伟大的文化遗产。每一个汉字，就是一个故事，每一个汉字，就是一段历史，每一个汉字，就是一篇意义深远的文章。而且，凡属表意字：或叫人积极向上，乐善好施，坚韧不拔，勇往直前；或指点迷津，解人疑惑，警示人生、隐恶扬善。当然，由于汉字是一种文化，承载着一种历史，所以，极少数汉字也蕴含着封建乃至奴隶意识。如果我们苛求古人，抱怨他们不该创造出这样的文字来，那大致上也就等于叫他们不要创造汉字了。

汉字的形态，不论你从哪个角度看，它都方方正正，端庄大方，而一个"正"字，就更有说头了。

正字的结构平衡稳重，开笔的一横，有承载天下之意，当中的一竖，有泰山压顶不弯腰之势，最后的一横又使它站得稳，立得直，风吹不倒，雷打不动，正气凛然。甲骨文正字上面的符号示方向，下面是足，意思是向这个方向不偏不斜地走去。

先民造这个正字，融入了他们坚定的意志和强烈的愿望。随着社会的发展，时代的进步，后人又逐步丰富了它的含义。比如说，正字在当今的政治和社会生活中，已形成多个色彩浓郁充满浩然之气的词语，诸如：正确、正派、正直、正气、正道、正义，等等。这是我们人格的支柱，民族的脊梁，时代的精神，事业的保证。无数先人为之折腰，几多今人为之苦斗。一如当年的李大钊、方志敏、瞿秋白诸同志那样，威武不屈，富贵不淫，坚持正义，献身真理。

正邪势如冰炭，形同水火。若今之戚火贵、李乘龙、成克杰之流，当大官而不走正路，握大权而尽干坏事，最终造下大孽，犯下大罪，走向反面，那就只能推出去"正法"了。如陈希同、王怀忠、李嘉廷者，也只能拉下宝座，投入大狱了。

所以，尔若为官、从政，就该确立一个正字。政的定义，孔子早就说过："政者，正也。"就是说，你既是从政，就要坐得正，做得正。孔子还说过："其身正，不令而行；其身不正，虽令不从。"岂止从与不从，若汝为官不正，则灾必逮夫身，祸必延庶民。

更有一事直观而意味深长。就是我们搞选举统计票数时，也常用这个正字。正字五笔，以五进位，笔画明明白白。使用此法有群众性，广泛性。而且绝对具中国特色。这个时候，监票者、唱票者、计票者认真地工作着。你的名字，一次又一次地被动人心魄地大声呼唤着。众目睽睽之下，正字一个又一个地出现，你的才能、品德被一次又一次地承认，人民对你的信任、重托也在一分一分地增添。你激动、不安、愧怍，但此时你狠下决心，誓为人民献身，后来，你也终于当选了。

这是一个严肃、庄重的时刻。这一场景出现在各种各样的选举会上，取此法者，越是基层越多，越是过去越多。所以，我们大致可以这样说：今日的大官小官，昔时大约都亲历过这样的时刻。当你拾级而上，登上一个又一个台阶，坐上什么位置之后，老百姓总是眼巴巴地望着你。人民牵记的，就是不知当年那个闪光的正字，还在不在你的心里？就是你能不能永久地坚持下去？正如人民当初认真选举你一样，你能不能全心全意为人民服务？

然而，使人放心不下乃至失望的是，就有那么一些人，一朝权在手，便忘乎所以，丢了那个正字，变歪了，变邪了，走向反面了，甚而倒了。昔时那个当上副省长，又是什么"书法家"的胡长清，口吐莲花说正字，妙笔生花写正字。大书特书了不少有正字或有正字含义的店招、匾额、条幅，高高悬挂在南昌的一些地方，是为一时之盛。然而，他骨子里却是个不正经、走邪道的大贪官，人民只好将他消灭掉。剥开皮来看，古今贪官、政客、伪君子的真嘴脸也大抵如此。

其实，不论谁个，不论是官是民，一旦忘却正字他就危险了。谁个敢往正字上抹黑，则天理不容，他也就到头了，差不多了。其人其事，历历在目,数不胜数。这就是生活的哲理,人生的轨迹,难以逃脱,无可抗拒!

(原载2000年2月19日《人民政协报》,2000年12月18日《解放日报》)

狗不咬人

一位乡长因病去世了，上级就在副乡长和乡长助理中物色人选。两个副乡长一个是喝酒高手、一个对本乡情况胸中无数。倒是那位助理对本乡本土的沟沟坎坎、村村寨寨了如指掌，如数家珍；更奇的是，不论他到哪里，狗不但不咬他，而且老远就向他摇尾巴了。

动物是人类的朋友。这位年轻的助理，必定是常来常往，和群众打成一片、亲如一家，故有此一景。这是一个不用千言万语的生动而有力的证明。所以，经过考核之后，该助理被公认为是合适的乡长人选，此后他也确实干得不错。

开天辟地，共产党就坚持着一条生命线，叫作"从群众中来，到群众中去"。干部是从群众中涌现出来的优秀分子，但有一条：你上来以后还必须和群众保持密切联系，要经常下去，"回家看看"。否则，你当初的"优秀"就可能转化为"不优秀"了。下去的好处大得很：一是可以了解到实际情况，能拿到第一手材料，据以制订切实可行的办法、方针、政策；二是可以现场办公，就地解决实际问题；三是可以亲身感受群众的甘苦，重温群众朴素的感情，从而使自己永远保持艰苦奋斗的本色，大有利于反腐倡廉。

何谓腐败？腐败的根子就是脱离群众，就是1945年7月毛泽东和黄炎培在延安讨论的那个"周期率"。一部历史，书写了多少英雄豪杰，但也记载了诸多未能跳出周期率者。最令人痛惋的大约就要数风云一时的李自成和洪秀全了。

没有一个干部是心甘情愿、下决心要当"腐败分子"的，但糟糕的事情也正是在脱离群众时于不知不觉中发生了。任何一个贪官都可以对此做出生动而令人震惊的证明。但你也不能将"联系群众"改为"群众联系",甚至等到老百姓摸到你的办公大楼来"请大老爷为小民做主"了,还不知老爷您在何处搞"一醉方休"或享用"三陪",那您也就危险了!至于还有的公仆到基层摆个劳动的架子,拍好录像就打道回府,别的收获没有,车子倒增了负担,拉回不少土特产。这样联系群众,那就变味了。

所以说,你下去以后,群众老远就招呼:老李来了、小王来了!狗不叫,喜鹊倒喳喳地叫了,这就绘出了一幅朴实美丽的《鱼水图》,一幅典型的中国画。要是你在那里为官有年,高高乎在上,一下去就鸡飞狗叫,群众你看我,我看你,都摇头说不认得,说不知是从哪里来的大干部。那么,同志您就该检讨检讨了。

以上说的是乡村。其实,在城镇也同样如此。

这里讨论的是今天和平年代的事情。在抗日和解放战争时期,敌人占领了一些城镇;而在广大农村却活跃着我们的民兵、游击队。这些同志和群众血肉相连,"狗不咬自家人",同志们一到,狗不但不叫,还贴着你的腿转,摇着尾巴往你身上爬,舔舔你的手,拱拱你的腰,亲热得什么似的。同志们也忙乎了起来,帮群众割麦的割麦,挑水的挑水。相反的是,比如抗日时期,眼看"鬼子进村了",狗也就早早地拼命狂吠了。于是,我们民兵、游击队、老八路"十面埋伏",结果将鬼子打得叫爹叫娘。

联系群众、代表群众、为群众服务是我党的光荣传统;在新的历史时期,有新的内容;如何继承,如何创新,事关成败,是忽视不得的!

(原载2000年4月12日《新民晚报》)

她们要嫁"猪八戒"

本市虹口区妇联曾开过一次"婚恋观研讨会",关于对男方的要求,有几位姑娘开出的条件很有些吓人。一个年近三十的女性提出两条:年薪不低于五十万、有自备车。一大专刚毕业的姑娘有七要:年龄二十七岁以下,身高一米七八以上,学历大学本科以上,月薪八千元以上……当然也有七不要的,等等。女性选何种人做丈夫,这是她的自由,旁人本是不能干涉的。但因人类皆朋友,稍作议论不亦可乎。

最近,一媒体作了一次女性婚嫁调查。问唐僧师徒四人,你选谁做恋人?此调查法,前年也有人用过。但两次结果,几乎一样。唐僧得零分,沙僧得低分,气盖云天的"齐天大圣"得分也仅比沙僧略高。而获得高分、雄踞榜首的却是猪八戒先生。现实生活中当然不会真的有这样的四个人,但作为四种类型的男子,却是存在的。唐僧长相固然标致,爱他的不仅有女妖还有女国王,但现代女性则认为他自私、怕死、毫无男人气质,无师徒之情,除了念经什么也不会,无事也唠叨,烦死人了。沙僧虽踏实肯干,但不懂生活情趣,无主见。孙悟空不懂怜香惜玉,不要家庭,一棍子下去,多少美女成了白骨。而猪八戒性情随和,感情丰富,温柔多情,能讨女孩欢喜,好色无大错,在高老庄做女婿对夫人一片痴情,而且肯听老婆话,所以他老猪最讨人爱。

这样选恋人看似搞笑,其实不然。这倒是相当的理性而又务实的。这样的选择,比虹口妇联研讨会上的那几位姑娘要实在得多。如此选夫,对男士们也是一大促进。这样的婚姻现实而又不失浪漫,也稳定得多。可以,可以!

(原载2001年1月17日《新民晚报》)

将军查鸡蛋

近几年，不时有药品降价消息胜利传来。全国性的、省市性的都有，甚至有的是某医院的，实令病家激动不已。可是，病人所得实惠却不多，甚而有的药品更贵，尤其是全国性的，亦即离我们愈远，我们得到的愈少。政府政策绝对好，可这好字有时就是可望而不可即，或者待落到实处时所剩无几。所以说，有时是上面只知作决定，发通知，下面办得如何并不知道。这样的事例，可以举出不少。

比如说，"你有关门计，他有跳墙法。"药价降不下来，有两大原因：一是你降这个，他涨那个，或药厂将药品换一种包装，或在配方里加一点无关紧要的成分，换个名字，就又"隆重"推出一种新药，实际"月亮还是那个月亮，星星还是那个星"；二是医生开贵药，开进口药，作一些不必要的化验、检查，治一次感冒就能掏你几百乃至上千元。

又比如，事关千百万下岗职工的优惠政策，特别是其中的减免税待遇，有些地方难以兑现。中央九大部委，曾就此组成联合调查组到各地调查后得知，你要干点什么，税费二字就缠上来了。工商管理费、摊位费、城管费、治安联防费……不但得不到减免，有的还实在收得莫名其妙。甘肃一下岗工人开饭馆，每月除交100元垃圾费，还要交1 000元垃圾搬运费，再得交1 000元垃圾从车上卸到车下的倾倒费，这个店还怎么开！另一下岗工人，也准备开饭店，尚在装修期，各单位、各部门就一拥而上，收去7 000多元。在此情形之下，有的下岗者只好速速"悬崖勒马"，赶紧收场。面对此情此景，我们除了说下岗工人苦恼、可怜以外，还能说什么！然而，收费者分奖金的场面却红火得紧，更有那些天怒人怨的贪污者，却是捞得笑在眉头喜在心。

再比如，一个扶贫问题，中央花了大力气，作了大投入。然而，一到了县里，老子要咋办就咋办，就由不得你中央了。扶贫款不但被人挪用、贪污，更多的是被县太爷用了去搞"形象工程"，作了再升官的垫脚石。比如，河南卢氏县是国家级贫困县。一个叫杜保干的人当上这个县的县委书记以后，不仅将国家1.3亿元扶贫款悉数用尽，又对群众横征暴敛，在县城大搞"三优"，大创"南国风光"。将原有的好端端的梧桐树砍掉，搞棕榈一条街、云杉一条街、垂柳一条街、翠竹一条街、黄杨一条街……在县城外又建了近百个气势雄伟每个耗资几万元的"龙门架"；还有什么园、什么场，数不胜数。以致民怨沸腾。就锅炒菜，浑水摸鱼，这个杜老爷在搞这些工程中，趁机索贿，转身又为再升官行贿，因而于近日在中央领导过问下被捕。他的被捕当然是好事，但却是"来迟了"。

上列种种，好有一比。某电视台有个"拷贝不走样"节目。一个人将"今天晚上你能不能请我看电影？"这句话悄悄往后传。传到最后一人竟变成"今晚停电"了。这虽是游戏，却有深意：上面的精神在过程中走样了。那么对于这些问题该如何解决呢？

张震将军一次到部队伙房检查工作，在谈到鸡蛋时，将军说：要保证士兵每天吃一个鸡蛋。炒、煎不行，必须是原个儿的煮鸡蛋，必须原质原味，原样子。这不仅保留了蛋的营养价值，尤其在于可以防止偷工减料。将军的话，既是规定，也是哲学，更是真理，而且充满爱意。

老百姓要的就是那个煮鸡蛋。可有的人却是要煎，要炒。蛋一打碎，怎么做就全在他了。老百姓巴望着能常有将军下来查鸡蛋。什么时候把这个问题解决好了，老百姓都能吃上煮鸡蛋了，虽然说不上可以"跑步进入共产主义"，至少，人民得到实惠可以更多一些，我们社会主义的步伐，也要比现在快许多。

（原载2001年11月6日《解放日报》）

奶奶和孙子

在某市的一辆公共汽车上,一个棒小伙子端坐于座位上,紧挨着他的却是一位白发苍苍的老婆婆。老人家跌跌撞撞摇摇晃晃地站着,刹车时,老人几次差点跌倒。有人看不过去,示意小伙应让座。孰料,婆婆连忙满面欢喜地摇头说:"俺们是一家人,不必学雷锋,他是俺孙子。"

我们不禁为这个多少有点麻木的青年脸红。他已经养成一种固定的思维定式:我是家庭的宠儿、社会的骄子,最好的东西应当由我享受。至于他人,尤其是家人,那全是侍者、用人,或者干脆就是工具,哪怕他是老人。同时,我们更为这位老人家感到悲哀。如此娇惯后代,不但辛苦、劳累了自己,而且这样培育出来的孩子将来如何自立于社会,又怎样与他人竞争?中国望子成龙的观念,娇宠后代的习俗,已根深蒂固地残留于某些国人的心中。其实,培育青少年,又何必一定要去"吃苦夏令营",在日常生活中,在很多时候、有许多事情,就可以培育他们劳动的习惯,锻炼他们的意志和学习做人的道理。

不过,也别以为今日中国所有长辈都是如此。这一比例可能恰巧相反,亦有例可证。也是在一辆公交车上,也是奶孙两个,角色却发生转换。奶奶稳稳地坐在座位上,孙子却紧抓着扶手,站在她身旁。别以为这孙子也是一棒小伙,却是一仅四五岁的幼儿。他虽也摇摇晃晃,奶奶却始终不抱他。但也不是完全放手不管,而是不断鼓劲和提醒他;对他说:"抓住了,不要紧的……站一会儿没关系。"这就是在"吃苦"了,在锻炼了,在学着做人了。对比一下,两位老人谁做得更好、更对,这两个孩子谁又将会成长得更好些?

中国是一个古老的国家，我们的文化传统包含着庞杂的内容。既有不好或不怎么好的应为今人所摈弃的东西，也有好的应予继承和发扬的东西。"苦其心志，劳其筋骨，饿其体肤，空乏其身"，倒是祖国优秀文化遗产之精华。谁不爱自己的儿孙？可是，教育子女，关怀后代，不同的观点，不同的方式，一直存在着。

如何使孩子将来为社会做得更多、更好？今日的社会，又是一个需要人才更需要强者的社会，"物竞天择，适者生存"。这两点，应为今日的父母、老人所深思。

（原载2002年3月18日《新民晚报》）

不要念稿子

当全国人民轻松愉快地欢度国庆长假时，温家宝总理却在陕西、安徽两省的洪涝灾区调研。10月1日晚，他在安徽阜南召开会议。会议一开始，他就有言在先："我问你们回答。大家都不要念稿子。"

这实在是一桩可以令人为之一振的新鲜事。总理在会上提出的是有关受灾群众生活、生产以及孩子上学等多个问题，而且问得仔细，不但要具体数字，还要解决问题的具体办法。回答这些问题不念稿子的好处是显而易见的。

我们知道，不少发言稿，是秘书的手笔，领导到会上去念。那么，你当领导的是否下去了？是否了解实情？就请你当场讲一讲。这多少就有点"闭卷考"的意思了。不念稿子还比较随便，你一句，我一句，自由交流，问题可以谈深说透，大家还可以产生亲切感。不念稿子又可以避免套话、废话、冗长、沉闷，可以节省会议时间，可以避免"八股"，从而将会议开得生动活泼。不是说所有会议一律不用稿子，而是说多数会议，尤其是像这样具有某种紧急状态，又有许多具体情况和意见要交流，措施要落实的会议，不念稿子要更好一些。

总理召开的这次会议，使我们看到了新一届中央领导的务实作风、紧迫感以及办事的效率。这是令人鼓舞的。

不念稿子的好处、效果，并不仅仅表现在这次会议上，它还会给到会同志以启示。因为他们都是领导，而且是中高级领导，因而可以希望，他们会将这种不念稿子的会风带回去。在许多场合，他们已可以叫他们的下级"不要念稿子"。哪怕只有一两位省级领导能照着去做，也就可以造成影响了。这对于改进工作作风,提高工作效率,是很有意义的。为了铲除文山会海,为了根治形式主义,为了提高办事效率,不知讲了多少年,也不知发了多少文。而我认为,这次不念稿子的会议,它的作用,不会比某些文件差,至少,也是在一定范围内一次生动的示范。

(原载2003年10月30日《联合时报》)

粮食部长饿了

先讲一个故事。十月革命初期,俄国国内反革命叛乱不断,又有14个帝国主义国家武装入侵,以至战争频仍,饥荒蔓延,粮食成了大问题。从前线赶回莫斯科的粮食人民委员(相当于粮食部长)瞿鲁巴同志,晕倒在会议上了。医生一检查,他根本没病,只是饿昏了。在场者,包括列宁同志,无不为之动容。

一个人被饿昏,并非一餐两餐、一朝一夕之事,而是较长时期的积累。可是,这位瞿鲁巴却调动着几百万乃至几千万普特的粮食,而他自己却在长时期地挨饿。在他身上所反映的,正是一个真正的布尔什维克的精神和一心为革命、一心为人民而完全忘我的品质,这个故事在人民中间广为流传。这件事在电影《列宁在1918》里有真实而感人的再现。这就是只有1万党员也能取得"二月革命"胜利;只有30万党员就能夺取"十月革命"胜利,而最终建立苏维埃政权的根本原因之一。

中国革命和俄国革命,在许多方面竟然惊人地相似,我们也有这样的故事。曾山同志解放初期是上海市副市长,解放战争时期是华东财委主任(相当于财政和粮食部长),他手里有无数钱粮,彼时大家呼他为"财神爷"。但这位财神爷却是一切为了前线,一切为了人民;他身无分文,省吃俭用,忍饥挨饿,乃至将自己搞得面黄肌瘦,血色全无。他的妻子邓六金来看他时,一见之下,惊得哭了,说"怎么饿成这个样子"?他对妻子的回答却是:"你有钱么?买一斤肉打打牙祭。"这就是中国人民的公仆,革命干部的代表!他反映的品德,就是一个革命干部的艰苦奋斗,就是他密切联系群众的生动体现。因为有许多干部这样体现,因而有了凝聚力和形成了战斗力。比照瞿鲁巴的历史背景而言，我们赢得了抗日战争的胜利；解放战争开始时，我们只有60万正规军，而且是小米加步枪，但却战胜了由美帝国主义武装起来的国民党800万大军，直至夺取全国革命的胜利，建立了人民共和国。

可是，苏联却在有1 500万党员，革命胜利74年之后，于一夜之间亡党亡国了。这是令全世界震惊不已和使许多人一时无法理解的惊天动地的大事。简单说来，其原因即在于：苏共在消除资本主义影响之时，忽视了封建思想的存在及其影响。干部的权力由上级给予，他们也只对上级负责。于是，权贵们结党营私，贪污腐化，干部个人享乐至上，而将人民的利益抛于脑后。由于人民对苏共丧失信心，因而在解体前就有420万（超过四分之一！）党员退党了，人心的向背又何其明显。这是惊心动魄的！

中国共产党自红军时期伊始，就涌现出无数像曾山同志那样艰苦奋斗，一心为人民的好干部，而且，日益壮大，经久不衰，绵延不绝，终成革命事业之脊梁。当革命进行到今天的时候，公仆们要坚持的，当然就已经不是"忍饥挨饿"的事情了。中国革命的胜利，原因是多方面的，但瞿鲁巴和曾山同志的事实，诚恳而真实地告诉我们：要将革命和建设事业推向前进，那么，干部永远和人民群众紧密地保持血肉联系，永远牢记"两个务必"，那是至关重要和绝对必须的。

（原载2003年9月2日《解放日报》）

岂能欣赏伤疤

有相当数量的电视台，近期改版，隆重推出了所谓的"情感类访谈"。可是，这类节目的制作目的和演播效果，却很值得研究。比如，日前南方某台在对女青年龙某访谈时，她竟突然奔向现场背景板后，割腕自伤。何以如此？那是因为主持人不停顿地、一层层地追问她的痛楚，以致使她痛不欲生，无法自制。这虽是出乎意料，但却有其必然性。你看中的要揭开的是她的伤疤，而你是否想过，这正是她的痛处，你是在旧伤痕上又添新伤痕，在往伤口上撒盐。谁能受得了！你受得了？

儿童是最让人疼爱的，所以，这类节目又盯上了孩子。6·26禁毒日，某台就选用了一个六七岁男孩想念被关在戒毒所的妈妈的故事。又有一台，说一女孩的母亲服了假药成了植物人，父亲又恋爱结婚了。主持人就一个劲地追问孩子对这件婚事的态度。更有某台，一个初中女孩的母亲去世了，父亲要续弦。为了激发感情，主持人在整个节目过程中，就刨根问底地追问女孩对生母和后妈的感情，这女孩就一直在无法抑制地伤心痛哭……

毫无疑义，此类节目是动人的。不但嘉宾无不痛哭流涕，现场观众也唏嘘不已，大约电视机前的许多观众，也是忍不住心灵要受到震颤、甚至也要流泪的吧。可是，做出这样的节目来，却是一种残酷，是对人们精神的打击。尤其是对当事人，又特别是对那些孩子造成了心灵上的二次伤害。让我们看到的，只是生理上的痛苦反应，而难见美好心灵。

深圳外来工杨武之妻被强奸，记者一再要求他复述经过，他被逼得跪在地上，哭着乞求，"我忍受的是所有男人不能忍受的耻辱和压力，我不愿意回忆，求求你们了，出去好吗"？他的妻子也用床单捂着脸，可记者仍不放过。当然，他们抢拍了去，也是要做节目的。

请想一想，做此类节目的必要性何在，意义又何在？又不得不提的是，在这些直播现场的背景上，有的却打出了什么口服液、什么营养品之类的商业广告，有的甚至面对受害人和观众欢声笑语。

此类恶性煽情，有违伦理道德，无端叫人伤心再伤心的节目，不要再搞了吧！

（2003年7月10日《文汇报》）

痛心疾首大卖春

2003年的9月16日，从那厢的日本，来了一个什么"旅游团"，黑压压一批人，踏上我们赫赫有名的花园城市珠海，住进了"国际会议中心大酒店"。他们从夜总会等处，领进一大批卖春女，疯狂嫖娼3天。18日，个个心满意足、人人兴高采烈，有的还在"小姐"屁股上捏一把，欢欢喜喜地回家的干活！

从所有报道看，这个旅游团除了来"嫖娼"，别的什么事也没干。因此，还不如干脆就叫"买春团"或"嫖娼团"更切实一些，而且，这些日本人也曾无耻地哈哈大笑说："我们就是来玩中国姑娘的！"

一年365天，这帮日本人何以早也不来，晚也不来，偏偏选定"9·18"在华嫖娼！这是一个什么日子？难道他们竟然愚蠢、无知到连这点历史知识也没有？所以，不论其动因如何，不管是有意还是无意，在客观上，就不能不说是对中国人民族感情的一种污辱，一种蔑视，一种挑战。

当然，由于到目前为止，尚无证据说这是一次政治事件。所以，我们还是要从道德和法纪两个方面谈论问题。而且，就买春和卖春双方而言，我们更应当说说我们自己。

珠海的改革开放、她的建设，是走在中国前列的。但是，令人遗憾的是，那里的"黄业"也跟着跑。此次事件前，日本和其他地方嫖客，就视珠海为"极乐世界"，是他们淫乐的首选。日本人渡海来嫖，早已平常。那里的卖淫女，大多来自江苏、四川，而且还有外国人，比如俄罗斯女人。她们活动猖狂，其中许多人长期在珠海卖淫。

我对"扫黄打非"的方针政策所知甚少，但有一点我清楚，就是"有什么，扫什么；有什么，打什么"。比如，一旦有几个搞脱衣舞的，那可是又罚款，又抓人，又登报纸，真是好厉害啊！这当然必须。然而，对于那些妓女一条街、妓女一幢楼，又何以无人管问？珠海的"无烟工业"早已名声在外，一个时期以来，那些拿着人民的血汗钱，戴着大盖帽的公安、政法以及其他保卫部门的人，究竟干什么去了？是否尸位素餐、有无羊头狗肉？

一呼百应，珠海竟能立马召集到近500名卖春女，这实在是可以令我辈目瞪口呆的！对方是380余人，两者900人的大聚会、大疯狂、大淫乱，为时不是3分钟、3小时，而是3天。而且堂而皇之，而且甚嚣尘上；如开大会一样，如赶集一般；"买卖双方"得其所哉后挥手而去，酒店也忙着收钱结账。全过程进行得是如此自由、顺利而不受惊扰。而待人去楼空，首先追问此事并予公开的，也不是公安部门，却是记者！说这是新中国成立以来关于卖春的仅有的一次重大事件，是并不为过的。我们的公安部门，可以明察秋毫之末，可以看出蛛丝马迹。然而，这回对这件事，相关部门却是无一人得知，无一人过问，这实在匪夷所思。

由此想到，地方如何按中央部署，真正将"扫黄打非"落到实处，这是不能阳奉阴违的。据称，广东公安部门对此已高度重视，将彻查本案，依法处理，云云。

我要问：能不能用力一点，坚决一点，彻底一点？给珠海洗个澡，让这个花园城市只有鲜花，少有毒草！只有生机，少有腐朽！

（原载2004年1月14日《联合时报》）

红军的被子

红军在长征途中，有三名女战士和队伍失散了。她们饥寒交迫，精疲力尽地来到一个小山村。一位一贫如洗的大嫂倾其所有，给她们吃了一顿粗粮淡饭，又留宿一宵。

我们的红军，不但是人民的亲人，又是深知人民甘苦的军队，尤其是有觉悟有纪律的革命队伍。因此，这三名红军女战士就觉得，这顿饭不能白吃。所以，三人就将她们唯一的一条单薄的棉被一剪为二，留下那一半给大嫂。次日，这位对红军怀着深情厚谊的大嫂，又让她新婚的丈夫送三位女红军出山。可是，这一去不仅那三位红军再也不曾回来，就连大嫂的丈夫，也音讯杳然。

何以如此？残酷无情的事实，不得不让我们作这样的推测：那三位女红军有可能是牺牲了；而大嫂的丈夫，那位新郎，肯定也是为革命献出了宝贵的生命。要不然，又何以在纪念中央红军长征胜利到达陕北50周年、记者采访那位大嫂的时候，她还喃喃地说："我的丈夫在哪里？三个女红军在哪里？……"

我们这一辈人，谁也没经过长征，也没有送过红军，所以，没有那种亲身的直接的感受。但是，我们读过许多关于长征的书籍，看过很多关于长征的影视，我们还听过很多关于长征的歌——其中有一支叫作《十送红军》，那是无人不知无人不晓的。这支歌的音律和歌词，真实而又极富感染力地再现了当年苦难而英勇的场景，它也在更深的层面上，展示了红军和人民血肉难分的深情，唱出了那种痛苦、那种哀怨、那种希望。听着这支歌，不仅让人忍不住热泪盈眶，更使人对革命的胜利，充满信心。可以认定,那位大嫂送三位女红军时,就是这样的心情。

在最初的日子,共产党给老百姓的印象是什么?共产党究竟是什么样子?从更实在更大众化更平民化更草根的程度上看,共产党既不是穿着马褂、戴着眼镜、留着八字胡子的李大钊;也不是身穿西服、充满政治家风度的陈独秀;更不是一头长发、一袭长衫的毛泽东。不,在老百姓的心中,她不是这三位共产党的创始人,不是这三位伟大的政治家,不是这三位真正的马克思主义者;而是头顶红五星、土布灰制服、绑腿草鞋,手执钢枪或者紧握长矛的红军!

所以说,共产党的形象,那时是由红军体现着的。那位当年的大嫂,今日的婆婆,在谢世前又曾对乡亲们说:"什么叫共产党?共产党就是有一床被子也会分给你一半的好人!"这就叫半床棉被一片心。婆婆当时所说的,是半个多世纪之前的事,她说这话的时候,也已是上世纪80年代后期。当我们在新世纪重温老人家这句深情的话语时,我们就会觉得,她说得那么平实,那么朴素,那么真诚而具真理性。而且,我们所大力弘扬的为人民服务,我们所时刻在心的党群关系,我们所念念不忘的革命传统……全让这位老人家说透了,说到底了,说到根子上了。

(原载2003年10月12日《新民晚报》)

质疑"三十六计"

"三十六计"的内容，在古代是早已有之，直到南北朝梁朝时，出现了一本《南齐书》，书中的"檀公三十六计"，始有所述。晚明或前清又有《三十六计》一书，乃作更为详尽之描写。

"三十六计"的本质，就是不按常规，不守常法。属"诡道类"，简言之，即"兵不厌诈"，再说白了，即欺骗。就当今而言，"三十六计"正被相当数量的人们所运用。比较突出的是表现在商海和官场两大方面。

以商海而言，假、冒、伪、劣产品猖獗。这种产品的生成和上市，是制造者的有意，也是销售者的默认和故意。比如，在某些酒店里，活蛇、活鱼、活蟹给你看，而端上桌的，全是早已死了的；还有什么"包二奶""玉女脱衣""一见钟情""生死恋"之类，不但菜名用以迷人，而且用料只不过是面粉、鱼和蔬菜之类，价格却不菲；内蒙古接连发生的将黄牛丰乳、抹上染料充奶牛出售的事件；还有大量坑农的假种子、假化肥；更有众多消费者防不胜防大至住房、汽车，小到日常用品的假、冒、伪、劣产品……都是制造者和销售者两家运用"三十六计"的明证。现在，图书市场有很多《智谋大全》《七十二策》《谋略库》《三十六计》之类的"兵书"。这些"著作"成了制假和售假者的"宝典"。即令他们没有拿着书本，一条一条地对照着做，就其手段而言，也无非就是"三十六计"中的笑里藏刀、趁火打劫、无中生有、偷梁换柱、瞒天过海之类。最终达到以假乱真、以售其奸的目的。其中有些人文化素质低下，三十六计经他们浓缩以后只剩下了一个字："骗！"无商不奸之论，自是吃足苦头的消费者的愤激之词；但商中有奸，奸而有罪，有的罪不容诛。这些都已经是见怪不怪的事实。

以官场而言,"三十六计"于某些地区、某些部门、某些人,更是达到灵活运用、活学活用、广泛使用的程度。他们为了达到贪污、升官之目的,暗度陈仓、隔岸观火、反客为主,无所不用其极。如,安徽芜湖市市委常委周其东,为了摆脱情妇,就请人将她杀了;河南省平顶山市政法委书记李长河雇人谋害上访干部,致一死一伤;还有不只一例的副职雇佣杀正职的案件。这些,不都是借刀杀人么!更妙的是,湖北天门的几名局长先生,为了升官而将自己的老婆供市委书记张二江享用,以及那些举不胜举的"性贿赂",不都是美人计么!

"三十六计"是军事哲学,是祖宗留给我们的一笔文化遗产。但是,是遗产就必定有糟粕与精华之分,我们就要有所分析和取舍。因为战争之需,所以,三十六计主要是用以对付敌人的。而我们今日的商海、官场所面对的则应是互敬互爱的朋友、同志和群众。所以,我个人非常反对将从商说成是"商战",进而又解释成"你死我活"。我们在商海、官场的竞争应是相互促进,应是"双赢"。我们人际关系的原则应是帮一把,而非打一耙。我们提倡和遵循的法则应是商德、官德,怎么能是"三十六计"呢!

所以,在当今许多人将"三十六计"奉为圭臬之时,我认为我们就此作一点反思是必要的。

(原载2002年5月19日《新民晚报》、2002年10月号《诤友》)

除了"离婚"还有啥

电视剧《中国式离婚》正在播出，收视率不低。但我觉得，这部电视剧存在的问题也应该引起我们的关注。

该剧说的是三对夫妻的婚姻，如果要算上林小枫父母的话，共四对夫妻，正好是老中青皆有。电视剧一开场，观众还不知是何根由，作者就以极简洁的手法，用一根头发丝，让肖莉那对先离了。接着，就让肖莉对门的宋建平、林小枫夫妻搞矛盾，闹离婚，并以他俩的离婚大战为中心剧情。稍后，宋建平的同事娟子夫妻的感情破裂也接踵而来。而且，由于林小枫这对的离异，导致她母亲死亡。全剧的四个家庭到最后都破裂了，无一幸免。

这样的描写，我认为既不符合中国当今社会的实际，也不符合中国的国情。剧中所展示的，只是制作者们凭自己的幻觉编造的一个虚妄的社会；或者说，是一个被无限夸大了的悲剧。只要看看我们自己周围的生活，会有这样的"四大悲剧"吗？中国人的婚姻生活真的如此悲哀吗？《中国式离婚》构建的这个"社会"，是所有夫妻，至少是多数夫妻婚姻都不美满，这是有失偏颇的。

其实，林小枫那一对还可以从文化背景、人物个性上展现得更深刻些；肖莉那对的离婚还缺乏必要的铺垫和更有力的依据；娟子那一对则可以爱得很热烈，很纯洁，很令人艳羡，使之作对比、反衬。如果这样描写，既可以使宋建平、林小枫的形象更丰满，更真实，戏会更好看，也更符合中国人的生活状态。所以说，要写"中国式离婚"，不应显其多，而要显其深刻性和最起码的真实性。现在这样的创作，根子恐怕还是"从概念出发"，而不是从生活实际出发。

　　现代生活中夫妻发生感情危机的情况不少，表现这种感情危机的影视作品也很多。究竟是这种现象促成了《中国式离婚》这种"极端作品"的产生，还是这种"极端作品"成了这种现象的催化剂？这是值得我们深思的。

（原载2004年11月29日《文汇报》）

车 玩 明 星

在中国老百姓之中，虽已有人购轿车了，但所占比例极微，如特大都市上海，20万辆轿车中，私家车也只3 900余。在这些购车者中有个小小群体，就是"明星族"。这些先生、小姐们有钱，他们就如同我们买一支笔、买一本书或买一双鞋那样轻轻松松地把轿车开回了家。

现在，电影界的刘演员有了"皇冠"，葛演员有了"宝马"，李演员有了"切诺基"，盖演员一人就在国内外拥有"凯迪拉克""奔驰""宝马"和"丰田"四部。相声界的马、唐、赵诸位也皆"说者有其车"。

明星之车，独具与众不同的特点。其一是名车多，牌子响；其二是相对其他从业人员而言拥有量大。还在1996年6月，北京举办了一次"明星杯"汽车专场赛，一现身手的明星便有30余人。

改革开放之后，我们有一条政策，叫作允许一部分人先富起来。明星们有能耐，有本事，有脸面，有影响，所以人家能赚大钱，买轿车，这是不该被人妒忌的。他们是中国老百姓之一分子，他们先买车了，咱别的老百姓买车也就有了日子了。到那时，开着私家车走亲访友，开着私家车上班，可潇洒啦！

不过明星们购车大多不是用来上班的。他们去拍戏，去歌唱，去摇滚……是早就有车恭候于楼下了。而且，那车还多为名牌，就更遑论出租车了。有个女影星，某次见来接她的车子是"桑塔纳"，那粉面儿便由晴转阴，玉手儿一挥，架着二郎腿儿，拒不上车。但该星亦非无理取闹，而是有十足理由的："这种车子，把人的骨头都要颠散架了！"是呀，骨头都散架了，人也就完了，那怎生了得！然而，其实明星的购车，不少却是玩玩的，或是表示身份的。

可是，明星玩车也有不妙者，那玩的结果，就很有几个出了事，有的事还出得挺大，大到送掉了小命。请注意！这里的"送掉了小命"，并非如他们在拍戏时那样，身中十七八枪，血流满地，甚而人头落地，而导演一喊"过！"也照样面带笑容爬了起来，还是大活人一个，这次却是哀哉一去不回了。例子不说也罢，报上登过好多回了。也有几位明星遭遇过车祸，但幸而各自捡得命回。

招致车祸的一个重要原因，就是不守交通规则。明星们的不幸，又大多数是车技不过硬。他们在学驾驶之时，师傅们被"明星"的"光芒刺伤"了双目，在星们"应知应会"尚"未知未会"之时，就贵手高抬，让他们"毕业"而去。他们在驱车交朋友、谈爱情、走亲戚或去办别的什么事之时，依然带着"明星的脾气"，总以为自己了不起，总以为世间的一切无不宠着我。这就将那"安全第一"改作了"我是第一"，"礼让三分"改作了"让我三分"。前方开来的铁家伙，他也视若无物，"目中无车"，竟然加大油门猛冲上去……当然还有疲劳开车的，酒后开车的。

我们在祝贺明星得车之时，也真心祝愿他们行车安全。开车时切不能还想着"我是明星，你是什么东西"！他们如能稍稍研究一下"骄者必败"，当可去除病根。若此，他们可以避免的又岂止是车祸，我们大家也可拥有更多更美的明星。

（原载1998年7月6日《解放日报》）

醉生楼考

申城斜土路有一新开张之酒家，堂内两大立柱上大书对联："人生得意须尽欢，千金散尽还复来"，店名赫然"醉生楼"三个大字。

对联已经够意思了，再细究那店名，则更是有些文化底蕴的。宋代魏了翁词曰："客亦莞然成笑，多少醉生梦死"，是为出典。

店家当然可以用各种合法手段招徕顾客，包括取个易记、吉利、有吸引力和独具特色的店名。但因店名是用文字表示，可以给人看，这就能够包含店家某种意向，也就具有了宣传的作用，所以也属文化范畴。但庸俗、无聊、误导亦应为所忌讳。

"醉生楼"之意如何？这样的"文化"给予人们什么？是否教人以醉为乐事、以醉为光荣、以醉为人生第一要义？南方某市曾有什么"南霸天饭店""魔鬼酒家"……这和"醉生楼"一样，是对文化和街市的污染，而且它更如魔鬼一般，携着人的手，慢慢地往消极、悲观的路上走去。

说这"醉生楼"虽是"诗雾腾腾"，看似斯文、高雅，然却未得真正高雅人士和平民百姓之喜爱。有好事如我者，在不同时间去该店考而察之，唯见服务员枯坐，而未见有多少"知音"光临。只怕那店名起了反作用也——因为，光顾该店者，岂不成了醉生梦死之人？所以，还望店家"休醉速醒"；亦盼相似之匾额、店名、品名不复出现。中国的诗词、成吾浩如烟海，要找几个字作名并不太难，决定的是你需要什么？范仲淹之作《岳阳楼记》是欲其留传久远，而吾之作《醉生楼考》则是希冀楼名、拙文皆速朽也。

（原载1996年2月18日《文汇报》）

萝卜开会

当今"隆重推出"的所谓"宫廷秘方"之类的东西，究竟有多少？确乎难做统计。在诸多"宫廷××"中，有一个大类，叫"清宫糕点"，某些厂家正在那里热火朝天地生产。然而，当年的宫廷，果有此物否？

中国第一历史档案馆收藏着"内务府御膳房"档案，关于糕点食品是只有其名而无配方。据称，今日市场上的"清宫糕点"，少有经鉴定及持证书者。所以，该物只怕多为今人之伪托。由此及彼，其他的"宫廷××"如何，虽未必可全盘否定，也足以令人打上许多问号了。

涌现出如此之多的"宫廷××"的原因，必是有人"拉宫廷作大旗；为赚钱施妙计"。说是"施妙计"，是因为有些人利用了消费者以为皇宫食品必为珍馐的好奇心理，假冒其名，以谋其利耳。

人们都明白，目前市场上假冒伪劣产品不少。"伪"者，冒充、虚假、不实也。分明只是一般食品，却要美其名曰"清宫糕点"，此非伪而何？

今年的春节联欢晚会上，"打工婆赵丽蓉"幽默而洒脱地戳穿"太后大酒店""总经理巩汉林"80多元一盘的"名菜""群英荟萃"，其实只是"萝卜开会"。所以，今日之"宫廷××"等物，只怕也多为"宫廷白萝卜""宫廷红萝卜""宫廷胡萝卜"之类的货色罢了。

（原载1996年4月1日《文汇报》）

一个小圆圈

一电视台少儿节目主持人问小朋友："大雁为什么排成队？""小猫咪为什么总爱舔爪子？""为什么吃饭的时候不能把书看？""气球为什么飞上天？"这几个问题很富动感、很有童趣，孩子们抢着回答："大雁排队是为了去吃蛋糕""小猫咪捉不到老鼠害羞了""吃饭看书会把书吃掉""气球上天是为了捉小鸟"。

如果所问的不是关于物理学、生物学、生理学、气象学的原理，又没有忘记回答问题的只是一群五六岁的孩子的话，那我们就应该高兴地承认：孩子们的回答不但天真、美妙、尤其富于想象力，简直就是一首童话诗，而且绝对是孩子的语言。

我们之所以需要童话和神话，除了娱乐的一面，主要就是要启迪人们特别是孩子们的智慧和想象力，活跃他们的思维。可是，大约是因为预先的设定或是主持人的偏执，她的扯语却是："哎呀呀，回答得不好，回答得不妙。"于是，她作了一般性的、枯燥无味的、成人式的、公式化的，也是孩子们听不懂的回答，而且没有诗情，是几句大白话。那么，这些孩子下回还会那样思维、那样回答吗？

我们今天的教育，不少还是传统的死记硬背，根据的依然是"标准答案"。大约从幼儿园开始，孩子们的想象力，就被用绳子一道一道一天一天地捆绑了起来。所以，老师用粉笔在黑板上画一个小圆圈，一年级小学生能抢着回答："是月亮""是乒乓球""是李谷一唱歌时的嘴巴"。而一群受过高等教育的年轻人，却可能瞠目结舌，不知说什么是好了。而且，还可以肯定地说，他们是不会说那是月亮、是乒乓球、是李谷一唱歌的嘴巴的。

我们强调给中小学生"减负",一是要减少功课的量,二是要减少其精神压力,三更为重要的是:少些标准,多些启迪。简言之,素质教育的要义,就是要尊重学生的个性,启发其想象,教之以方法。不是给孩子一条鱼,而是要启发他们怎样用自己的方法去捉鱼。

(原载2000年2月16日《人民日报》)